GÉOMÉTRIE USUELLE,

Dessin géométrique

ET

DESSIN LINÉAIRE SANS INSTRUMENS,

EN

Cent vingt Tableaux,

DÉDIÉS

A M. le Baron Feutrier, Préfet de l'Oise,

Par C. B., Professeur des Cours publics et gratuits de Géométrie, de Mécanique et de Dessin linéaire, à Beauvais.

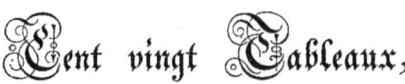

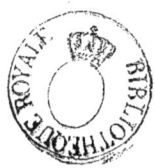

A BEAUVAIS,
Chez TREMBLAY Jeune, Libraire, rue de la Taillerie.

DÉPOT A PARIS,
Chez PIGOREAU, Libraire, Place Saint-Germain-l'Auxerrois, n° 20.

1832.

BEAUVAIS, DE L'IMPRIMERIE DE MOISAND.

A Monsieur le Baron Feutrier, Conseiller d'État,
Préfet du département de l'Oise.

Monsieur le Préfet,

C'est pour concourir autant que je le puis à donner un essor nouveau à l'instruction élémentaire, que j'ai publié l'Ouvrage que je vous présente. Les soins que vous vous donnez pour relever ce genre d'instruction dans le département confié à votre administration, m'ont suggéré l'idée de disposer en Tableaux mes préceptes sur la Géométrie usuelle et sur le Dessin linéaire. J'ai pensé que ces deux branches d'une instruction nécessaire à tout le monde s'introduiraient dans les écoles plus facilement sous cette forme que sous une autre. Ce sera d'ailleurs pour les instituteurs qui n'ont pas encore adopté la méthode de l'enseignement mutuel un moyen bien simple d'en faire l'essai. Ils trouveront dans cet essai une occasion commode de substituer progressivement, sans secousse et presque sans frais, la méthode de l'enseignement mutuel au mode d'enseignement qu'ils suivent. Mais je vois, Monsieur le Préfet, que je vous parle de choses qui seraient mieux à leur place dans une introduction qu'ici ; je vous en demanderais pardon, si je n'étais persuadé qu'aucun détail ne vous est pénible dès qu'il s'agit de l'intérêt de vos administrés.

Veuillez, Monsieur le Préfet, regarder l'envoi de l'exemplaire que j'ai l'honneur de vous offrir comme un témoignage de la reconnaissance que je vous dois pour votre protection bienveillante, et croire que je suis, avec le plus profond respect,

Monsieur le Préfet,

Votre très-humble et très-obéissant serviteur.

C. B.

INTRODUCTION GÉNÉRALE

SERVANT DE

PRÉFACE A L'OUVRAGE.

Il n'y a pas encore long-temps que toute annonce d'un livre relatif à l'instruction du peuple, avait pour préambule obligé la démonstration de cette vérité : que l'instruction, considérée dans ses différens degrés, est une nécessité pour les individus dans les sociétés modernes ; parce que ces sociétés, reposant aujourd'hui sur les produits de la civilisation, ne peuvent se maintenir que par les moyens qui les ont constituées. Ainsi, chaque individu doit à l'état son tribut de lumières comme sa contribution d'impôt ; ainsi l'état doit à chaque individu une instruction relative, mais suffisante. C'est donc un devoir pour tout véritable ami du pays de travailler, de son côté, à donner un nouvel essor à l'instruction primaire, qui, malgré les efforts de tant de citoyens éclairés, est loin d'avoir atteint en France le niveau de ce qu'elle devrait être chez un peuple aussi policé, chez un peuple dont le gouvernement est assis sur les bases progressives de la civilisation. Jetons un moment les yeux autour de nous : qu'y voyons-nous, en effet, de toute part ? Des inventions de plus en plus multipliées, qui, pour l'exécution des produits industriels, permettent au fabricant de baisser ses prix, en substituant une force inanimée à la force musculaire toujours plus coûteuse des ouvriers qu'il employait. Nous savons bien, et nous avons eu souvent occasion de le démontrer, qu'il ne résulte pas de ces changemens une diminution générale de main-d'œuvre, au contraire ; mais il est évident que si les professions, où l'instruction est indispensable, reçoivent un surcroît d'occupation, celles où la force est plus nécessaire encore que l'intelligence, éprouvent une perte d'autant plus cruelle, que ceux qui les exercent étant généralement sans instruction, ont, si je puis me servir d'une expression triviale, beaucoup de peine à se retourner quand le travail vient à leur manquer. C'est là sans doute un grand malheur : c'est, à notre avis, la cause principale du malaise qui nous tourmente. Et l'on ne peut y remédier qu'en dirigeant mieux l'instruction ; en la popularisant davantage ; en la confiant à la surveillance des autorités locales, sous la direction des préfets ; et surtout en y introduisant tout ce qui peut augmenter le bien-être des individus et contribuer ainsi à la prospérité du pays.

Parmi les connaissances que nous croyons indispensables aux enfans qui ne peuvent compter pour vivre que sur leur intelligence et leurs bras, il nous sera permis, sans doute, de placer au premier rang celles qui résultent de la pratique *du dessin*, et de l'application de *la géométrie usuelle*. Déjà depuis quelque temps un de nos savans les plus distingués, M. *Francœur*, avait reconnu la nécessité d'augmenter la masse des connaissances que l'on va chercher dans les écoles élémentaires ; il suffit, en effet, de jeter un coup d'œil sur le *Traité de Dessin linéaire* qu'il a publié sous le ministère de M. Decazes, pour être convaincu qu'il avait un but plus élevé que celui qu'on lui suppose généralement. Oui, les circonstances seules ne lui ont pas permis de publier hautement que l'instruction primaire devait embrasser une foule de connaissances qu'il a cependant eu l'adresse de faire entrer d'une manière détournée dans sa deuxième édition. Que n'aurait on pas dit, lors de la publication de cette nouvelle méthode, s'il avait énoncé d'une manière aussi explicite qu'on peut le faire aujourd'hui, que la géométrie usuelle, les principes de la perspective, la théorie élémentaire des projections, etc., devaient faire partie de l'instruction primaire. Ce n'est que grâce au titre inoffensif qu'il a donné à ses préceptes, grâce au titre modeste de *Traité du Dessin linéaire*, qu'il est parvenu à faire passer une partie de ces connaissances, que les personnes à longue vue, celles qui désiraient une extension raisonnable dans les premières études, ont réclamé long-temps sous ce nom de *Dessin linéaire*, qui leur servait alors de mot d'ordre, comme *la liberté de l'enseignement* est le mot d'ordre aujourd'hui des personnes qui appellent de tous leurs vœux une amélioration dans le système universitaire. C'est un service immense qu'il a rendu au pays, car c'est un besoin réel qu'il lui a fait sentir.

D'où vient cependant qu'un ouvrage composé par un homme d'un talent supérieur, un ouvrage admirable sous le rapport des principes et sous celui de la méthode, a, dans peu de localités, produit tout le bien que l'auteur avait le droit d'en espérer ; c'est qu'il existe malheureusement un nombre considérable d'instituteurs qui n'ont ni la capacité, ni le temps nécessaire pour effectuer un travail particulier, au moyen duquel le texte de l'auteur, en se subdivisant, se peut modifier de manière à devenir applicable à toute école, quelle que soit la méthode qu'on y suive. Chargé depuis plusieurs années, dans la ville de Beau-

Beauvais, de l'Imp. de MOISAND.

INTRODUCTION GÉNÉRALE

SERVANT DE

PRÉFACE A L'OUVRAGE.

vais, de l'enseignement public et gratuit de la géométrie, de la mécanique et du dessin linéaire appliqués aux arts, aux métiers et aux beaux-arts, il nous a été facile de reconnaître qu'un directeur d'enseignement mutuel, à moins d'avoir à sa disposition plusieurs exemplaires de la méthode de M. Francœur, ne peut en tirer tout le parti désirable.

Nous avons reconnu en même temps, dans la disposition des matériaux, un inconvénient qui consiste en ce que la géométrie usuelle y vient après le dessin proprement dit ; il résulte de ce mélange, que l'enfant intelligent, mais maladroit, arrive rarement aux classes où l'intelligence est plus nécessaire que l'adresse. C'est pour éviter cet inconvénient que nous avons cru devoir séparer la géométrie usuelle du dessin linéaire à vue, que nous avons désigné sous le nom de dessin linéaire sans instrumens, pour le distinguer du dessin géométrique qui exige l'emploi de la règle, des équerres et du compas.

Au moyen de cette séparation, l'écolier, à qui sa maladresse ne permettait pas d'arriver aux chapitres relatifs au toisé des surfaces, ainsi qu'au cubage des corps, pourra y arriver aisément, et acquérir, chemin faisant, une foule de connaissances géométriques dont l'application journalière lui fera sentir la nécessité d'une géométrie plus étendue, qu'il ira étudier plus tard dans un collège, si les circonstances et sa fortune le lui permettent. L'écolier dont l'intelligence au contraire est peu développée, mais qui aura suffisamment exercé sa main et sa vue en travaillant à l'écriture, pourra perfectionner ces deux instrumens de l'homme adroit, en copiant des figures qui, tout en se rapprochant autant que possible des figures de la géométrie, n'exigeront, pour être bien exécutées, que peu d'efforts d'intelligence, mais seulement de la patience et de l'adresse. Ce seront généralement les écoliers qui montrent le plus de dispositions pour l'arithmétique qu'on devra initier les premiers aux principes de la géométrie usuelle, tandis qu'on choisira les écoliers les plus adroits, les plus forts en écriture, pour former la classe du dessin linéaire sans instrumens. De cette façon, la géométrie sera le complément des études sur l'arithmétique, et le dessin le complément de l'écriture. Nous croyons que c'est au tableau que la géométrie usuelle doit s'enseigner, et qu'on

doit réserver le dessin linéaire pour le travail aux tables.

Des 120 Tableaux qui composent l'ouvrage entier, 80 sont relatifs à l'enseignement de la géométrie usuelle, et 40 servent de modèles pour le dessin linéaire sans instrumens. Les premiers se divisent en 40 Tableaux d'explications et 40 d'exercices. En tête de chacune des questions qui sont sur les Tableaux d'exercices, se trouve un numéro qui indique le paragraphe du Tableau d'explication correspondant, auquel il faut se reporter pour avoir la réponse. Quand la question est précédée d'un simple trait, il faut la supposer précédée du numéro qui se trouve en tête de la dernière question qui en a un à sa gauche ; cela tient à ce que plusieurs questions peuvent être relatives à un même paragraphe des Tableaux d'explications.

Notre intention était de terminer cette introduction par l'exposé succinct des opérations de l'arithmétique appliquée aux fractions et aux proportions ; nous y eussions même ajouté la méthode à suivre pour l'extraction de la racine carrée des nombres, mais la difficulté de resserrer tant de matériaux dans un court espace nous a forcé à renoncer à notre projet ; nous avons eu soin d'ailleurs de rapporter au calcul des nombres décimaux toutes les opérations d'arithmétique dont nous avons eu besoin ; et quand les lignes proportionnelles ont nécessité de notre part l'emploi des proportions numériques, nous avons eu le soin d'en faire connaître les principes avant de nous en servir.

Pour terminer, nous ferons observer à nos lecteurs que nous avons eu constamment pour but de faire ensorte que l'enseignement élémentaire devienne enfin en harmonie avec l'enseignement universitaire ; et que, si la division de notre ouvrage semble se rapporter moins à la méthode simultanée qu'à la méthode mutuelle, c'est parce que, selon nous, la méthode mutuelle est la seule qui permette à un instituteur sans adjoint de s'occuper en même temps de l'instruction de toutes les classes et subdivisions de classes qui doivent exister dans une école primaire bien organisée. Ce n'est que lorsque l'instituteur peut disposer d'adjoints suffisamment nombreux, que la méthode simultanée peut lutter avec avantage contre la méthode mutuelle ; encore, notre avis serait, même dans les écoles simultanées, de chercher à se rapprocher le plus possible de l'autre genre d'enseignement ; nous reviendrons sur ce sujet.

Beauvais, de l'Imp. de MOISAND.

INSTRUCTION

RELATIVE

A L'ENSEIGNEMENT DE LA GÉOMÉTRIE USUELLE.

L'Instituteur qui voudra enseigner la Géométrie usuelle, en employant la méthode simultanée, devra se munir des objets suivans :

1° Un tableau noir, suffisamment grand, pour que les figures qui se trouvent en tête de chacun des tableaux de notre ouvrage puissent n'occuper que la moitié de son étendue, sans cesser d'être assez grandes pour être bien vues de tous les élèves de la classe. Il serait bon de donner à ce tableau 5 pieds de haut sur 3 pieds de large. La moitié supérieure serait destinée à recevoir la copie des figures affectées à nos tableaux, et la moitié inférieure restant libre, les élèves y trouveraient une place suffisante pour y exécuter les opérations et les constructions qu'on leur commanderait.

2° Un mètre ou demi-mètre servant à la fois de règle et de mesure.

3° Un compas en bois, tel que ceux dont on se sert dans les écoles mutuelles.

4° Un rapporteur en papier collé sur un demi-cercle en carton ou en bois.

5° Une éponge et des crayons blancs. Nous ne conseillons pas de mouiller l'éponge.

Tous ces objets étant à la disposition de l'Instituteur, il fera coller sur carton, ou mieux encore sur des planchettes de bois blanc, les tableaux d'explications et ceux d'exercices, en ayant soin que chaque numéro d'exercice soit collé derrière le numéro d'explication correspondant. Des cordons attachés aux cartons, ou de simples trous faits au haut des planchettes, permettront de suspendre les tableaux à une hauteur convenable et le plus près possible du bord vertical gauche de la planche noire. Une petite planche placée dessous sera destinée à recevoir la craie, l'éponge, etc.

A la première leçon, l'Instituteur se placera à gauche de la planche noire, et, après avoir tracé les figures du premier tableau avec les mêmes lettres indicatives, sur la moitié supérieure de cette planche, il fera venir de l'autre côté de ce tableau celui de ses élèves qu'il considère comme le plus intelligent, et il lira doucement la première explication, en indiquant avec son mètre ou demi-mètre les lignes, les points dont il parle, et en exécutant lui-même ce qui a besoin d'être exécuté pour faire comprendre l'explication.

Après cela il tournera le tableau et fera successivement, à son auditeur principal, les différentes questions qui composent le tableau d'exercice.

Lorsque l'élève se trouvera embarrassé, l'Instituteur, retournant le tableau, se reportera au numéro d'explication qui correspond à la question; il relira ce numéro, l'expliquera de nouveau s'il est besoin, et posera la question pour la seconde fois; il continuera ainsi jusqu'à ce que le tableau soit bien compris par l'élève qu'il a fait venir avec lui. Alors il lui cédera sa place, et fera venir un autre élève pour remplacer celui qui, déjà instruit, devient *Instructeur remplaçant le maître*.

L'Instructeur doit, pour enseigner le tableau, employer les mêmes moyens dont le maître s'est servi pour les lui faire comprendre.

Pour l'enseignement des premiers tableaux, le maître fera bien de former son Instructeur ; mais bientôt les Instructeurs se formeront d'eux-mêmes, et le maître trouvera la possibilité de surveiller sa classe sans interrompre son enseignement ; il ne faudra pas qu'il oublie d'empêcher les deux élèves qui sont au tableau de se placer de manière à en dérober la vue aux autres élèves de la classe.

Nous insistons sur l'introduction des Instructeurs, parce que nous en avons reconnu nous-même les avantages. Leur introduction dans une école simultanée procure à ce genre d'enseignement une partie des moyens de perfectionnement de la méthode mutuelle.

Le maître, tout en surveillant sa classe, ne devra pas perdre de vue l'Instructeur, qui est quelquefois trop exigeant dans le commencement. Il n'est pas nécessaire que l'élève répète mot à mot l'explication ; il suffit qu'il en reproduise le sens, à moins qu'il ne s'agisse d'une définition, car alors il n'y a pas d'inconvénient à exiger qu'on la reproduise textuellement.

Dans le commencement, les élèves ont beaucoup de peine à faire les résumés qui terminent les exercices ; ils cherchent presque toujours à reproduire l'explication dans son ensemble ; il faut donc être très-indulgent dans le principe, et considérer comme bons des résumés médiocres ; autrement on découragerait les enfans.

Lorsque l'Instituteur a fait passer plusieurs élèves des plus forts au tableau, il y fait passer deux ou trois des moins intelligens ; et si leurs réponses sont satisfaisantes, il passe au tableau suivant.

Il est indispensable, quand la classe est un peu nombreuse, de faire des subdivisions ; plus on en fait, mieux cela vaut. Pour cela il conviendrait d'établir, en les éloignant le plus possible, de nouvelles planches noires, auxquelles on affecterait des Instructeurs choisis parmi les élèves les plus instruits. De cette manière on formerait autant de subdivisions dans la classe qu'il existe de degrés différens d'instruction parmi les élèves : les élèves de chaque subdivision se plaçant en demi-cercle autour du tableau noir et de l'Instructeur ; mais comme de cette manière la méthode simultanée touche à la méthode mutuelle, nous renvoyons, pour plus de détails, les Instituteurs aux observations suivantes qui sont relatives à ce genre d'enseignement.

L'Instituteur qui suit la méthode d'enseignement mu-

Beauvais, de l'Imp. de MOISAND.

INSTRUCTION

RELATIVE

A L'ENSEIGNEMENT DE LA GÉOMÉTRIE USUELLE.

tuel, trouvera la plus grande facilité à introduire dans son école l'enseignement de la Géométrie usuelle ; il possède, en effet, presque tout le matériel que sont obligés de se procurer les Instituteurs qui suivent une autre méthode, et il y a la plus grande analogie entre la marche à suivre pour l'enseignement de cette géométrie et la marche qu'il suit déjà pour l'enseignement aux cercles de l'arithmétique, de la grammaire, etc.

Après avoir enseigné les cinq premiers tableaux à 5 ou 6 de ses élèves les plus intelligens, il désignera les deux plus forts pour servir, l'un de *Moniteur*, et l'autre de *Moniteur-adjoint*, et il les chargera de l'enseignement aux cercles des cinq premiers tableaux formant la première section de la première classe.

Pendant le temps que durera l'enseignement des tableaux de la première section, il formera les élèves qu'il a commencés pour en faire des Moniteurs de la seconde section, qui entreront en fonction aussitôt que quelques élèves de la première section auront été reconnus suffisamment instruits pour pouvoir passer du premier cercle au second.

L'Instituteur n'oubliera pas de faire des subdivisions dans les classes, et même dans les sections, aussi souvent qu'il se présentera des différences sensibles entre les degrés d'instruction des élèves d'un même cercle, en ayant soin de faire descendre les faibles à des cercles inférieurs, plutôt que de faire monter les forts à des cercles supérieurs. Il est indispensable de ne faire passer les élèves d'un tableau à un autre que quand ils sont suffisamment instruits.

Il faudra donc, qu'outre le Moniteur, il y ait à chaque cercle un Moniteur-adjoint, afin d'avoir un Moniteur tout prêt pour le cercle inférieur, quand la faiblesse de quelques élèves exige qu'on les fasse descendre d'un cercle.

Aussitôt qu'un Moniteur-adjoint devient Moniteur en titre, le plus fort des élèves qui restent devient Moniteur-adjoint. Les fonctions du Moniteur-adjoint sont de la plus grande importance. Quand une question, faite successivement par le Moniteur à chacun des élèves du cercle, n'a pas obtenu de réponse satisfaisante, le Moniteur-adjoint doit donner l'explication relative à la question faite par le Moniteur, et répondre à cette question. C'est d'ailleurs à lui que doivent être faites toutes les questions précédées d'une étoile. Il doit enfin avertir le Moniteur de toutes les fautes que les élèves pourraient commettre dans les calculs, etc.

Voici comment aura lieu l'enseignement aux cercles : Le tableau étant fixé au moyen d'une pointe dans le coin gauche supérieure du tableau, le Moniteur lira lentement les explications, en ayant soin de désigner avec la pointe de son bâton de commandement les lignes, les points, les figures dont il parle, et d'exécuter les calculs

et les constructions qu'il indique ; il continuera ainsi, en recommençant, s'il est nécessaire, jusqu'au moment où le signal donné par le Moniteur général lui annoncera qu'il doit retourner le tableau du côté des exercices, et passer au *second procédé*. La couleur jaune des tableaux d'exercices indiquera au Moniteur général ceux qui ont retourné leurs tableaux, et facilitera ainsi sa surveillance.

Pendant tout le temps consacré au second procédé, le Moniteur fera aux élèves de son cercle les questions qu'il lira sur son tableau d'exercice. Quand un élève n'aura pas répondu et que le suivant l'aura fait, il dira *passe*, et fera de nouveau la question à celui qui a perdu sa place ; s'il n'y répond pas encore, et que le suivant le fasse, le Moniteur, en disant *passe*, le fera descendre encore d'une place, et toujours de la même manière. Si aucun élève ne répondait, il ferait la question au Moniteur-adjoint : et si ce dernier n'y répondait pas, il y répondrait lui-même sans retourner le tableau, à moins qu'il n'y ait pour lui sans cela impossibilité de le faire ; alors il retournerait son tableau, se reporterait au numéro d'explication indiqué par la question, et lirait ce numéro comme dans le premier procédé, jusqu'à ce qu'il se sente en état de poser de nouveau la question, et d'y faire la réponse convenable, si le Moniteur-adjoint auquel il doit s'adresser d'abord ne pouvait le faire.

Le *troisième procédé* est destiné au résumé de la leçon. Aussitôt que celui qui a commencé le résumé oublie un article important, le Moniteur prononce *au suivant*, indiquant ainsi que l'élève de gauche doit continuer le résumé.

La première place, occupée par le Moniteur-adjoint, est contre le bord du tableau opposé au Moniteur en titre ; la seconde place est à sa gauche, et successivement ainsi jusqu'au voisin du moniteur, qui est le dernier.

De plus longues observations relativement à l'enseignement de la Géométrie usuelle, dans les écoles où la méthode mutuelle est en vigueur, seraient superflues. Tout Instituteur qui est au courant de cette méthode, pourra facilement suppléer à ce que nous croyons devoir omettre relativement aux détails relatifs aux différens signaux, aux récompenses, etc. Ce que l'on fait pour l'enseignement de l'arithmétique leur servira de guide à cet égard.

Nous terminerons en faisant observer qu'il est bon, avant de commencer, d'indiquer aux élèves la valeur des signes $+$ (*plus*), $-$ (*moins*), $\times$ (*multiplié par*,) $:$ (*divisé par*), $=$ (*égal*), en leur disant :

Que $7 + 3$ signifie 7 *plus* 3.
Que $7 - 3$ signifie 7 *moins* 3.
Que 7×3 signifie 7 *multiplié par* 3.
Que $7 : 3$ ou $\frac{7}{3}$ signifie 7 *divisé par* 3.
Et que $7 + 3 = 10$ signifie que 7 *plus* 3 *égale* 10.

Beauvais, de l'Imp. de MOISAND.

GÉOMÉTRIE USUELLE
ET
DESSIN LINÉAIRE GÉOMÉTRIQUE.

(Classe 1.)   (Section 1.)

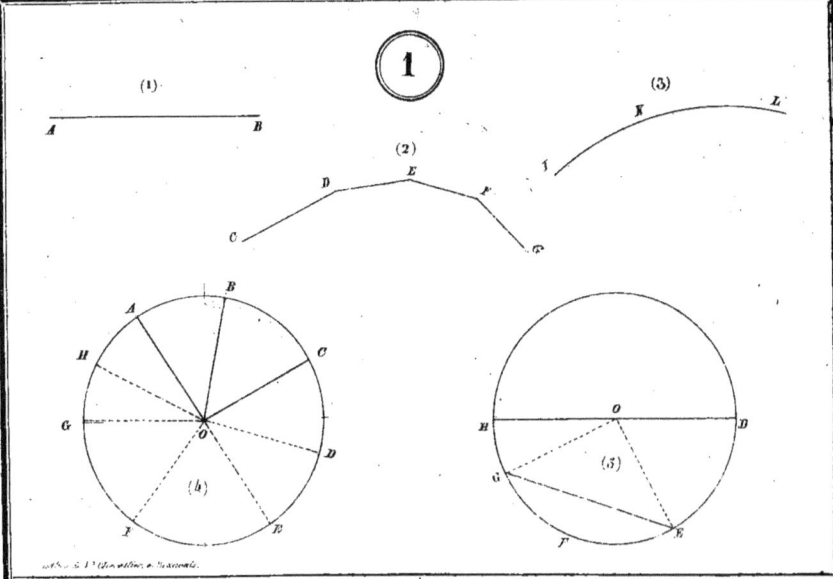

1re EXPLICATION.

1. La ligne AB (Fig. 1) est une *ligne droite*.
C'est le plus court chemin du point A au point B.
2. La ligne CDEFG (Fig. 2) est une *ligne brisée*.
Elle est formée de lignes droites CD, DE, EF, FG, qui ne sont pas sur le prolongement les unes des autres.
3. La ligne IKL (Fig. 3) est une *ligne courbe*.
Elle n'est ni droite, ni composée de lignes droites.
4. La ligne courbe ABCDEFGH (Fig. 4) est une *circonférence de cercle* qui a pour *centre* le point O.
Une circonférence de cercle est une ligne courbe dont tous les points sont également éloignés d'un point intérieur qu'on appelle centre.
5. Les lignes AO, BO, CO, et toutes les lignes ponctuées (Fig. 4) qui vont du centre à la circonférence, se nomment *rayons*. Tous les rayons sont égaux.
6. La droite HOD (Fig. 5) qui joint deux points de la circonférence et qui passe par le centre, est un *diamètre*. Chaque diamètre vaut deux rayons. Tous les diamètres sont égaux.
7. La droite GE (Fig. 5) qui joint deux points de la circonférence sans passer par le centre, est une *corde*.

Une corde est toujours plus petite qu'un diamètre; car la droite GE ne vaut pas la somme des deux rayons GO + OE.

8. La portion GFE (Figure 5) de la circonférence ABCDEFG se nomme un *arc*.
9. L'arc GFE est soustendu par la corde GE, ou plutôt la corde GE soustend l'arc GFE.
10. La circonférence d'un cercle se divise en 360 parties égales qui se nomment *degrés*. Chaque degré se divise en 60 *minutes*, et chaque minute en 60 *secondes*....
11. Il existe des signes qui remplacent les mots degré, minute, seconde; car, au lieu d'écrire en toutes lettres 18 degrés, 48 minutes, 50 secondes, on écrit 18° 48' 50".
12. Pour changer des degrés en minutes, il faut multiplier le nombre des degrés par 60, parce que chaque degré vaut 60'. Ainsi :

               45°
multipliés par   60
    valent   2700'

13. Pour changer des minutes en secondes, il faut multiplier de même le nombre de minutes par 60. Ainsi :

               2700'
multipliées par   60
    valent   162000"

Beauvais, de l'Imp. de MOISAND.

GÉOMÉTRIE USUELLE
ET
DESSIN LINÉAIRE GÉOMÉTRIQUE.

(Classe 1.) *(Section 1.)*

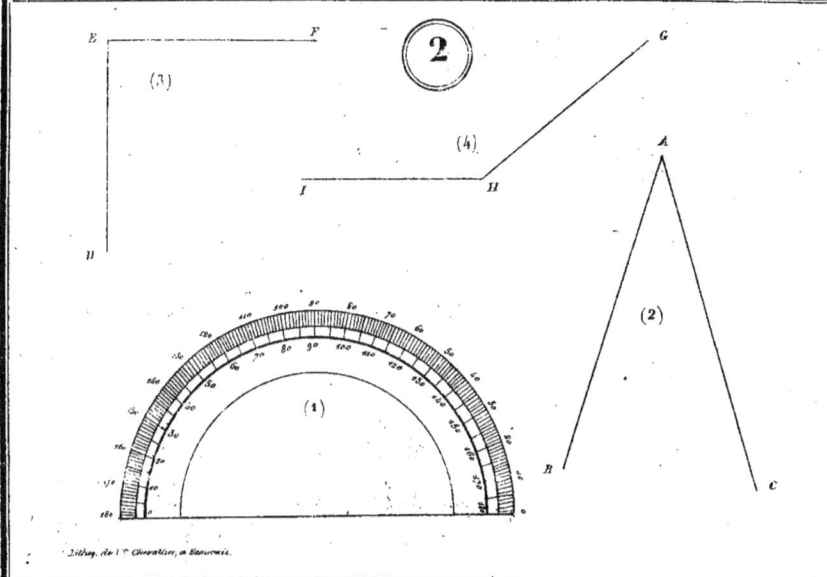

2.ᵉ EXPLICATION.

1. Pour réduire 54° 43′ 48″ en secondes seulement, on change d'abord les degrés en minutes, et l'on ajoute les 43′ qu'on a. Ainsi :

$$\begin{array}{r} 54° \\ \text{multipliés par } \quad 60 \\ \hline \text{valent} \quad 3240' \\ \text{plus} \quad 43' \\ \hline \text{cela fait} \quad 3283' \end{array}$$

2. On change ensuite ces 3283′ en secondes, et l'on ajoute les 48″ qu'on a. Ainsi :

$$\begin{array}{r} 3283' \\ \text{multipliées par } \quad 60 \\ \hline \text{valent} \quad 196980'' \\ \text{plus} \quad 48'' \\ \hline \text{cela fait} \quad 197028'' \text{ pour les } 54° 43' 48''. \end{array}$$

3. Pour trouver combien 183842″ valent de degrés, minutes, il faut diviser 183842 par 60. Ainsi :

183842″ | Divisées par 60.
384 | Donnent 3064′ au quotient.
242
plus   2″ au reste.

En divisant ensuite les 3064′ par 60, on trouve les degrés. Ainsi :

3064′ | Divisées par 60.
  64 | Donnent 51° au quotient.
plus   4′ au reste.

donc 183742 valent 51° 4′ 2″.

4. La Figure 1 représente un *rapporteur*. Cet instrument est terminé par une demi-circonférence et son diamètre. On voit sur la demi-circonférence les 180° qu'elle a. Ils sont numérotés de 10 en 10, en allant de gauche à droite et aussi de droite à gauche. Les rapporteurs servent à mesurer les angles.

5. La Figure 2 représente un *angle*.

Un angle est une ouverture formée par deux droites qui partent d'un même point.

6. Le point A se nomme le *sommet* de l'angle ; les lignes AB et AC sont les deux *côtés*. La grandeur d'un angle ne dépend pas de la longueur de ses côtés ; mais bien de leur écartement, plus ou moins considérable.

7. Quand on désigne un angle par 3 lettres, celle du sommet doit être nommée au milieu. Ainsi on dit : (Fig. 2) l'angle BAC ; (Fig. 3) l'angle DEF ; (Fig. 4) l'angle GHI.

Beauvais, de l'Imp. de Moisand.

GÉOMÉTRIE USUELLE
ET
DESSIN LINÉAIRE GÉOMÉTRIQUE.

(Classe 1.) (Section 1.)

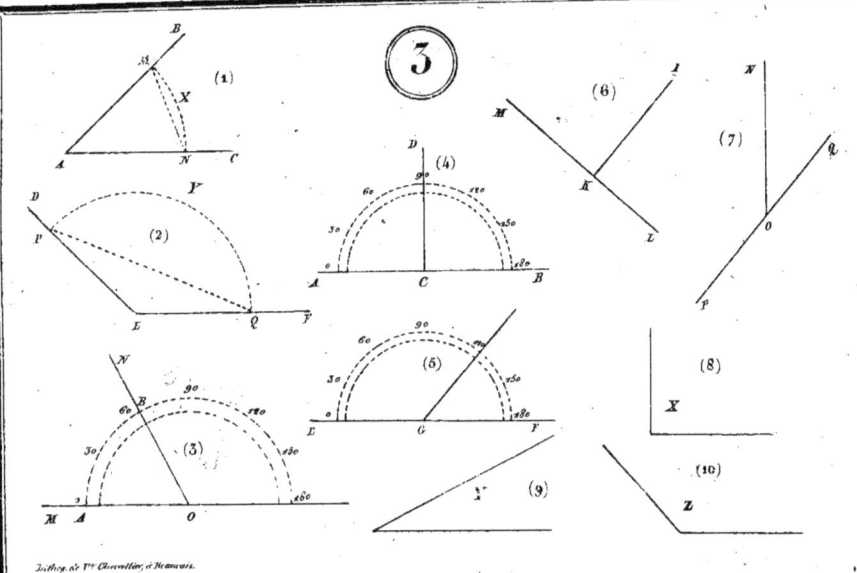

3ᵉ EXPLICATION.

1. Pour trouver le plus grand des deux angles (Fig. 1) et (Fig. 2), on trace avec un même rayon deux arcs MXN et PYQ, qui aient pour centres les sommets A, E; et l'on regarde quelle est la plus longue des deux cordes, MN ou PQ. La plus grande de ces deux cordes fait connaître le plus grand des deux arcs, et par suite le plus grand des deux angles.

2. Les angles s'évaluent en degrés, minutes, secondes, etc. On se sert pour cela d'un rapporteur.

3. Pour mesurer l'angle MON, je place dessus un rapporteur, comme on le voit (Fig. 3); et le nombre de degrés, minutes... de l'arc AB fait connaître la grandeur de l'angle, qui est ici de 60°.

4. Les deux angles ACD, BCD (Fig. 4), que la droite CD fait avec les deux parties CA, CB de la droite AB, se nomment *angles adjacens*. Les angles EGH, FGH (Fig. 5) sont aussi des angles adjacens.

5. En plaçant un rapporteur comme on le voit (Fig. 4) et (Fig. 5), on reconnaît que deux angles adjacens valent ensemble 180°.

6. Quand on connaît un angle, on trouve aisément son adjacent. Ex. : Un angle étant de 115°, son adjacent s'obtient par la soustraction suivante :

De   180
Otant 115

Reste   65° pour l'angle adjacent.

7. Une droite CD (Fig. 4), qui fait avec AB deux angles adjacens égaux, est *perpendiculaire* sur AB.

8. Une droite GH, qui fait avec EF (Fig. 5) deux angles adjacens inégaux, est *oblique* par rapport à EF.

IK (Fig. 6) est perpendiculaire sur ML;
NO (Fig. 7) est oblique par rapport à PQ.

9. Un angle égal à l'un des angles égaux que fait une droite, avec une autre sur laquelle elle tombe perpendiculairement, se nomme un *angle droit*. L'angle X (Fig. 8) est un angle droit. Il a 90°.

10. Un angle moins ouvert qu'un angle droit se nomme *angle aigu*. L'angle Y (Fig. 9) est un angle aigu. Il a moins de 90°.

11. Un angle plus ouvert qu'un angle droit se nomme *angle obtus*. L'angle Z (Fig. 10) est un angle obtus. Il a plus de 90°.

Beauvais, de l'Imp. de MOISAND.

GÉOMÉTRIE USUELLE
ET
DESSIN LINÉAIRE GÉOMÉTRIQUE.

(Classe 1.)   *(Section 1.)*

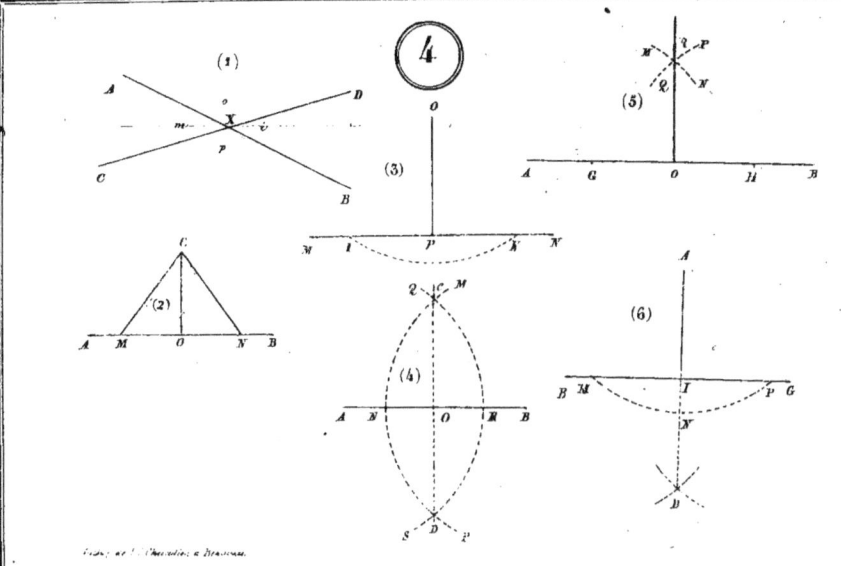

4ᵉ EXPLICATION.

1. La Figure 1 représente deux lignes A B, CD, qui se coupent au point X, et forment les 4 angles *m*, *o*, *i*, *p*.

Les deux angles *m* et *i* sont ce qu'on nomme deux angles opposés au sommet ; il en est de même des deux angles *o* et *p*.

2. En supposant l'angle *m* de 45°, on trouve, pour l'angle *p*, 135° ; pour l'angle *i*, 45° ; et pour *o*, 135° : ce qui fait voir que deux angles opposés au sommet sont toujours égaux.

3. La Figure 2 représente une droite AB sur laquelle, au point O, on a élevé une perpendiculaire OC. On y voit deux obliques CM, CN, qui partent d'un même point C, et qui s'écartent également du point O qu'on nomme pied de la perpendiculaire.

4. Il est facile de remarquer, et cela se démontre en géométrie, que l'oblique CM est égale à l'oblique CN, d'où l'on doit conclure que le pied d'une perpendiculaire est toujours à égale distance des extrémités de deux obliques égales qui partent d'un même point.

5. Lorsque (Fig. 3) on a abaissé du point O une perpendiculaire OP sur MN, on reconnaît que l'on a bien ou mal opéré de la manière suivante : Du point C on trace à volonté un arc I K qui coupe MN en deux points, et l'on regarde si le point P est le milieu de la corde I K ; si cela n'est pas, la droite O P n'est pas perpendiculaire.

6. Pour trouver juste le milieu de la droite AB (Fig. 4), voici ce qu'il faut faire : Du point A comme centre, avec un rayon plus grand que la moitié de AB, décrivez l'arc QRS ; du point B comme centre, avec le même rayon, décrivez l'arc MNP. Les deux arcs, en se rencontrant, détermineront le point C et le point D ; enfin, la droite CD fera connaître le point O milieu de AB.

7. Pour élever par le point O (Fig. 5) une perpendiculaire à la droite AB, voici ce qu'il faut faire : Prenez OG = OH ; ensuite, du point G avec un rayon plus grand que GO, décrivez l'arc MN ; et du point H avec le même rayon, décrivez l'arc PQ : vous aurez ainsi le point de rencontre R, et par suite la perpendiculaire OR.

8. Pour abaisser du point A (Fig. 6) une perpendiculaire à la droite BC, voici ce qu'il faut faire : Décrivez à volonté l'arc MNP ; ensuite, avec un rayon plus grand que la moitié de la corde MP, décrivez des points M et P comme centres, deux arcs qui se coupent au point D. Si vous joignez le point A au point D, vous aurez la perpendiculaire AI demandée.

Beauvais, de l'Imp. de MOISAND.

GÉOMÉTRIE USUELLE
ET
DESSIN LINÉAIRE GÉOMÉTRIQUE.

(Classe 1.)   (Section 1.)

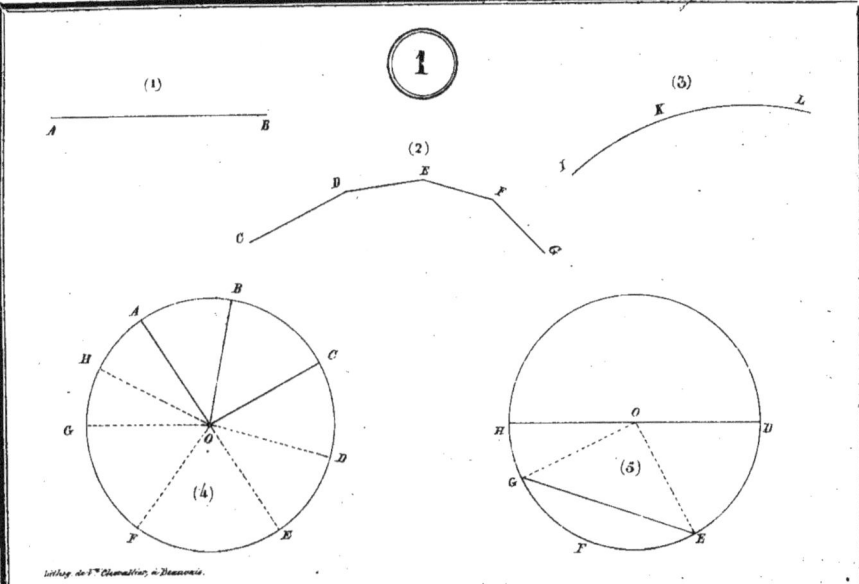

1ᵉʳ EXERCICE.

(1) — Comment se nomme la ligne AB (Fig. 1)?
—* Qu'est-ce qu'une ligne droite?

(2) — Comment se nomme (Fig. 2) la ligne CDEFG ?
—* Qu'est-ce qu'une ligne brisée ?

(3) — Comment se nomme la ligne IKL ?
—* Qu'est-ce qu'une ligne courbe ?

(4) — Comment se nomme la ligne courbe ABCDEFGH (Fig. 4) ?
—* Qu'est-ce qu'une circonférence de cercle ?

(5) — Comment se nomment les lignes AO, BO, CO.... et toutes les droites ponctuées de la Figure 4 ?
— Qu'est-ce qu'un rayon ; et qu'ont de remarquable tous les rayons d'une même circonférence ?

(6) — Comment se nomme (Fig. 5) la droite HOD ?

—* Qu'est-ce qu'un diamètre; et qu'ont de remarquable les diamètres d'une même circonférence ?

(7) — Comment se nomme la droite GE (Fig. 5) ?
—* Qu'est-ce qu'une corde ; et que remarque-t-on quand on compare une corde à un diamètre ?

(8) — Comment se nomme la portion de circonférence GFE (Fig. 5) ?

(9) Que fait la corde GE à l'arc GFE (Fig. 5) ?

(10) En combien de parties égales nommées degrés divise-t-on une circonférence ?
— Combien y a-t-il de minutes dans un degré, et de secondes dans une minute ?

(11) Ecrivez avec les signes convenus 18 degrés, 40 minutes, 25 secondes.

(12) Changez 15° en minutes.

(13) Changez 25′ en secondes.

Faites le Résumé de la Leçon.

GÉOMÉTRIE USUELLE
ET
DESSIN LINÉAIRE GÉOMÉTRIQUE.

(Classe 1.) (Section 1.)

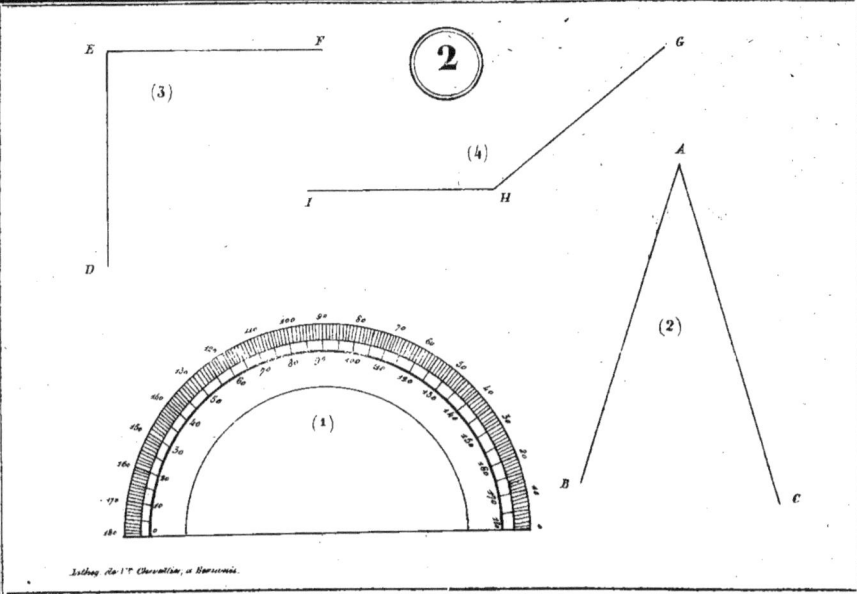

2ᵉ EXERCICE.

(1,2) — Réduisez 56° 43′ 54″ en secondes seulement.
— * Comment fait-on pour réduire un nombre de degrés, minutes, secondes, en secondes seulement?
— Réduisez 52° 43′ 7″ en secondes seulement.
(3) — Trouvez combien 12775″ valent de minutes, et ensuite combien les minutes que vous aurez trouvées valent de degrés.
— * Comment trouve-t-on combien un nombre donné de secondes vaut de minutes et de degrés, s'il en contient?
— Combien 18745″ valent-elles de degrés, de minutes et de secondes?
(4) — Que représente la Figure 1?

Par quoi se termine un rapporteur?
— Combien y a-t-il de degrés sur la demi-circonférence d'un rapporteur?
— De quelle manière les degrés sont-ils numérotés?
— A quoi servent les rapporteurs?
(5) — Que représente la Figure 2?
— Qu'est-ce qu'un angle?
(6) — Comment se nomme le point A, et les lignes AB, AC (Fig. 2)?
— La grandeur d'un angle dépend-elle de la longueur de ses côtés?
— De quoi la grandeur d'un angle dépend-elle?
(7) — Nommez, au moyen de 3 lettres, les angles (Fig. 2, 3, 4).
— Quel soin doit-on avoir quand on désigne un angle au moyen de 3 lettres?

Faites le Résumé de la Leçon.

Beauvais, de l'Imp. de MOISAND.

GÉOMÉTRIE USUELLE
ET
DESSIN LINÉAIRE GÉOMÉTRIQUE.

(Classe 1.)   (Section 1.)

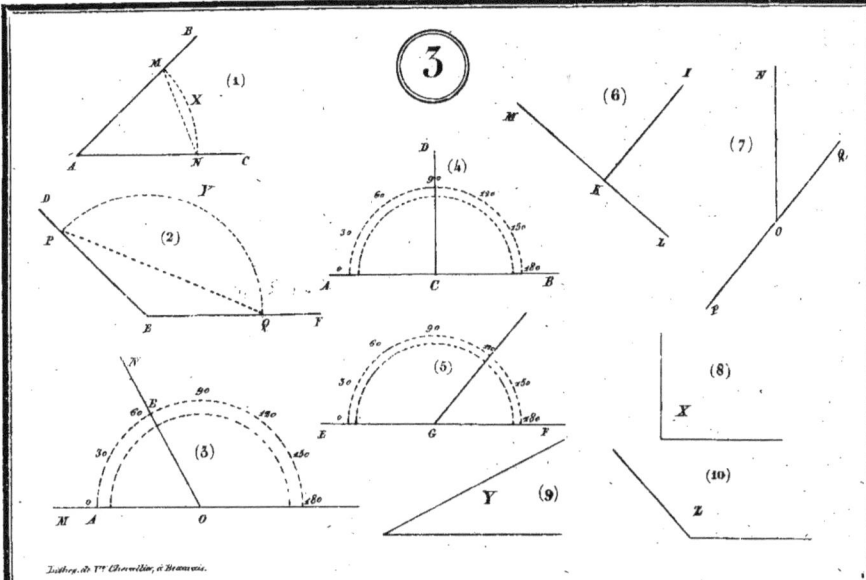

3ᵉ EXERCICE.

(1) — Quel est le plus grand des deux angles (Fig. 1 et 2)?
— A quoi le reconnaissez-vous?
— Tracez sur le tableau deux angles inégaux, et faites avec le compas l'opération qui fait connaître le plus grand.
— Dans quel cas reconnaît-on que deux angles sont parfaitement égaux?

(2) — En quelles espèces d'unités s'évaluent les angles?

(3) — Avec quel instrument mesure-t-on les angles?
— Faites un angle, et mesurez-le avec le rapporteur.

(4) — * Que nomme-t-on angles adjacens?
— Montrez deux angles adjacens.

(5) — Combien de degrés valent ensemble deux angles adjacens?

(6) — Un angle est de 75°; combien vaut son adjacent?

(7) — * Dans quel cas une droite est-elle perpendiculaire sur une autre?
— Nommez une droite qui soit perpendiculaire sur une autre.

(8) — * Dans quel cas une droite est-elle oblique par rapport à une autre?
— Montrez une droite qui soit oblique par rapport à une autre.

(9) — * Qu'est-ce qu'un angle droit?
— Combien un angle droit a-t-il de degrés?

(10) — * Qu'est-ce qu'un angle aigu?
— Montrez un angle droit.
— Montrez un angle aigu.
— Un angle aigu a-t-il moins ou plus de 90°?

(11) — * Qu'est-ce qu'un angle obtus?
— Montrez un angle obtus.
— Un angle obtus a-t-il plus ou moins de 90°?

Faites le Résumé de la Leçon.

Beauvais, de l'Imp. de MOISAND.

GÉOMÉTRIE USUELLE
ET
DESSIN LINÉAIRE GÉOMÉTRIQUE.

(Classe 1.) (Section 1.)

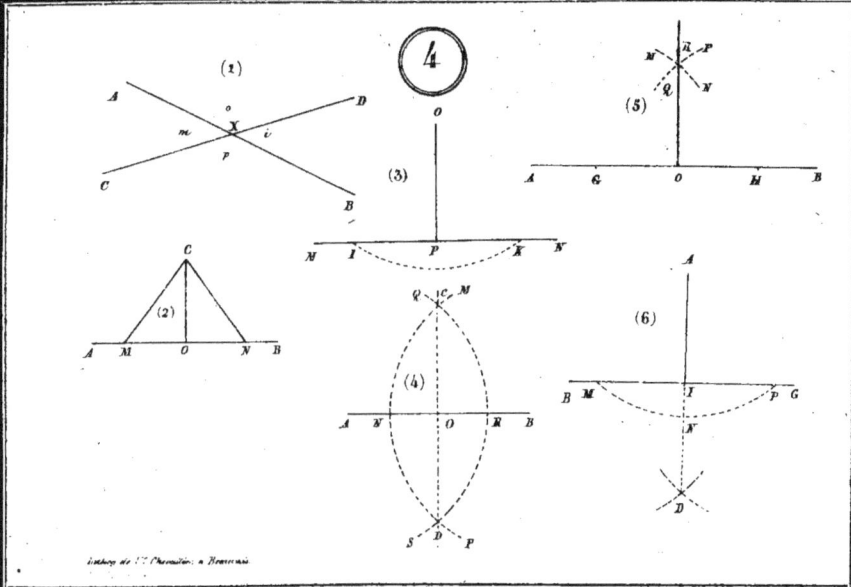

4ᵉ EXERCICE.

(1) — Que représente la Figure N° 1 ?
— Montrez deux angles opposés au sommet ?
—* Qu'appelle-t-on angles opposés au sommet ?

(2) — En supposant que deux droites se coupent, et que l'un des 4 angles soit de 25°, trouvez les 3 autres angles.
— Que remarquez-vous relativement à la grandeur des angles opposés au sommet ?

(3) — Que représente la Figure N° 2 ?
— Comment se nomme le point O ?

(4) — Que savez-vous relativement à la longueur des deux obliques CM, CN (Fig. 2), qui s'écartent également du pied de la perpendiculaire ?

(5) — Tracez une droite, et d'un point pris hors de cette droite, abaissez sur elle une perpendiculaire, sans vous servir d'instrument.
— Prenez un compas et vérifiez si votre opération est juste.
—* Détaillez les moyens que vous avez employés pour faire votre vérification.

(6) — Tracez une droite et marquez-en le milieu.
— Prenez un compas et vérifiez si votre opération est juste.
—* Détaillez les moyens que vous avez employés pour faire votre vérification.

(7) —* Par un point pris sur une droite, menez, au moyen d'un compas, une droite qui soit perpendiculaire sur celle que vous avez tracée.

(8) —* Par un point pris hors d'une droite, abaissez sur cette droite une perpendiculaire, en vous servant d'un compas.

Faites le Résumé de la Leçon.

GÉOMÉTRIE USUELLE
ET
DESSIN LINÉAIRE GÉOMÉTRIQUE.

(Classe 1.) (Section 1.)

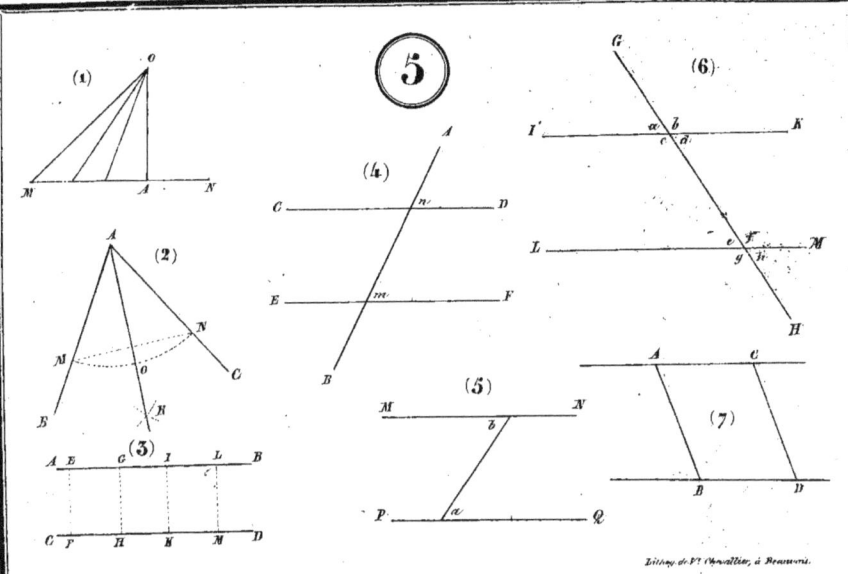

5ᵉ EXPLICATION.

1. La Figure 1 représente une droite MN, sur laquelle, d'un point O, on a mené une perpendiculaire OA et plusieurs obliques. On voit, et cela se démontre en géométrie, que la perpendiculaire OA est plus courte que chacune des obliques, et que plus les obliques s'écartent de la perpendiculaire, plus elles sont longues.

2. La Figure 2 représente un angle BAC divisé en deux parties égales par la ligne AR.
Pour diviser un angle BAC en deux parties égales, tracez à volonté l'arc MON, et décrivez des points M et N comme centres, avec un rayon plus grand que la moitié de la corde MN, deux arcs de cercle qui se coupent en un point R : en tirant la droite AR, l'angle BAC sera divisé en deux parties égales.

3. On doit remarquer (Fig. 2) que la droite AR, qui divise en deux parties égales l'angle BAC, divise en même temps en deux parties égales l'arc MON ainsi que la corde MN.

4. La Fig. 3 représente deux *parallèles* AB, CD. On nomme parallèles des droites qui ne peuvent se rencontrer à quelque distance qu'on les prolonge ; et l'on démontre en géométrie que deux parallèles AB, CD, sont partout également éloignées l'une de l'autre, c'est-à-dire que toutes les perpendiculaires EF, GH, IK, LM, menées de AB sur CD, sont égales.

5. Une droite AB (Fig. 4) qui coupe deux parallèles CD, EF, se nomme une *sécante*.

6. Pour reconnaître si deux droites CD, EF (Fig. 4), sont parallèles, on mène une sécante AB, et l'on cherche si l'angle m est égal à l'angle n. Ces deux angles se nomment *angles correspondans*.

7. On peut encore reconnaître si deux droites MN, PQ (Fig. 5), sont parallèles, en cherchant si l'angle a est égal à l'angle b. Ces deux angles se nomment angles *alternes-internes*.

8. Lorsque deux droites IK, LM sont rencontrées par une sécante GH, il faut bien retenir qu'il y a toujours égalité entre les angles correspondans e et a , f et b , c et g , d et h ; entre les angles alternes-internes c et f , e et d ; enfin, entre les angles *alternes-externes* a et h , g et b. Ces égalités sont très-souvent utiles.

9. Il ne faut pas oublier non plus qu'il y a aussi toujours égalité entre les parties de deux parallèles qui se trouvent entre deux autres parallèles ; ainsi (Fig. 7), la droite AB est égale à CD, parce que AC est parallèle à BD.

Beauvais, de l'Imp. de MOISAND.

GÉOMÉTRIE USUELLE
ET
DESSIN LINÉAIRE GÉOMÉTRIQUE.

(Classe 1.) (Section 2.)

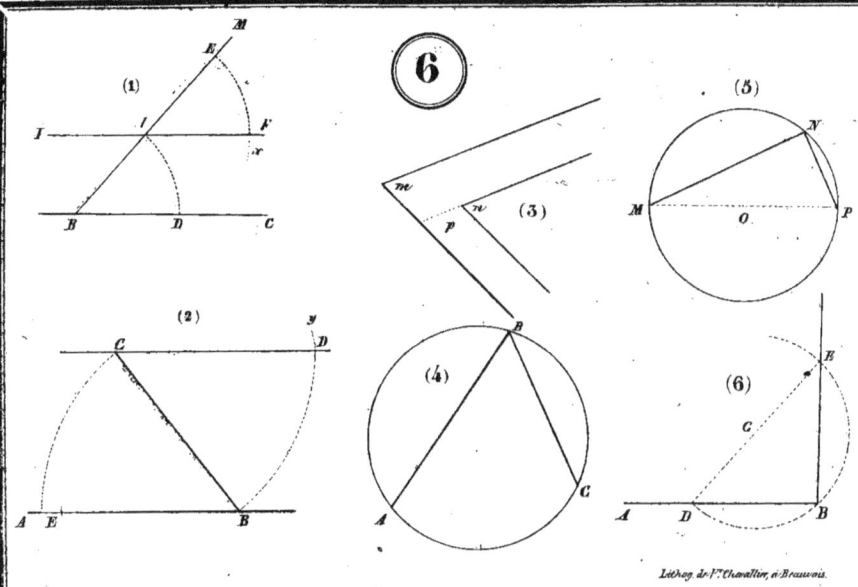

6ᵉ EXPLICATION.

1. Pour mener par le point A (Fig. 1) une parallèle à la droite BC : Tirez la droite BAM ; du point B comme centre, décrivez l'arc AD ; du point A comme centre, décrivez l'arc EF*x* ; prenez l'arc EF égal à l'arc AD ; tirez enfin, par le point A et le point F, la droite IAF, cette droite IAF sera la parallèle demandée.

2. On pourrait aussi mener par le point C (Fig. 2) une parallèle à la droite AB, en s'y prenant d'une autre manière : Joignez le point C au point B ; du point B comme centre, avec BC pour rayon, décrivez l'arc CE ; du point C comme centre, avec le même rayon, décrivez l'arc BD*y* ; faites enfin l'arc BD égal à l'arc CE, et joignez le point C au point D, la droite CD sera la parallèle demandée.

3. La droite IAF (Fig. 1) est parallèle à BC, parce que, d'après la construction, les angles ABD, EAF sont égaux et correspondans.

4. La droite CD (Fig. 2) est parallèle à la droite AB, parce que, d'après la construction, les angles CBE, DCB sont égaux et alternes-internes.

5. La Figure 3 représente deux angles *m*, *n*, qui ont les côtés parallèles et leurs ouvertures tournées du même côté. Ces deux angles sont égaux puisque chacun d'eux est égal à l'angle *p* comme correspondant à l'égard de lignes parallèles.

6. La Figure 4 représente un angle ABC, inscrit dans une circonférence. On appelle *angle inscrit* un angle formé par deux cordes, ou bien par une corde et un diamètre, lorsque le sommet de cet angle est sur la circonférence.

7. On démontre en géométrie qu'un angle ABC inscrit a pour mesure la moitié du nombre des degrés, minutes, secondes.... de l'arc AC que ses côtés comprennent.

8. Tout angle inscrit MNP (Fig. 5), dont les côtés s'appuient sur les extrémités d'un diamètre, est un angle droit ; car la demi-circonférence MNP ayant 180°, l'angle MNP en a la moitié, c'est-à-dire 90, donc c'est un angle droit.

9. Pour mener au point B de la ligne AB (Fig. 6) une perpendiculaire sans prolonger AB : Prenez à volonté le point C au-dessus de AB, et décrivez, avec CB pour rayon, une circonférence qui coupe AB au point D ; tirez ensuite le diamètre DCE, et joignez le point B au point E, la droite EB sera la perpendiculaire demandée ; car l'angle inscrit DBE s'appuyant sur les extrémités d'un diamètre, sera un angle droit.

Beauvais, de l'Imp. de MOISAND.

GÉOMÉTRIE USUELLE
ET
DESSIN LINÉAIRE GÉOMÉTRIQUE.

(Classe 1.)   (Section 2.)

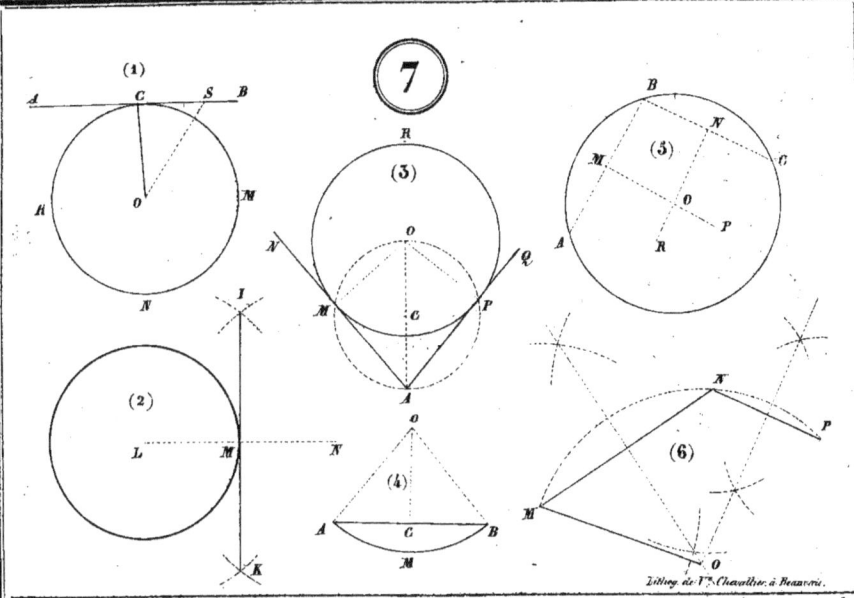

7.ᵉ EXPLICATION.

1. La droite AB (Fig. 1), qui ne fait que toucher au point C la circonférence CMNR, se nomme *tangente*. Le point C est ce qu'on appelle *le point de contact*. Il est visible que le rayon OC est plus court que toute droite OS qui va du centre à un point de la droite AB, donc le rayon OC est perpendiculaire sur la tangente AB.

2. Pour mener par le point M (Fig. 2) une tangente à la circonférence LM *(les circonférences se désignent au moyen de leurs rayons)*, prolongez le rayon LM, et menez, au point M sur LN, la perpendiculaire IK, ce sera la tangente demandée.

3. Pour mener par le point A, pris hors de la circonférence OR (Fig. 3), une tangente à cette circonférence : Joignez OA ; prenez le milieu C de la droite OA ; décrivez la circonférence OMAPO, et tirez les droites AMN, APQ ; ces deux droites seront les deux tangentes que l'on peut mener du point A.

4. On reconnaît que ce sont des tangentes à ce que chacun des angles AMO, APO est inscrit et s'appuie sur les extrémités du diamètre OA, ce qui prouve que c'est un angle droit, et que par conséquent les droites AMN, APQ, sont des perpendiculaires à des extrémités de rayon, ou, ce qui est la même chose, que chacune de ces droites est tangente à la circonférence OR.

5. La Figure 4 représente un arc AMB dont le centre est au point O. On y voit une droite OC, qui va du centre au milieu de la corde AB. Cette droite s'écartant également des extrémités des deux obliques OA, OB, qui sont égales comme rayons, est nécessairement perpendiculaire sur la corde AB. Ainsi, toute perpendiculaire sur le milieu d'une corde passe par le centre de la circonférence à laquelle la corde appartient.

6. Pour trouver (Fig. 5) le centre inconnu d'une circonférence : Prenez à volonté les trois points A, B, C ; tirez les cordes AB, BC ; par le point M, milieu de AB, menez sur cette corde la perpendiculaire MP ; par le point N, milieu de BC, menez sur cette corde la perpendiculaire NR : les deux perpendiculaires en se rencontrant au point O feront connaître le centre de la circonférence.

7. L'opération précédente repose sur ce que les deux perpendiculaires MP, NR doivent passer toutes deux par le centre.

8. La Figure 6 représente en traits ponctués les constructions à faire pour trouver le centre O et le rayon OM de la circonférence qu'il s'agirait de faire passer par les trois points M, N, P.

Beauvais, de l'Imp. de MOISAND.

GÉOMÉTRIE USUELLE
ET
DESSIN LINÉAIRE GÉOMÉTRIQUE.

(Classe 1.)   (Section 2.)

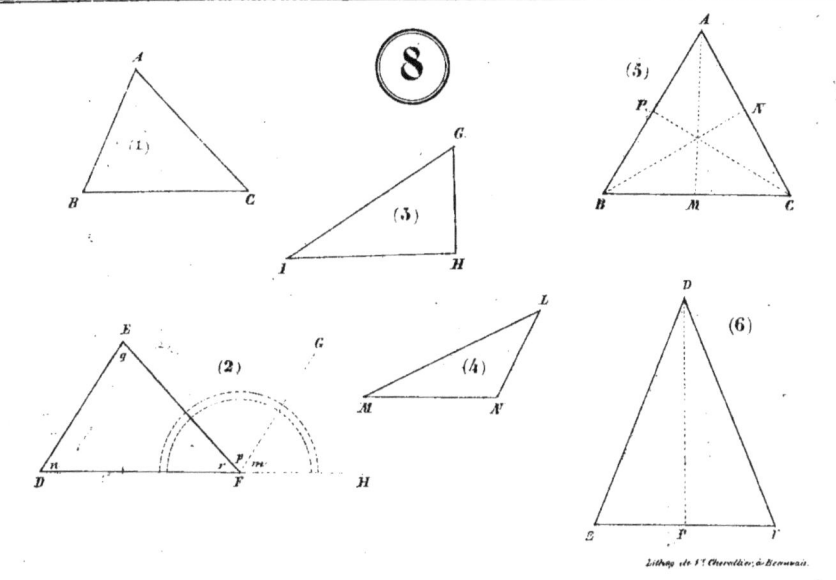

8. EXPLICATION.

1. La Figure 1 représente un *triangle* BAC.
On appelle triangle une figure renfermée entre trois lignes droites. Dans tout triangle il y a trois côtés et trois angles. Les trois côtés sont ici AB, AC et BC. Les trois angles sont l'angle A, l'angle B et l'angle C.

2. Dans tout triangle DEF (Fig. 2), la somme des trois angles est de 180° ou 2 droits. Pour rendre cette vérité évidente, on prolonge DE d'une quantité quelconque FH, et l'on mène FG parallèle à DE. On a de cette manière l'angle n égal à l'angle m, comme correspondans à cause des parallèles DE, FG, et de la sécante DH. On a aussi l'angle q égal à l'angle p, parce que ces angles sont alternes-internes relativement aux mêmes parallèles rencontrées par la sécante EF. Or, un rapporteur, placé comme on le voit en F, fait voir que les trois angles m, p, r, valent 180°, donc les trois angles du triangle en valent autant.

3. Quand on connaît deux angles d'un triangle, on trouve aisément le troisième. Ex. : Un des angles est de 75°, un autre est de 48°; combien y a-t-il de degrés dans le troisième ? Pour le savoir, ajoutez 75° avec 48°, vous aurez 123°, qui, ôtés de 180°, donnent pour reste 57° : c'est la valeur du troisième angle.

4. Un triangle dont le plus grand angle est aigu, se nomme *triangle acutangle*; tel est ABC (Fig. 1).

5. Un triangle dont le plus grand angle est droit, se nomme *triangle rectangle*; tel est GHI (Fig. 3). Le côté GI opposé à l'angle droit, se nomme *hypoténuse*.

6. Un triangle dont le plus grand angle est obtus, se nomme triangle obtusangle; tel est LMN (Fig. 4).

7. La Figure 5 représente un *triangle équilatéral*. On nomme ainsi un triangle dont les côtés sont égaux, et l'on démontre en géométrie que les trois angles sont pareillement égaux; ainsi, chacun d'eux vaut le tiers de 180° ou 60 degrés.

8. Un triangle DEF (Fig. 6) qui n'a que deux côtés DE, EF, qui sont égaux, n'a que les deux angles opposés E et F, qui soient pareillement égaux. On le nomme *triangle isocèle*, qu'il soit d'ailleurs rectangle, obtusangle ou acutangle.

9. La Figure 4 représente un triangle *scalène*. On nomme ainsi tout triangle, quel que soit son plus grand angle, quand il a ses trois côtés inégaux. Dans un triangle scalène, les angles sont inégaux aussi bien que les côtés.

GÉOMÉTRIE USUELLE
ET
DESSIN LINÉAIRE GÉOMÉTRIQUE.

(Classe 1.) (Section 1.)

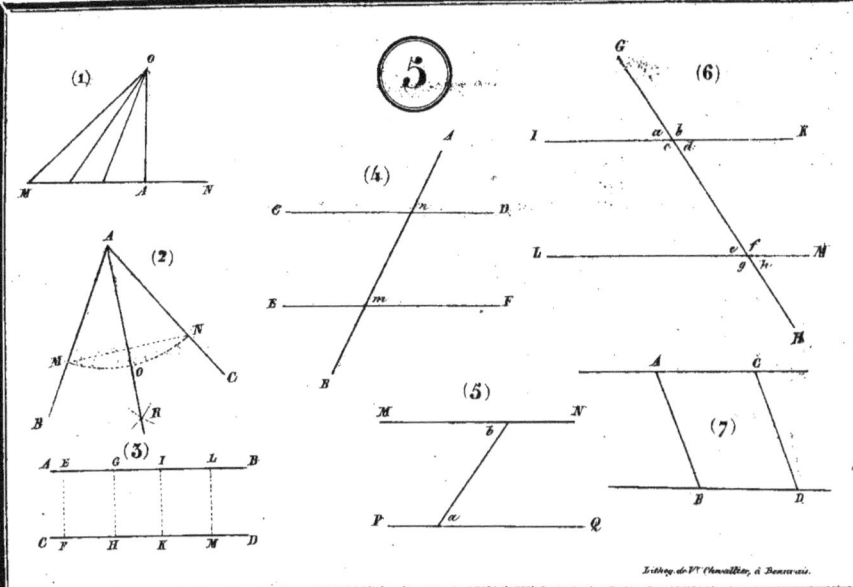

5ᵉ EXERCICE.

(1) — Que représente la Figure 1 ?
— Que savez-vous relativement à la perpendiculaire et aux obliques qui, partant d'un même point, s'écartent inégalement de la perpendiculaire ?

(2) — Tracez un angle et divisez-le avec un compas en deux parties égales.

(3) — Tracez un arc et divisez-le, ainsi que sa corde, en deux parties égales.

(4) — Que représentent les lignes AB, CD de la Figure 3 ?
— * Qu'appelle-t-on droites parallèles ?
— Que savez-vous relativement à deux droites parallèles ?
— Que veut-on dire par ces mots : deux parallèles sont partout également distantes.

(5) — Comment se nomme la droite AB de la Figure 4 ?

(6) — Comment se nomment les angles m et n de la Figure 4 ?
— Tracez deux parallèles et vérifiez avec le compas si votre opération est juste, en regardant si deux angles correspondans sont égaux.

(7) — Comment se nomment les angles a et b de la Figure 5 ?
— Tracez deux parallèles et vérifiez avec le compas si votre opération est juste, en regardant si deux angles alternes-internes sont égaux.

(8) — Que savez-vous relativement aux huit angles qu'une sécante forme avec deux droites parallèles ?

(9) — Que savez-vous relativement aux parties de deux droites parallèles qui se trouvent comprises entre deux autres droites aussi parallèles.

Faites le Résumé de la Leçon.

GÉOMÉTRIE USUELLE
ET
DESSIN LINÉAIRE GÉOMÉTRIQUE.

(Classe 1.)   (Section 2.)

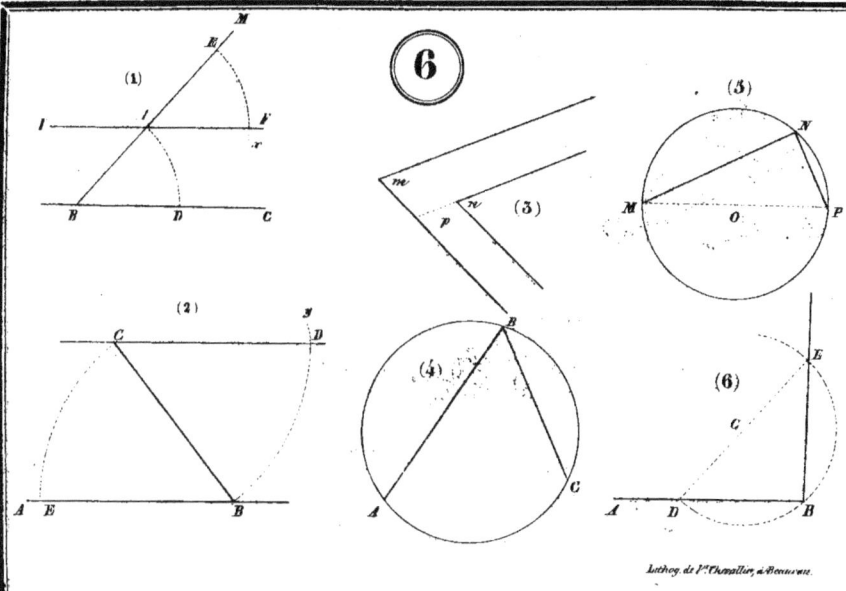

6ᵉ EXERCICE.

(1) — Menez par le point A une parallèle à la droite BC (Fig. 1), en suivant le procédé que la Figure indique, et en désignant les opérations dont vous vous servez.

(2) — Menez par le point C (Fig. 2) une parallèle à la ligne AB, en suivant le procédé que la Figure indique, et en désignant les opérations dont vous vous servez.

(3) — A quoi reconnaissez-vous, d'après vos opérations, que la droite IAF (Fig. 1) est parallèle à BC ?

(4) — A quoi reconnaissez-vous, d'après vos opérations, que la droite CD (Fig. 2) est parallèle à la droite AB ?

(5) — Que savez-vous relativement aux angles qui ont les côtés parallèles et leurs ouvertures tournées du même côté ?

(6) — Que représente la figure 4 ?
— Que savez-vous relativement à la mesure d'un angle inscrit ?

(7) — L'arc compris entre les côtés d'un angle inscrit est de 72°, combien cet angle inscrit a-t-il de ces degrés pour mesure.

(8) — Que représente la Figure 5 ?
— Que savez-vous relativement aux angles inscrits dont les côtés s'appuient sur les extrémités d'un diamètre ?

(9) — Par le point B de la ligne AB (Fig. 6), menez une perpendiculaire sur AB sans prolonger cette droite, en indiquant les opérations dont vous vous servez.

Faites le Résumé de la Leçon.

GÉOMÉTRIE USUELLE
ET
DESSIN LINÉAIRE GÉOMÉTRIQUE.

(Classe 1.) (Section 2.)

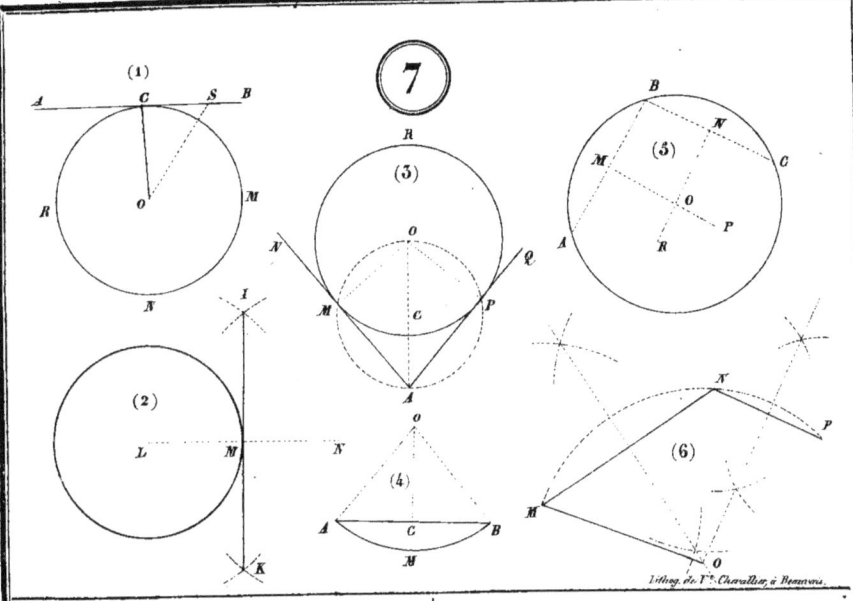

7ᵉ EXERCICE.

(1) — Que représente la Figure N° 1 ?
— * Qu'est-ce qu'une tangente à une circonférence ?
— * Qu'est-ce que le point de contact d'une tangente avec une circonférence ?
— Que savez-vous relativement à la position d'une tangente, par rapport au rayon qui passe par le point de contact ?

(2) — Tracez une circonférence ; et, par un point pris sur cette circonférence, menez-lui une tangente.
— A quoi reconnaissez-vous que la droite que vous avez menée est vraiment une tangente ?

(3) — Par un point pris hors d'une circonférence, combien peut-on lui mener de tangentes ?
— Tracez une circonférence ; et, par un point extérieur à cette circonférence, menez-lui ses deux tangentes.

(4) — A quoi reconnaissez-vous que chacune des droites que vous avez menée est vraiment une tangente ?

(5) — Que savez-vous relativement à la position, par rapport à une corde, de la droite qui va du centre au milieu de cette corde ?
— Que savez-vous relativement à la perpendiculaire élevée sur le milieu d'une corde ?

(6) — Trouvez le centre inconnu d'une circonférence.

(7) — Dites sur quoi repose l'opération que vous venez de faire.

(8) — Après avoir pris à volonté 5 points non en ligne droite, trouvez le centre et le rayon de la circonférence qui passe par ces 5 points.

Faites le Résumé de la Leçon.

GÉOMÉTRIE USUELLE
ET
DESSIN LINÉAIRE GÉOMÉTRIQUE.

(Classe 1.) (Section 2.)

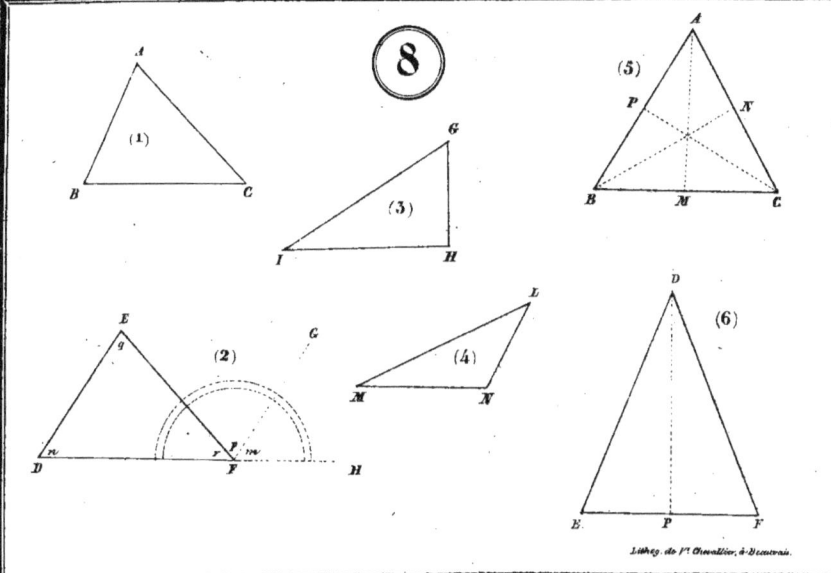

8ᵉ EXERCICE.

(1) — Que représente la Figure 1 ?
— Qu'est-ce qu'un triangle ?
— Montrez un triangle et désignez ses trois angles et ses trois côtés.

(2) — Combien les trois angles d'un triangle valent-ils de degrés ?
— * Comment rend-on évidente la propriété qu'a la somme des trois angles d'un triangle de valoir toujours 180° ou deux angles droits ?

(3) — Deux angles d'un triangle étant l'un de 18° et l'autre de 143°, combien vaut le troisième ?
— Deux angles d'un triangle étant l'un de 54°, l'autre de 47°, combien vaut le troisième ?

(4) — Qu'est-ce qu'un triangle acutangle ?
— Montrez un triangle acutangle.

(5) — Qu'est-ce qu'un triangle rectangle ?
— Comment se nomme, dans un triangle rectangle, le côté opposé à l'angle droit ?
— Montrez un triangle rectangle.
— * Un angle aigu d'un triangle rectangle est de 47°, que vaut le second angle aigu ?

(6) — Qu'est-ce qu'un triangle obtusangle ?
— Montrez un triangle obtusangle.

(7) — Qu'est-ce qu'un triangle équilatéral ?
— Montrez un triangle équilatéral.
— Que savez-vous relativement aux angles d'un triangle équilatéral ?

(8) — Qu'est-ce qu'un triangle isocèle ?
— Montrez un triangle isocèle.
— Que savez-vous relativement aux angles d'un triangle isocèle ?

(9) — Qu'est-ce qu'un triangle scalène ?
— Montrez un triangle scalène.
— Que savez-vous relativement aux angles d'un triangle scalène ?

Faites le Résumé de la Leçon.

GÉOMÉTRIE USUELLE
ET
DESSIN LINÉAIRE GÉOMÉTRIQUE.

(Classe 1.)   (Section 2.)

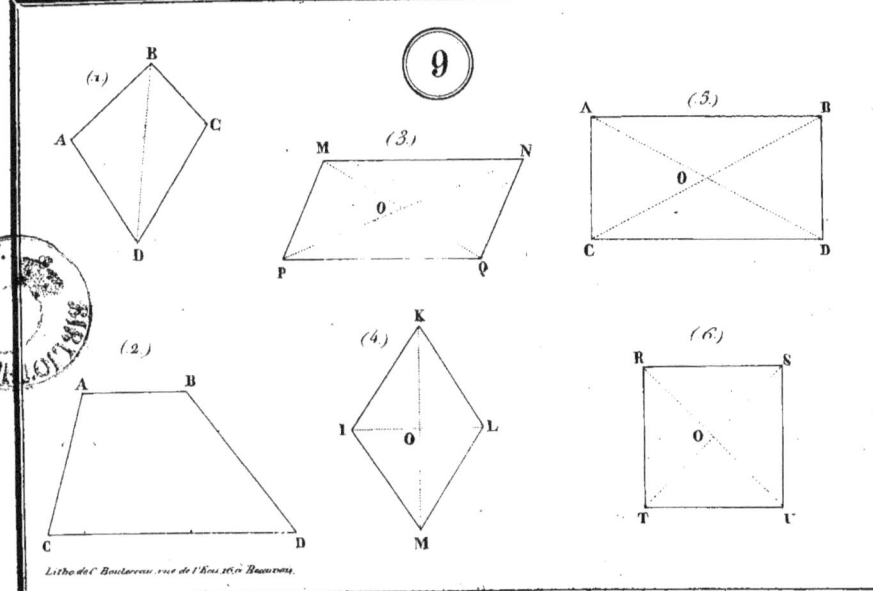

9ᵉ EXPLICATION.

1. La Figure, représente un *quadrilatère*. On nomme quadrilatères toutes les Figures renfermées entre quatre côtés.

2. La ligne BD est ce que l'on appelle une *diagonale*. On désigne sous le nom de diagonale toute ligne qui traverse une Figure en réunissant deux sommets.

3. En examinant la Figure 1 que la diagonale BD décompose en deux triangles, on voit que la somme des quatre angles d'un quadrilatère vaut le double de 180°, ce qui fait 360°.

4. Le quadrilatère de la Figure 2 est un *trapèze*. Dans un trapèze il y a deux côtés inégaux AB, CD qui sont parallèles.

5. La Figure 3 représente un *parallélogramme*. On nomme parallélogramme un quadrilatère dont les côtés opposés sont parallèles, sans que les côtés soient égaux.

6. On remarque dans le parallélogramme MNPQ (Fig. 5), deux grands côtés MN, PQ qui sont égaux en même temps que parallèles, et deux petits MP, NQ qui sont aussi parallèles et égaux. On y remarque aussi deux angles aigus P, N qui sont opposés et égaux, et deux angles obtus M, Q qui sont pareillement égaux. On y remarque enfin deux diagonales MQ, NP qui se croisent obliquement, sont inégales, et ont toutes deux pour milieu leur point de rencontre, le point O.

7. La Figure 4 est un *losange*. On nomme losange un parallélogramme dont les quatre côtés sont égaux, sans que les angles soient droits. Les deux diagonales KM, IL s'y coupent perpendiculairement.

8. La Figure 4 est un *rectangle*. On nomme rectangle un parallélogramme dont les angles sont droits et les côtés inégaux. Les deux diagonales AD, BC sont égales et se coupent obliquement.

9. La Figure 6 est un *carré* ou quadrilatère régulier. On nomme carré un quadrilatère qui a ses angles droits et ses côtés égaux. Ses diagonales RS, TU sont égales, et se coupent perpendiculairement.

10. On voit que le carré est à-la-fois un rectangle et un losange. C'est, comme on le verra plus tard, la Figure la plus importante de la géométrie, parce qu'elle sert à mesurer l'étendue de toutes les autres.

Beauvais, de l'Imp. de Moisand.

GÉOMÉTRIE USUELLE
ET
DESSIN LINÉAIRE GÉOMÉTRIQUE.

(Classe 1.) (Section 2.)

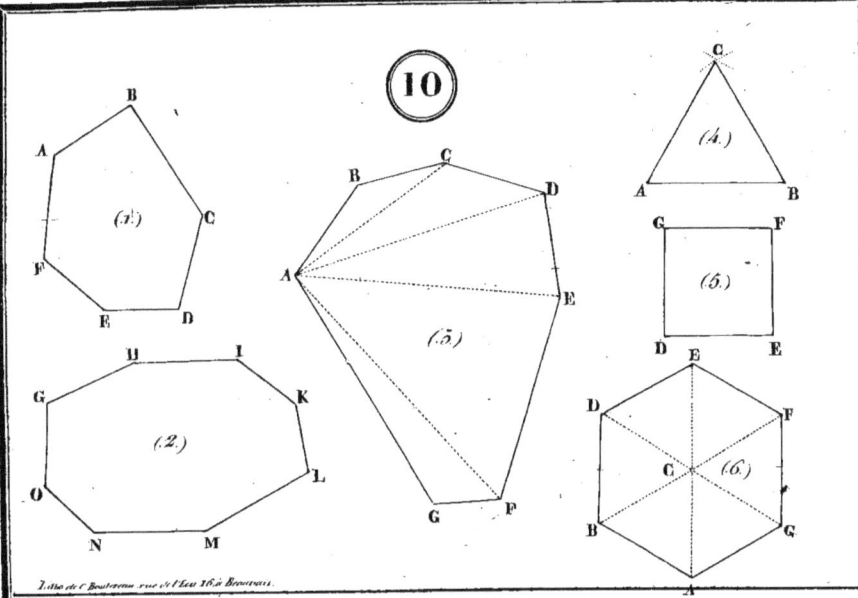

10ᵉ EXPLICATION.

1. Toute Figure terminée par des droites se nomme *polygone*. Les polygones de 3 côtés se nomment *triangles*; ceux de 4 *côtés*, *quadrilatères*. On appelle *pentagones* les polygones de 5 *côtés*; *hexagones*, ceux de 6 *côtés*; *octogones*, ceux de 8 *côtés*; *décagones*, ceux de 10 *côtés*; *dodécagones*, ceux de 12 *côtés*, etc.
La Figure 1 représente un hexagone.
La Figure 2 est un octogone.

2. Quand tous les côtés d'un polygone sont égaux, ainsi que tous les angles, le polygone est régulier. Le triangle équilatéral est un triangle régulier, le carré est un quadrilatère régulier.

3. La Figure 3 représente un polygone de 7 côtés. Les 4 diagonales menées du point A le décomposent en 5 triangles; ainsi, tous ses angles valent ensemble 5 fois 180° ou 900°.
En général, pour avoir la valeur des angles d'un polygone, il faut multiplier 180° par le nombre de ses côtés, moins 2. Ex : Un polygone a 8 côtés, donc ses angles valent 6 fois 180° ou 1080°.

4. Quand un polygone est régulier, on a la valeur de l'un quelconque de ses angles, en divisant ce qu'ils valent ensemble de degrés par le nombre des angles : on trouve ainsi que, dans le triangle régulier, chaque angle vaut 60°; dans le carré, chaque angle vaut 90°; enfin, chaque angle vaut : dans le pentagone régulier, 108°; dans l'hexagone, 120°, etc.

5. Pour construire sur AB (Fig. 4) un triangle régulier, des points A et B comme centres, avec AB pour rayon, décrivez des arcs qui se coupent en C, le triangle ABC sera le triangle demandé.

6. Pour construire sur DE (Fig. 5) un carré, élevez au point E la perpendiculaire EF égale à DE, puis avec DE pour rayon, des points D et F comme centres, décrivez des arcs qui se coupent en G, la Figure DEFG sera le carré demandé.

7. L'hexagone régulier de la Figure 6 a été construit sur AB de la manière suivante : Après avoir fait sur AB le triangle régulier ABC, on a fait les cinq autres triangles réguliers CBD, CDE, CEF, CFG, CGA, qui, avec ABC, composent cet hexagone.

Beauvais, de l'Imp. de MOISAND.

GÉOMÉTRIE USUELLE
ET
DESSIN LINÉAIRE GÉOMÉTRIQUE.

(Classe 2.) (Section 1.)

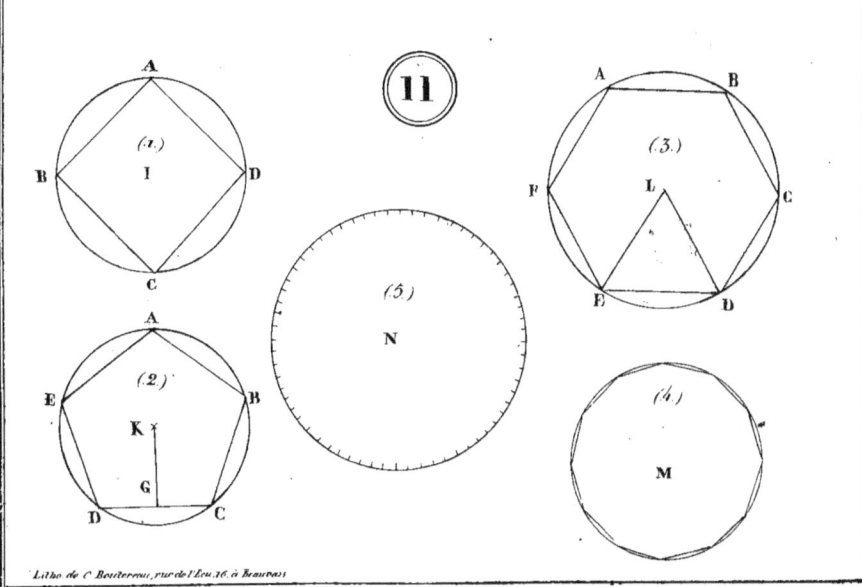

11ᵉ EXPLICATION.

1. La Figure n° 1 représente une circonférence divisée en 4 parties égales aux points A, B, C, D. Ces 4 points sont les sommets du carré inscrit dans cette circonférence.
2. La Figure n° 2 représente une circonférence divisée en cinq parties égales aux points A, B, C, D, E. On y voit aussi le pentagone régulier inscrit que ces points déterminent.
3. La Figure 3 représente une circonférence divisée en 6 parties égales, et l'hexagone régulier que l'on peut inscrire dans cette circonférence.
4. La Figure 4 est une circonférence divisée en 12 parties égales. On y a tracé les 12 cordes formant un dodécagone régulier inscrit.
5. La Figure 5 représente une circonférence divisée en 64 parties égales. On n'y a pas tracé les cordes qui formeraient un polygone régulier inscrit de 64 côtés, parce que les côtés de ce polygone se confondraient presque avec la circonférence. Si les divisions étaient beaucoup plus nombreuses, il serait tout-à-fait impossible de les tracer; donc on pourra toujours considérer un cercle comme un polygone régulier d'un nombre infini de côtés.
6. Les centres I, K, L, M, N des Figures n°ˢ 1, 2, 3, 4, 5, se nomment aussi les *centres des polygones réguliers inscrits*.
7. On appelle *périmètre* le contour d'un polygone quelconque; et *apothême* d'un polygone régulier, la perpendiculaire abaissée du centre de ce polygone sur l'un quelconque de ses côtés. KG est l'apothême du pentagone de la Figure 2.
8. Le centre d'un polygone régulier se trouve en cherchant le centre de la circonférence qui passerait par 3 quelconques de ses côtés; l'apothême s'obtient aisément ensuite.
9. En menant (Fig. 3), du centre L, 2 droites LE, LD aux extrémités d'un même côté ED du polygone ABCDEF, l'angle ELD qu'on obtient se nomme l'*angle central* du polygone.
10. Pour avoir la valeur en degrés de l'angle central d'un polygone, il faut diviser 360° par le nombre des côtés du polygone. On trouve ainsi 60° degrés pour l'angle LED de la Figure 3; ce qui sert à prouver en géométrie que le côté d'un hexagone inscrit dans un cercle est égal au rayon de ce cercle.

Beauvais, de l'Imp. de MOISAND.

GÉOMÉTRIE USUELLE
ET
DESSIN LINÉAIRE GÉOMÉTRIQUE.

(Classe 2.)   *(Section 1.)*

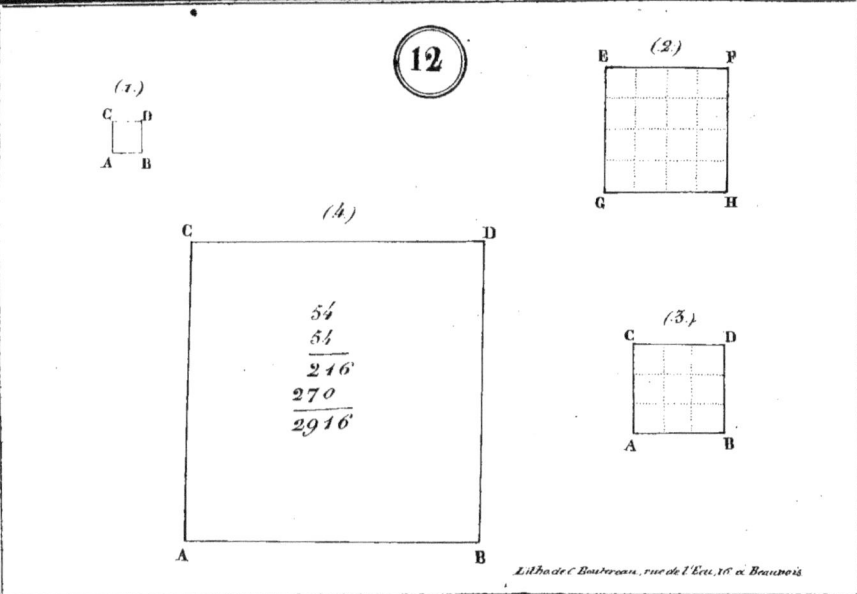

12º EXPLICATION.

1. Mesurer une surface, c'est chercher combien de fois cette surface contient la surface d'un des carrés dont on est convenu de se servir pour cet usage. Le nombre qui exprime combien elle la contient de fois est ce qu'on appelle l'aire de la Figure.

2. Les carrés qu'on emploie pour mesurer les surfaces, ont toujours pour côtés les lignes qui servent à mesurer les longueurs.

3. Pour trouver combien de fois le carré ABCD (Fig. 1) est contenu dans le carré EFGH de la Fig. 2, on cherche combien de fois AB se trouve dans GH, et l'on multiplie par lui-même le nombre 4 que l'on trouve ; on obtient ainsi le produit 16 qui indique qu'il y a dans EFGH 16 carrés tels que ABCD.

4. Le carré (Fig. 3) dont le côté contient AB 3 fois, contient lui ABED 9 fois, parce que 3 fois 3 font 9.

5. En général, pour savoir combien de fois un carré en contient un autre plus petit, il faut multiplier par lui-même le nombre qui marque combien le côté du grand carré contient de fois le côté du petit. On trouve ainsi que le *mètre carré* contient 100 *décimètres carrés* ; que le *décimètre carré* vaut 100 *centimètres carrés* ; qu'il y a 100 *millimètres carrés* dans *chaque centimètre carré*, etc.

6. On appelle *are* en terme d'arpentage une étendue de 100 *mètres carrés* ; *hectare*, une étendue de 100 *ares* ; et *centiare*, le mètre carré lui-même.

7. La *toise carrée* vaut 4 *mètres carrés*, et elle contient 36 *pieds carrés* ; chaque pied carré vaut 144 *pouces carrés* ; et chaque pouce carré vaut 144 lignes carrées.

8. Supposons que le carré ABCD ait 54 mètres de base, son aire égale à 54 × 54 vaut 2916, donc ce carré contient 2916 mètres carrés, ce qui ferait, en *mesures agraires* ou d'arpentage, 29 ares 16 centiares.

9. C'est parce qu'on est obligé en géométrie, pour mesurer les carrés, de multiplier les nombres par eux-mêmes, qu'on dit en arithmétique, quand on fait cette opération sur les nombres, qu'on les élève au carré.

10. Les carrés des 9 premiers nombres, placés sous les nombres, donnent le tableau suivant, qu'il est important de retenir :

Nombres... 1, 2, 3, 4, 5, 6, 7, 8, 9
Carrés..... 1, 4, 9, 16, 25, 36, 49, 64, 81

Beauvais, de l'Imp. de MOISAND.

GÉOMÉTRIE USUELLE
ET
DESSIN LINÉAIRE GÉOMÉTRIQUE.

(Classe 1.)   (Section 2.)

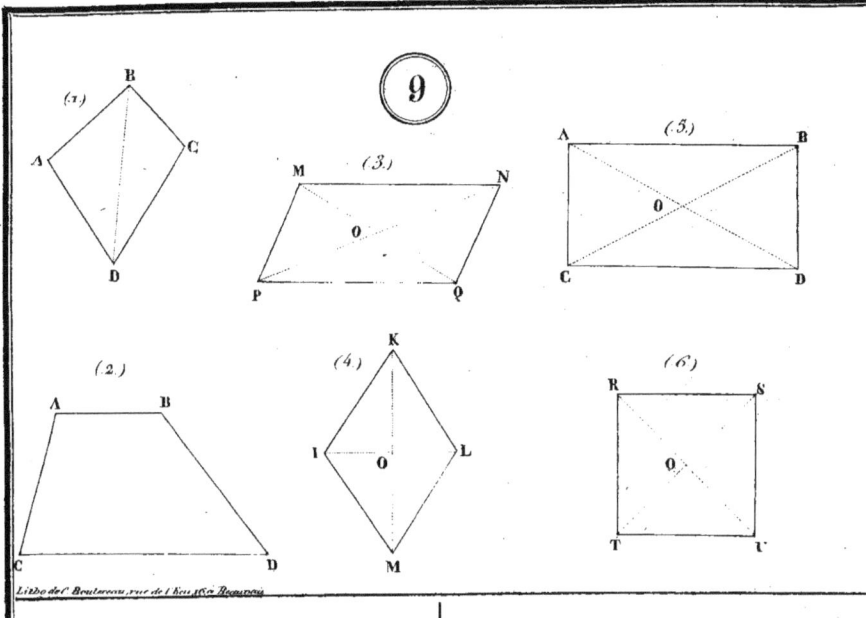

9ᵉ EXERCICE.

(1) — Que représente la Figure nº 1 ?
— Qu'est-ce qu'un quadrilatère ?
(2) — Comment se nomme la ligne AB (Fig. 1).
— Qu'est-ce qu'une diagonale ?
(3) — Combien valent de degrés les 4 angles d'un quadrilatère ?
(4) — Que représente la Figure nº 2 ?
— Que savez-vous relativement aux trapèzes ?
(5) — Que représente la Figure nº 3 ?
— Qu'est-ce qu'un parallélogramme ?
(6) — Que savez-vous relativement aux côtés et aux angles d'un parallélogramme ordinaire ?
— Que savez-vous relativement aux diagonales d'un parallélogramme ?

(7) — Que représente la Figure nº 4 ?
— Qu'est-ce qu'un lozange ?
— Que savez-vous relativement aux diagonales d'un lozange ?
(8) — Que représente la Figure nº 5 ?
— Qu'est-ce qu'un rectangle ?
— Que savez-vous relativement aux diagonales d'un rectangle ?
(9) — Que représente la Figure nº 6 ?
— Qu'est-ce qu'un carré ?
— Que savez-vous relativement aux diagonales d'un carré ?
— Etablissez la différence qui existe entre un parallélogramme et un rectangle ; entre un parallélogramme et un lozange ; entre un lozange et un carré ?

Faites le Résumé de la Leçon.

Beauvais, de l'Imp. de MOISAND.

GÉOMÉTRIE USUELLE
ET
DESSIN LINÉAIRE GÉOMÉTRIQUE.

(Classe 1.) (Section 2.)

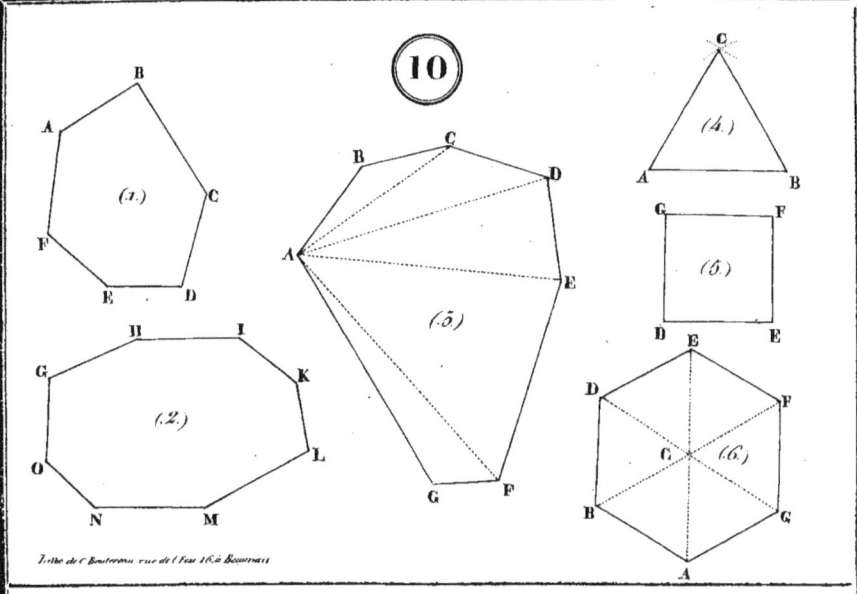

10ᵉ EXERCICE.

(1) — Comment se nomme une Figure entièrement terminée par des droites ?
— Quels sont les noms des Figures de 3, 4, 5, 6, 8, 10 et 12 côtés ?
— Que représentent les Figures nᵒˢ 1 et 2 ?

(2) — Dans quel cas un polygone est-il régulier ?

(3) — Quand on décompo se un polygone en triangles, en menant toutes les diagonales d'un même sommet, combien y a-t-il de triangles de moins que de côtés ?
— Que faut-il faire pour savoir combien de degrés valent tous les angles d'un polygone ?
— Trouvez combien valent de degrés tous les angles d'un pentagone.
— Trouvez combien valent de degrés tous les angles d'un hexagone.

(4) — Que faut-il faire pour trouver la valeur de chaque angle d'un polygone régulier ?
— Trouvez la valeur de chaque angle d'un pentagone régulier.
— Trouvez la valeur de chaque angle d'un hexagone régulier.
— Trouvez la valeur de chaque angle d'un octogone régulier.

(5) — Que faut-il faire pour construire un triangle régulier sur AB (Fig. 4) ?
— Construisez un triangle régulier.

(6) Que faut-il faire pour construire un carré sur DE (Fig. 5) ?
— Construisez un carré.

(7) — Que faut-il faire pour construire un hexagone régulier sur AB (Fig. 6) ?
— Construisez un hexagone régulier.

Faites le Résumé de la Leçon.

GÉOMÉTRIE USUELLE
ET
DESSIN LINÉAIRE GÉOMÉTRIQUE.

(Classe 2.) (Section 1.)

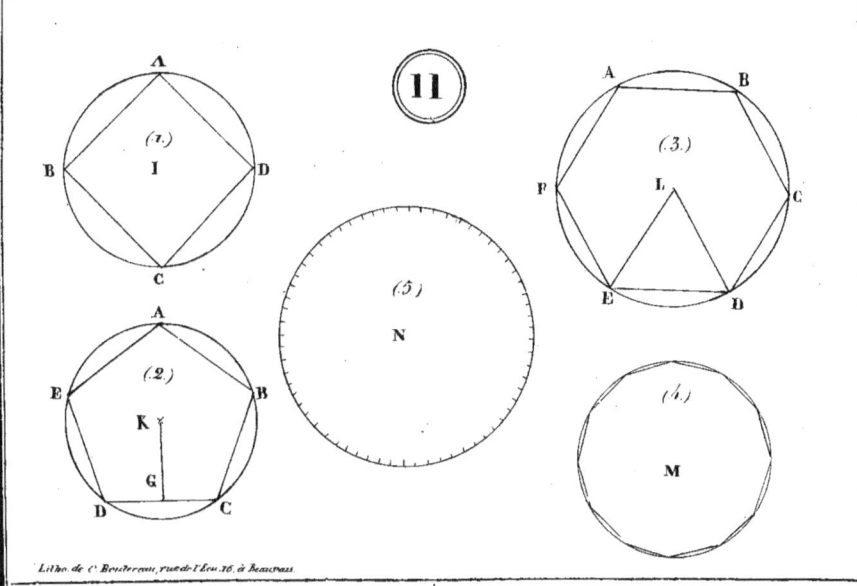

II.ᵉ EXERCICE.

(1) — Que représente la Figure n° 1 ?
(2) — Que représente la Figure n° 2 ?
(3) — Que représente la Figure n° 3 ?
(4) — Que représente la Figure n° 4 ?
(5) — Que représente la Figure n° 5 ?
— Pourquoi n'a-t-on pas tracé les 64 cordes qui formeraient un polygone régulier inscrit de 64 côtés ?
— Comment considère-t-on quelquefois le cercle en géométrie ?
(6) — Comment nomme-t-on les points I, K, L, M, N des Figures n°ˢ 1, 2, 3, 4, 5 ?
— Qu'est-ce que le périmètre d'un polygone ?
— Qu'est-ce que l'apothème d'un polygone régulier ?
— Quand on a le centre d'un polygone régulier, que faut-il faire pour avoir son apothème ?
(8) — Comment trouve-t-on le centre d'un polygone régulier ?
(9) — Qu'est-ce que l'angle central d'un polygone régulier ?
— Quand on a le centre d'un polygone régulier, que faut-il faire pour avoir son angle central ?
(10) — Comment trouve-t-on la valeur en degrés de l'angle central d'un polygone régulier ?
— Quelle est la valeur en degrés de l'angle central, d'un triangle et d'un carré ?
— Quelle est la valeur en degrés de l'angle central, d'un pentagone, d'un hexagone, d'un décagone ?

Faites le Résumé de la Leçon.

GÉOMÉTRIE USUELLE
ET
DESSIN LINÉAIRE GÉOMÉTRIQUE.

(Classe 2.)   (Section 1.)

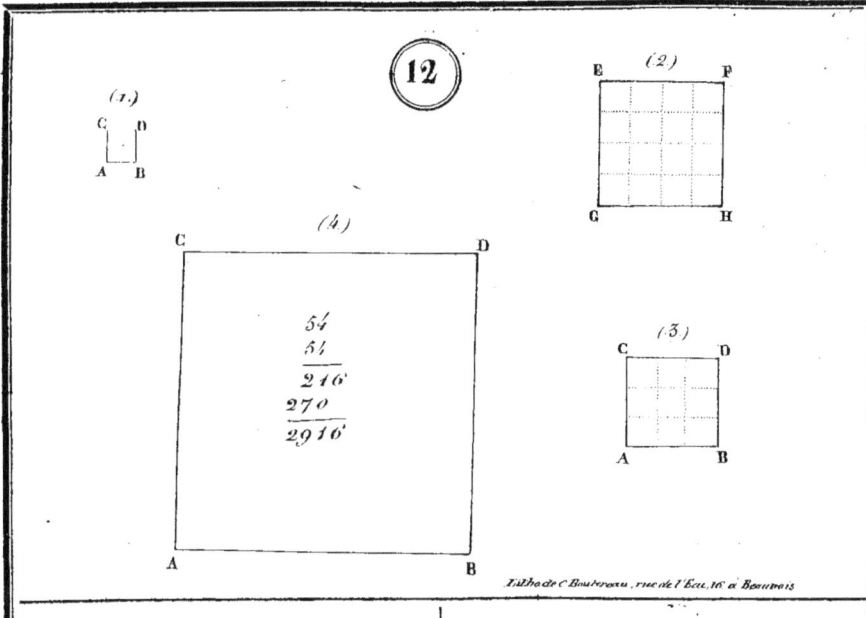

12ᵉ EXERCICE.

(1) — * Qu'est-ce que mesurer une surface ?
— * Qu'est-ce que l'aire d'une figure ?
(2) — Quels sont les côtés des carrés que l'on emploie toujours pour mesurer les surfaces ?
(3) — Que faut-il faire pour trouver combien de fois le carré de la Figure 1 est contenu dans le carré de la Figure ?
(4) — Pourquoi le carré de la Figure 1 n'est-il que 9 fois dans le carré de la Figure 3 ?
(5) — Que faut-il faire pour trouver combien de fois un carré en contient un autre plus petit ?
— Combien un petit carré dont le côté est contenu dix fois dans le côté d'un grand carré, est-il contenu de fois dans ce dernier ?
— Combien y a-t-il de décimètres carrés dans le mètre carré, de centimètres carrés dans le décimètre carré, de millimètres carrés dans le centimètre carré ?
(6) — Que nomme-t-on are, hectare, centiare ?
(7) — Combien la toise carrée vaut-elle de mètres carrés et de pieds carrés, et combien y a-t-il de pouces carrés dans un pied carré ?
(8) — Que vaudrait d'hectares, ares et centiares, un champ carré de 375 mètres de côté.
— Que vaudrait de toises, pieds et pouces carrés, la superficie d'une cour carrée qui aurait 6,315 pouces carrés de côté.
(9) — Nommez les carrés des 9 premiers nombres.

Faites le Résumé de la Leçon.

GÉOMÉTRIE USUELLE
ET
DESSIN LINÉAIRE GÉOMÉTRIQUE.

(Classe 2.)   (Section 1.)

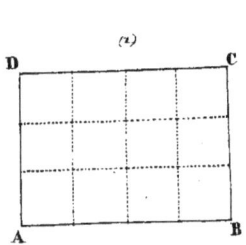

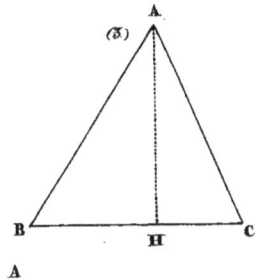

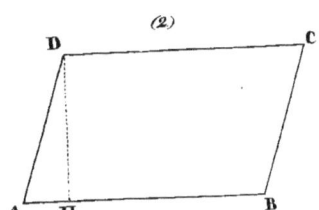

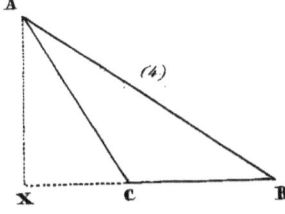

Imp. Litho. de C. Boulereau, rue de l'Eau, à Beauvais.

13ᵉ EXPLICATION.

1. Pour avoir l'aire du rectangle A B C D (Fig. 1), dont la *base* AB a 4 centimètres et dont la *hauteur* A D en a 3, on multiplie 4 par 3, et l'on trouve, pour l'aire de ce rectangle, 12 centimètres carrés.

2. En général, l'aire d'un rectangle s'obtient en multipliant sa base par sa hauteur. On trouve ainsi qu'un rectangulaire qui aurait 618 mètres de long ou de base, et 354 de large ou de hauteur, aurait une aire de 618 × 354 ou de 218772 mètres carrés, ce qui fait 21 hectares 87 ares 72 centiares, en séparant les chiffres de 2 en 2, en allant de droite à gauche.

3. L'aire d'un parallélogramme (Fig. 2) s'obtient de la manière suivante : sur la *base* AB on mène la perpendiculaire DH, qui est la *hauteur*; on mesure ces deux lignes, et l'on obtient l'aire du parallélogramme en multipliant l'un par l'autre les deux nombres que l'on a trouvés en mesurant la base et la hauteur.

4. En supposant la base de 14 centimètres et la hauteur de 12, on trouve pour l'aire du parallélogramme 168 centimètres carrés, ou 1 décimètre et 68 centimètres carrés.

5. Pour avoir l'aire d'un triangle A B C (Fig. 3), on prend pour *base* un côté quelconque BC; ensuite, du sommet opposé A, on mène sur B C la perpendiculaire A H qui est la *hauteur;* on mesure B C et A H, et la moitié produite qu'on obtient en multipliant les deux nombres qu'on a trouvés, représente l'aire du triangle.

6. En supposant la base de 642 mètres et la hauteur de 231, on trouve, pour l'aire du triangle ABC, la moitié de 642 × 231, ce qui fait 74151 mètres carrés ou 41 hectares 51 ares 7 centiares.

7. Lorsqu'on a pris pour base d'un triangle obtusangle (Fig. 4), un des côtés BC de l'angle obtus, la perpendiculaire A X, qui est la hauteur, tombe hors du triangle; mais c'est toujours B C et non B X qu'il faut multiplier par A X.

8. En supposant la base B C de 134 pouces et la hauteur A X de 150, on trouve pour la surface 10050 pouces carrés, ou en divisant par 144 pour avoir des pieds carrés, 69 pieds 114 pouces carrés, ou enfin en divisant par 36 pour changer les pieds en toises, 1 toise, 33 pieds et 114 pouces carrés.

Beauvais, de l'Imp. de MOISAND.

GÉOMÉTRIE USUELLE
ET
DESSIN LINÉAIRE GÉOMÉTRIQUE.

(Classe 2.) (Section 1.)

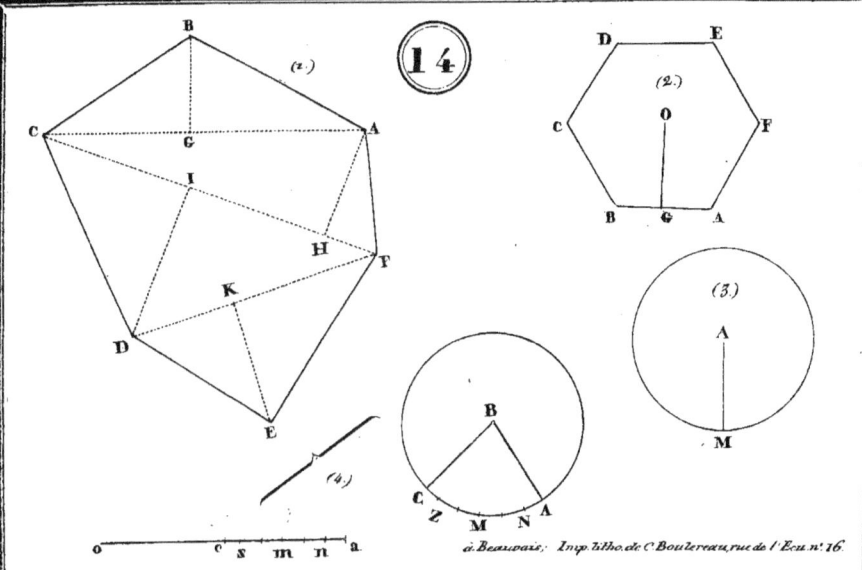

14ᵉ EXPLICATION.

1. Pour avoir l'aire d'un polygone ABCDEF (Fig. 1), on décompose ce polygone en triangles, et l'on mesure tous les triangles. La somme de tous les triangles est la surface du polygone.

2. En appliquant cette règle au polygone n° 1, AC étant de 64 millimètres et BG de 18; FC de 70 et AH de 22; FC de 70 et DI de 30; FD de 50 et EK de 24, on trouve, pour le triangle ABC, 576 millimètres carrés; pour le triangle ACF, 770; pour le triangle FCD, 1050; et pour le triangle FDE, 600 : ce qui fait, pour l'aire du polygone, 2996 millimètres carrés, ou 29 centimètres 96 millimètres.

3. Si les unités de longueur étaient des mètres, et s'il s'agissait de mesures agraires, on trouverait 2996 mètres carrés, ou 29 ares 96 centiares.

4. Lorsque le polygone est régulier (Fig. 2), on a plus tôt fait de multiplier le périmètre ABCDEF par l'apothême OG, et de prendre la moitié du produit.

5. On trouve de même l'aire d'un cercle (Fig. 3), en multipliant la longueur de sa circonférence tendue en ligne droite par le rayon et en prenant la moitié du produit.

6. On démontre en géométrie que la longueur d'une circonférence s'obtient en multipliant la longueur de son diamètre par un nombre qui diffère très-peu du nombre décimal 3, 1416.

7. Quand on ne veut pas une très-grande exactitude, on trouve également la circonférence d'un cercle en triplant le diamètre et en ajoutant un 7ᵉ de ce diamètre.

8. L'espace AMCB (Fig. 4), compris entre deux rayons BA, BC et l'arc AMC, se nomme *secteur*.

9. L'aire d'un secteur s'obtient en multipliant son arc par son rayon, et en prenant la moitié du produit.

10. La longueur d'un arc s'obtient de la manière suivante : On prend une très-petite ouverture de compas AN (Fig. 4); on compte combien de fois elle se trouve sur l'arc AC; on en compte autant sur une droite *ao*, et l'on porte au bout de *z* en *c* le reste ZC quand il y en a un : de cette manière, on a la longueur de l'arc AC en mesurant la droite *ac*.

Beauvais, de l'Imp. de MOISAND.

GÉOMÉTRIE USUELLE
ET DESSIN LINÉAIRE GÉOMÉTRIQUE.

(Classe 2.)   (Section 2.)

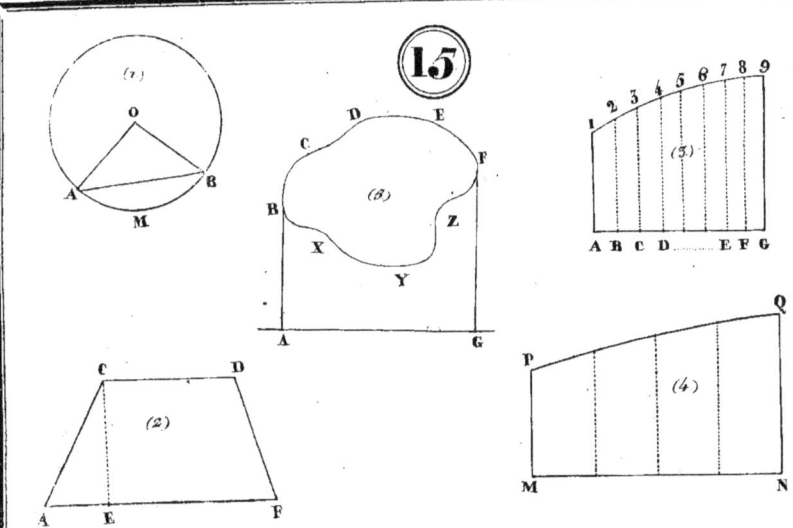

15ᵉ EXPLICATION.

1. On appelle *segment circulaire* l'espace compris entre un arc et sa corde. On trouve l'aire du segment AMB (Fig. 1), en ôtant de l'aire du secteur OAMB l'aire du triangle OAB.

2. Pour avoir l'aire du trapèze ABCD (Fig. 2), ce qu'il y a de plus facile à faire, c'est d'ajouter les *bases* AB, CD; demultiplier leur somme par la *hauteur* CE; et de prendre la moitié du produit. Ex. : AB = 48, CO = 36, CE = 28; on a 84 pour la somme des bases; en multipliant 84 par 28, on trouve 2352 pour produit; donc la moitié de ce nombre, c'est-à-dire 1176, est l'aire du trapèze. Si les bases et la hauteur étaient exprimées en mètres, on aurait par conséquent pour l'étendue du trapèze 1176 mètres carrés, ou 11 ares 76 centiares en mesures agraires.

3. Pour avoir l'étendue de l'espace compris entre la courbe 1...2...3...7...8...9, la droite AG et les perpendiculaires A1, G9 (Fig. 3), il suffit de diviser la droite AG en parties égales, assez nombreuses pour que, en élevant par tous les points de division des perpendiculaires B2, C3, D4, etc., les portions de courbes comprises entr'elles puissent être considérées comme des lignes droites : cela fait, on ajoute la moitié de A1 avec toutes les autres perpendiculaires, excepté la dernière G9, dont on ne prend que la moitié; on multiplie le tout par AG, et l'on divise par le nombre des trapèzes que la figure renferme.

4. En appliquant cette règle à la Figure 4, qui est composée de 4 trapèzes, dont la base MN est de 48 millimètres, et dont les perpendiculaires sont cotées sur le tableau, on trouve, en ajoutant 10, 24, 27, 29 et 15, pour premier résultat la somme 105, nombre qui, multiplié par 48 et divisé après par 4, donne pour l'aire de cette Figure 1260 millimètres carrés, ou 12 centimètres et 60 millimètres carrés.

5. Si l'on avait besoin de connaître l'étendue renfermée par la courbe BCDEFZYX (Fig. 5), il faudrait, de l'espace ABCDEFG qu'on mesurerait, retrancher l'espace ABXYZFG qu'on mesurerait aussi.

GÉOMÉTRIE USUELLE
ET
DESSIN LINÉAIRE GÉOMÉTRIQUE.

(Classe 2.)   *(Section 2.)*

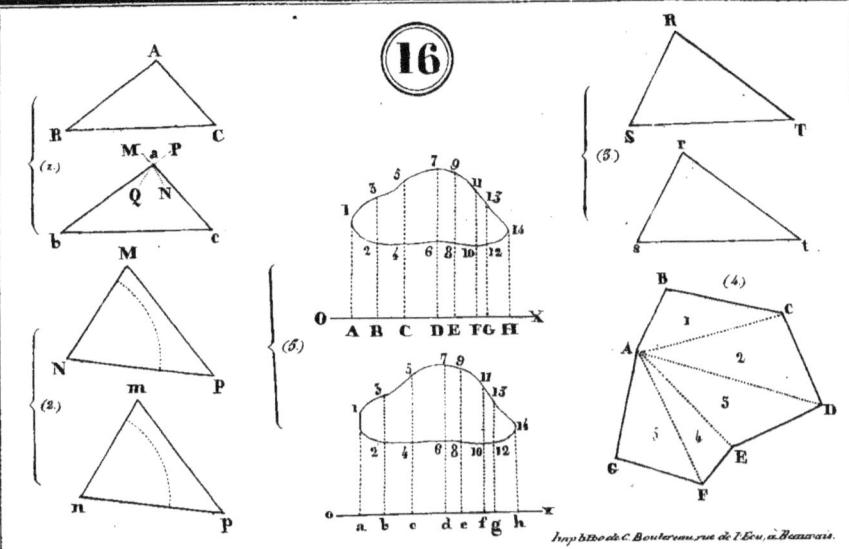

16ᵉ EXPLICATION.

1. Pour copier un triangle, on peut s'y prendre de trois manières.
2. On copie le triangle ABC en prenant (Fig. 1) la droite *b c* égale à BC, en décrivant du point *b* comme centre, avec un rayon égal à BA, un arc *mn* ; et en décrivant aussi, du point *c* comme centre, avec CA pour rayon, un second arc *pq* : on obtient en effet, de cette manière, le point de rencontre *a*, qui est le troisième sommet du triangle *abc*, qui est parfaitement égal au triangle ABC.
3. On peut encore copier un triangle MNP (Fig. 2) en faisant l'angle *n* égal à l'angle N, et en prenant ensuite *nm* = NM, et *np* = NP : en joignant alors le point *m* au point *p*, on a le triangle *nmp*, qui est la copie exacte du triangle MNP.
4. On peut enfin copier un triangle RST (Fig. 3) en prenant la droite *st* égale à la droite ST, en faisant l'angle *s* égal à S, en faisant l'angle *t* égal à l'angle T, et en prolongeant les lignes qui forment ces angles jusqu'à leur rencontre au point *r*, où elles détermineront le 3ᵉ sommet du triangle *rst*, qui est parfaitement égal au triangle RST.
5. Pour avoir la copie exacte d'un polygone (Fig. 4), ce qu'il y a de mieux à faire c'est de décomposer ce polygone en triangles, et de copier successivement, dans l'ordre où ils se trouvent, les triangles qui le composent. La première manière de copier les triangles étant la plus expéditive, est celle qu'il faut préférer.
6. Lorsque la Figure est irrégulière et qu'on a cependant besoin de la copier, voici comment on peut s'y prendre (Fig. 5) : on trace une droite OZ qui ne coupe pas la Figure, quand cela se peut ; on marque un point O sur cette droite, et l'on mène, des points les plus remarquables de la Figure, des perpendiculaires 1 A, 3 2 B, 5 4 C, etc. : cela fait, on trace une autre droite *oz*, sur laquelle, à partir d'un point *o*, on prend les distances *oa*, *ob*, *oc*, etc., égales aux distances OA, OB, OC, etc., et l'on mène sur *oz* des perpendiculaires auxquelles on donne les mêmes longueurs qu'aux perpendiculaires de la Figure que l'on veut copier. Lorsque les perpendiculaires sont suffisamment nombreuses, on conçoit aisément qu'on obtient ainsi le nombre de points nécessaires pour avoir une copie assez correcte de la Figure qu'on voulait reproduire avec exactitude.

Beauvais, de l'Imp. de MOISAND.

GÉOMÉTRIE USUELLE
ET
DESSIN LINÉAIRE GÉOMÉTRIQUE.

(Classe 2.)   (Section 1.)

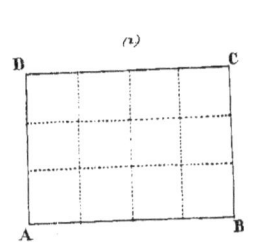

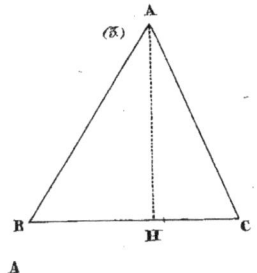

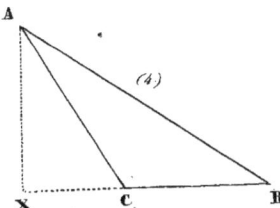

Imp. litho. de C. Boulerau, rue de l'Ecu, à Beauvais.

13ᵉ EXERCICE.

(1) — Quel est la valeur de l'aire du rectangle (Figure 1)?
— Comment le voyez-vous?

(2) — Que faut-il faire en général pour avoir l'aire d'un rectangle?
— En supposant la base d'un rectangle de 618 mètres et sa hauteur de 420, trouvez le nombre qui représente son aire.
— Exprimez ce nombre en mesures agraires.

(3) — Que faut-il faire pour avoir l'aire d'un parallélogramme (Fig. 2)?

(4) — En supposant la base de 614 pouces et la hauteur de 470, trouvez l'aire de ce parallélogramme.
— Combien le nombre de pouces carrés que vous avez trouvé fait-il de toises et de pouces carrés?

(5) — Que faut-il faire pour avoir l'aire d'un triangle?

(6) — En supposant la base de 48 centimètres et la hauteur de 52, trouvez l'aire d'un triangle.
— Combien y a-t-il de décimètres carrés dans le nombre de centimètres carrés que vous avez trouvé.

(7) — Lorsqu'on a pris pour base d'un triangle obtusangle, que l'on veut mesurer l'un des côtés de l'angle obtus, quel soin doit-on avoir (Fig. 4).

(8) — En supposant que la base d'un triangle est de 48 toises et la hauteur de 24, quel nombre a-t-on pour son aire?
— Combien ce nombre de toises vaut-il de pieds carrés, et combien ce nombre de pieds vaut-il de pouces carrés?

Faites le Résumé de la Leçon.

GÉOMÉTRIE USUELLE
ET DESSIN LINÉAIRE GÉOMÉTRIQUE.

(Classe 2.)   *(Section 1.)*

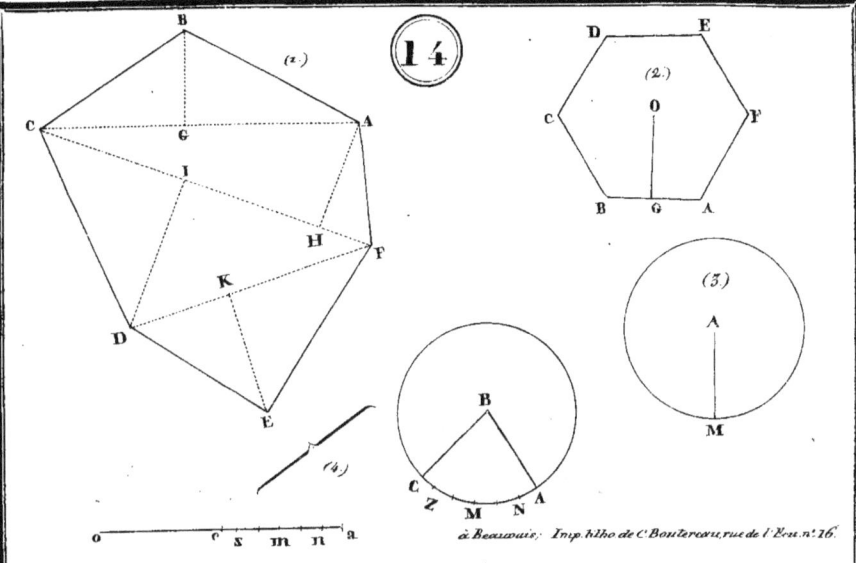

14ᵉ EXERCICE.

(1) — Que faut-il faire pour avoir l'aire d'un polygone ?

(2) — En supposant qu'un polygone ayant été décomposé en triangles, on ait trouvé : pour la 1ʳᵉ base, 40 mètres, hauteur 17 ; pour la 2ᵉ base, 35 mètres, hauteur 24 ; pour la 3ᵉ base, 24 mètres, hauteur 22 ; pour la 4ᵉ base, 16 mètres, hauteur 18 ; trouvez l'aire de ce polygone.

(3) — Exprimez ce nombre de mètres carrés en mesures agraires.

(4) — Quand un polygone est régulier, que faut-il faire pour avoir son aire ?

(5) — Comment trouve-t-on l'aire d'un cercle ?

— * A quoi tient qu'on trouve l'aire d'un cercle par le même procédé que l'on trouve l'aire d'un polygone régulier.

(6) — Par quel nombre décimal faut-il multiplier le diamètre d'un cercle pour avoir la longueur de la circonférence ?

— * Trouvez l'aire d'un cercle qui aurait 48 décimètres de rayon.

(7) — Comment, quand on n'a pas besoin d'une très-grande exactitude, trouve-t-on la circonférence d'un cercle en mesurant son diamètre ?

— Trouvez l'aire d'un cercle qui aurait 103 pouces de rayon.

(8) — Que représente (Fig. 4) l'espace AMCB ?

— Qu'est-ce qu'un secteur ?

(9) — Comment obtient-on l'aire d'un secteur ?

(10) — Comment s'y prend-on pour avoir la longueur de l'arc AC (Fig. 4).

Faites le Résumé de la Leçon.

GÉOMÉTRIE USUELLE
ET DESSIN LINÉAIRE GÉOMÉTRIQUE.

(Classe 2.) (Section 1.)

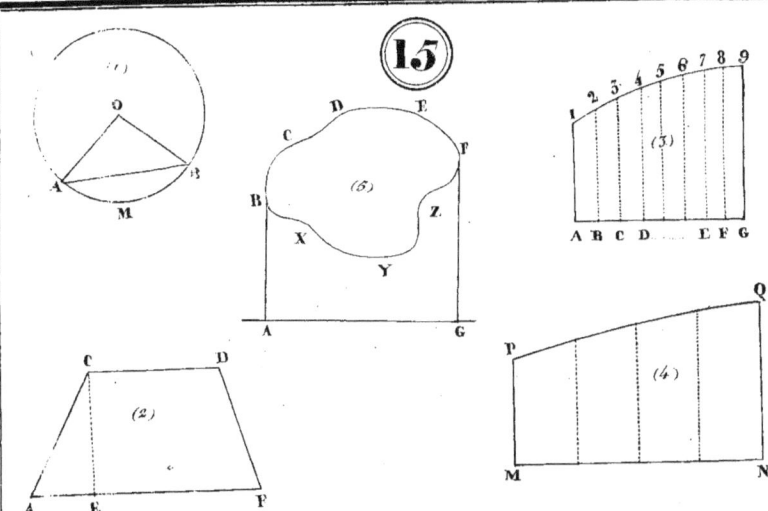

15ᵉ EXERCICE.

(1) —Que nomme-t-on segment circulaire?
— Comment faut-il s'y prendre (Fig. 1) pour avoir l'aire du segment circulaire AMB?

(2) — Qu'y a-t-il de plus facile à faire pour avoir l'aire du trapèze ABCD (Fig. 2)?
— En supposant que les bases d'un trapèze soient : l'une de 48 mètres, l'autre de 54; et que la hauteur en soit de 36, quelle est la mesure de son étendue ou son aire?
— Exprimez ce nombre de mètres carrés en mesures agraires.

(3) — Indiquez (Fig. 3) ce qu'il faut faire pour avoir la mesure de l'espace compris entre la courbe 1...2...3...7...8... 9.., la droite AB et les perpendiculaires extrêmes A 1, G 9.

(4) — Trouvez l'aire d'une Figure de ce genre, en supposant : le nombre des trapèzes de 8, la base AB de 72 mètres, la 1ʳᵉ perpendiculaire de 40, la 2ᵉ de 60, la 3ᵉ de 80, la 4ᵉ de 88, la 5ᵉ de 94, la 6ᵉ de 100, la 7ᵉ de 102, la 8ᵉ de 103, la 9ᵉ de 104.
— Exprimez en mesures agraires le nombre de mètres carrés que vous avez trouvé.
— Exprimez en toises et pieds carrés le même nombre de mètres carrés.

(5) — Si l'on avait besoin de connaître l'étendue renfermée par la courbe BCDEFGZYX (Fig. 5), que faudrait-il faire pour y parvenir?
— En supposant l'espace ABCDEFG (Fig. 5) de 512 mètres carrés, et l'espace ABXYZFG de 340, que vaudrait l'espace BCDEFZYX?

Faites le Résumé de la Leçon.

GÉOMÉTRIE USUELLE
ET
DESSIN LINÉAIRE GÉOMÉTRIQUE.

(Classe 2.)   (Section 2.)

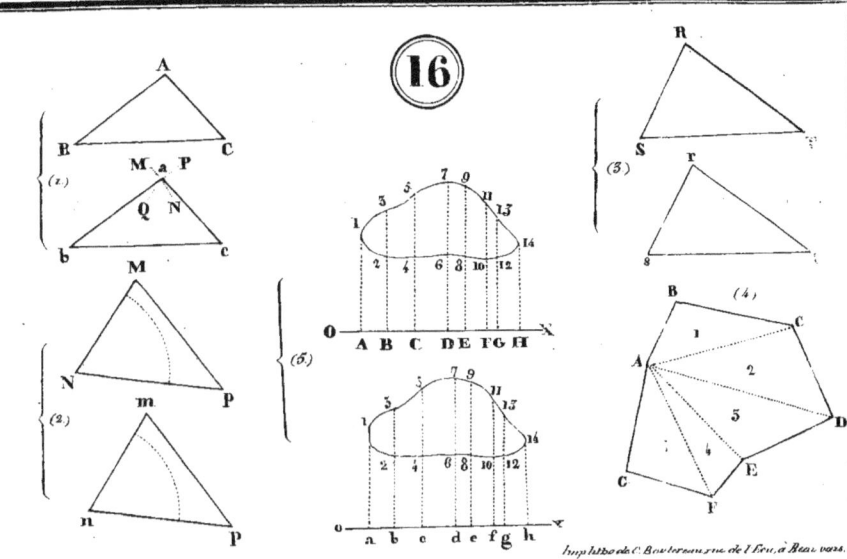

16ᵉ EXERCICE.

(1) — Combien connaissez-vous de manières différentes de copier un triangle ?

(2) — Tracez un triangle à volonté, et copiez-le en vous servant du procédé indiqué par la Figure n° 1.
— Indiquez les opérations que vous avez employées pour cette construction.
— Quelles sont les trois parties du triangle qui vous ont servi ?

(3) — Tracez un triangle à volonté, et copiez-le en vous servant du procédé indiqué pour la Figure n° 2.
— Indiquez les opérations que vous avez employées pour cette construction.
— Quelles sont les trois parties du triangle qui vous ont servi ?

(4) — Copiez un triangle en vous servant du procédé indiqué par la Figure n° 3.
— Indiquez les opérations que vous avez employées pour faire cette construction.

(5) — Qu'y a-t-il de mieux à faire pour obtenir la copie exacte d'un polygone régulier ou irrégulier (Fig. 4)?
— Quel est celui des trois procédés, au moyen duquel on peut copier un triangle, qu'il est convenable de choisir pour copier successivement tous les triangles dont un polygone est composé.

(6) — Lorsqu'une Figure est irrégulière, indiquez comment il est possible d'en obtenir une copie assez correcte en détaillant tout ce qu'il y aurait à faire pour obtenir par ce moyen une Figure égale et semblable à la Figure 7.
— Tracez une Figure tout-à-fait irrégulière, et copiez-la aussi exactement que vous le pourrez, en vous servant du procédé que vous venez d'indiquer.

Faites le Résumé de la Leçon.

GÉOMÉTRIE USUELLE
ET
DESSIN LINÉAIRE GÉOMÉTRIQUE.

(Classe 2.) (Section 2.)

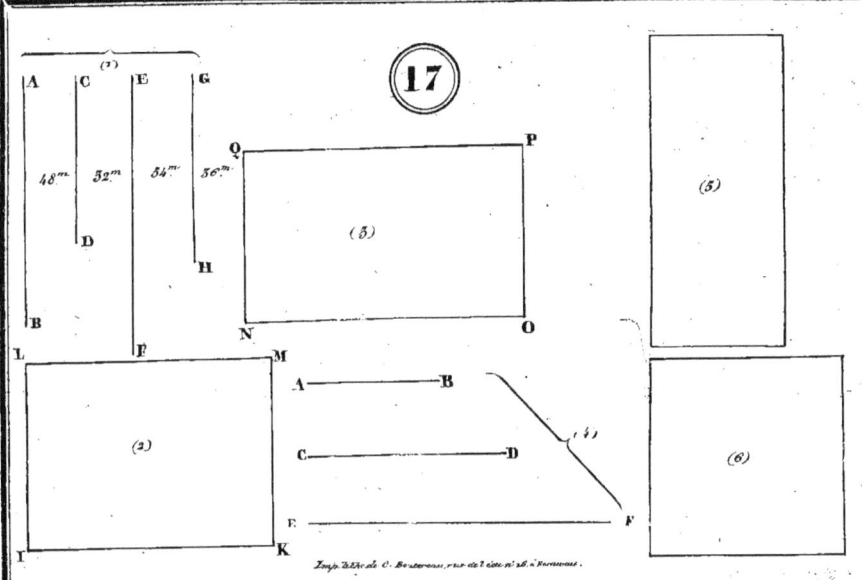

17ᵉ EXPLICATION.

1. La Fig. 1 représente 4 droites AB, CD, EF, GH, qui sont *proportionnelles*, parce qu'en les mesurant on trouve que leurs longueurs sont représentées par quatre nombres formant une proportion. Si l'on se sert, en effet, du millimètre pour unité, on trouve AB = 48, CD = 32, EF = 54, et GH = 36, et il est facile de voir que les 4 nombres 48, 32, 54 et 36 sont proportionnels et donnent

48 : 32 :: 54 : 36.

48 *est à* 32 *comme* 54 *est à* 36.

On reconnaît, en arithmétique, que 4 nombres sont proportionnels, quand le produit des extrêmes (on nomme ainsi le 1ᵉʳ terme et le 4ᵉ) est égal au produit des termes moyens, c'est-à-dire au produit du second terme par le troisième.

2. De ce que, en arithmétique, le produit des extrêmes égale le produit des moyens, et de ce que la mesure d'un rectangle s'obtient, en géométrie, au moyen de la multiplication de sa base par sa hauteur, il est facile de conclure que les 4 lignes proportionnelles AB, CD, EF, GH, donnent

AB : CD :: EF : GH ;

on a aussi AB $\times$ GH = CD $\times$ EF ; donc, le rectangle IKLM (Fig. 2), construit sur AB et sur GH, équivaut au rectangle NOPQ (Fig. 3), construit sur CD et sur EF.

3. La Fig. 4 représente 3 lignes AB, CD, EF, formant ce qu'on nomme en arithmétique une *proportion continue*

AB : CD :: CD : EF.

ou $\div$ AB : CD : EF.

La ligne moyenne CD est ce qu'on appelle la *moyenne proportionnelle* entre les lignes extrêmes AB et CD.

4. De ce que le produit des extrêmes égale celui des moyens, et de ce que les trois lignes AB, CD, EF, donnent la proposition continue

AB : CD :: CD : EF,

il faut conclure que AB $\times$ EF = CD $\times$ CD, ou, ce qui est la même chose, $\overset{\cdot\cdot}{CD}$, que l'on prononce *CD deux*.

Ainsi le rectangle de la Figure 5, étant construit sur les lignes extrêmes AB, EF, est égal au carré de la Figure 6, construit sur la moyenne proportionnelle CD.

5. Lorsque quatre lignes sont en proportion, on dit que la dernière est quatrième proportionnelle aux trois autres.

Beauvais, de l'Imp. de MOISAND.

GÉOMÉTRIE USUELLE
ET
DESSIN LINÉAIRE GÉOMÉTRIQUE.

(Classe 2.)   (Section 2.)

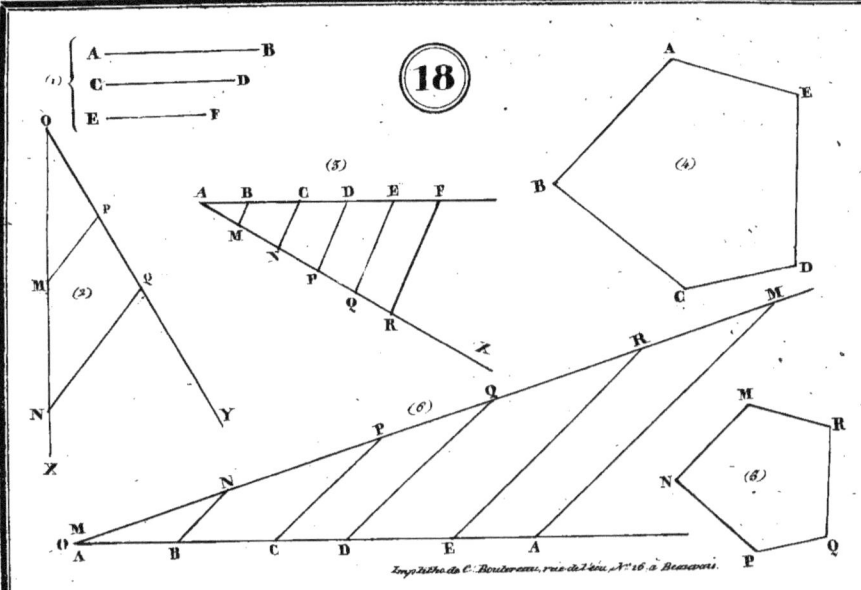

18e EXPLICATION.

1. Pour connaître la longueur de la quatrième proportionnelle à trois lignes, il faut multiplier la longueur de la seconde par la longueur de la troisième, et diviser le produit par la longueur de la première. Ainsi, trois lignes de 12, 15 et 4 mètres, ont une quatrième proportionnelle de 5 mètres.

En général, la quatrième proportionnelle X à trois lignes représentées par A, B, C,

Se trouve par l'égalité $X = \dfrac{B \times C}{A}$

2. A-t-on besoin d'obtenir graphiquement la 4e proportionnelle aux trois lignes AB, CD, EF (Fig 1)? voici ce qu'il faut faire : Sur les lignes indéfinies OX, OY (Fig. 2), on prend OM = AB, puis MN = CD, puis OP = EF; on joint ensuite le point M au point P, et on mène NQ parallèle à MP : la ligne PQ est la 4e proportionnelle cherchée; on démontre en effet en géométrie que, quand, dans un triangle ONQ, une ligne MP est parallèle à l'un des côtés NQ, les deux autres côtés sont coupés proportionnellement, c'est-à-dire que l'on a OM : MN :: OP : PQ.

3. La Figure 3 sert à indiquer ce qu'il faut faire pour diviser la ligne AF en cinq parties égales. On a d'abord mené par le point A la ligne indéfinie AX, sur laquelle on a marqué à volonté cinq distances égales à la suite les unes des autres, de façon qu'en joignant ensuite le point F au point R, et en menant par les autres points Q, P, N, M, des parallèles à FR, l'égalité des cinq lignes AM, MN, NP, PQ, QR, détermine et démontre l'égalité des cinq parties de AF. Il est facile de voir que la division de AF en un tout autre nombre de parties égales, s'obtiendrait par le même moyen.

4. Lorsque deux Figures sont formées de lignes proportionnelles, disposées de la même manière et formant entr'elles des angles égaux, ces deux Figures qui se ressemblent en tout sont ce que l'on appelle deux *Figures semblables*.

5. Les pentagones ABCDE, MNPQR (Fig. 4 et 5) sont deux Figures semblables.

6. On peut s'assurer que les côtés des polygones (Fig. 4 et 5), sont proportionnels, en portant sur les deux lignes OX, OY (Figure 6), les deux périmètres ABCDE, MNPQR, et en joignant les points *homologues* N, B ; P, C; Q, D..... : toutes ces lignes NB, PC, QD, sont et doivent être parallèles. On sait d'ailleurs ce qu'il faut faire pour reconnaître que les angles homologues sont égaux.

Beauvais, de l'Imp. de MOISAND.

GÉOMÉTRIE USUELLE
ET DESSIN LINÉAIRE GÉOMÉTRIQUE.

(Classe 2.) (Section 2.)

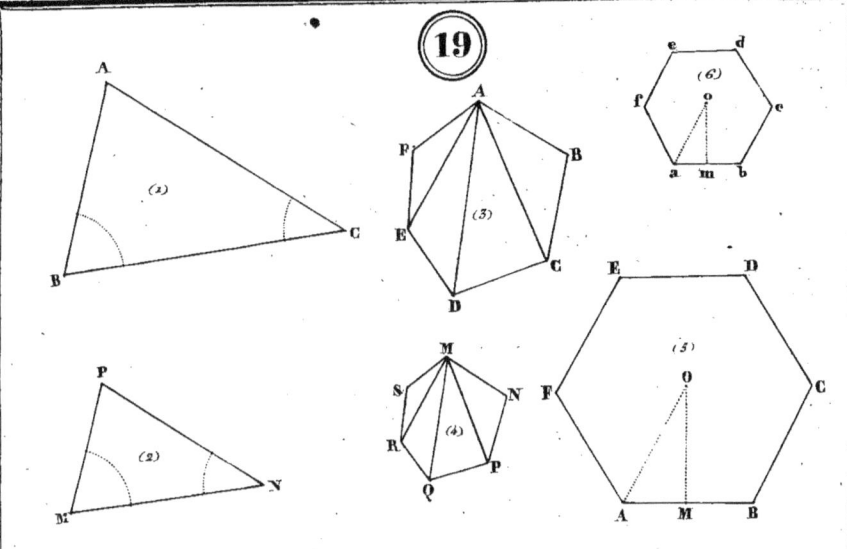

19° EXPLICATION.

1. Pour construire sur MN (Fig. 2) un triangle semblable au triangle ABC (Fig. 1), en supposant MN homologue de BC, ce qu'il y a de mieux à faire se réduit à faire en M un angle égal à l'angle B, et en N un angle égal à l'angle C ; le troisième angle P est égal au troisième angle A, et l'on démontre en géométrie que deux triangles qui ont leurs angles respectivement égaux sont deux triangles semblables. On pourrait d'ailleurs s'assurer aisément que les côtés des deux triangles sont proportionnels.

2. Lorsque deux polygones (Fig. 3 et 4) sont semblables entr'eux, si l'on tire les diagonales homologues, on les décompose en un même nombre de triangles semblables et semblablement placés.

3. Pour faire sur MN (Fig. 4), côté homologue de AB (Figure 3), un polygone semblable au polygone ABCDEF, il faut décomposer ce polygone en triangles ABC, ACD, ADE, AEF, et faire (Fig. 4) MNP semblable à ABC, MPQ semblable à ACD, MQR semblable à ADE, MRS semblable à AEF, le polygone MNPQRS sera semblable au polygone ABCDEF.

4. Les côtés homologues des Figures semblables étant entr'eux dans le même rapport, on conçoit aisément que les contours entiers, c'est-à-dire les périmètres des polygones, conservent entr'eux le même rapport.

5. On démontre en géométrie que les polygones réguliers d'un même nombre de côtés sont des Figures semblables, et qu'il existe entre leurs côtés le même rapport qu'entre les rayons des cercles dans lesquels on peut les inscrire ; donc les polygones réguliers d'un même nombre de côtés ont leurs périmètres proportionnels aux rayons de leurs cercles circonscrits; leurs apothèmes sont dans le même rapport. Ainsi les deux hexagones réguliers (Fig. 5 et 6) donnent également :
Per. ABCDEF : per abcdef ∷ rayon OA : rayon oa.
Per. ABCDEF : per abcdef ∷ apoth. OM : apoth. om.

6. Les circonférences de cercle pouvant être considérées comme les périmètres de polygones réguliers d'un même nombre de côtés, sont, d'après ce qui vient d'être dit, proportionnelles à leurs rayons, et par conséquent à leurs diamètres. C'est pour cela que la circonférence d'un cercle s'obtient toujours en multipliant par son diamètre le même nombre décimal 3.14159... qui représente la circonférence du cercle dont le diamètre est l'unité.

Beauvais, de l'Imp. de MOISAND.

GÉOMÉTRIE USUELLE
ET
DESSIN LINÉAIRE GÉOMÉTRIQUE

(Classe 2.)   (Section 2.)

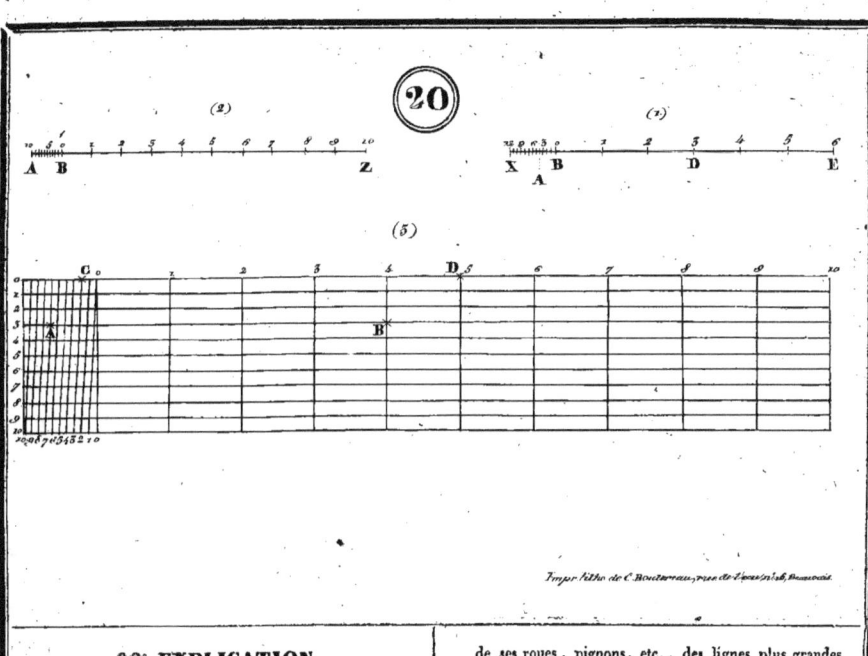

20° EXPLICATION.

1. On appelle *échelle* une ligne divisée de la même manière que les mesures usuelles, quoiqu'elle n'ait pas ses divisions de même grandeur. Les divisions d'une échelle servent à faire des Figures semblables à des Figures dont on connaît les dimensions, mais qu'on ne pourrait copier dans leurs grandeurs réelles, soit parce qu'elles ne pourraient tenir sur le papier, soit parce qu'on a besoin, pour mieux en saisir les détails, de les dessiner plus grandes qu'elles ne le sont.

Ainsi, l'architecte qui veut dessiner un édifice dont il connaît les dimensions en mètres ou en pieds, prend, pour représenter le mètre ou le pied, une ligne assez petite pour que l'édifice qu'il veut représenter tienne sur son papier, et il divise sa ligne comme le mètre ou le pied se divise ; alors il n'a qu'à donner aux lignes de son dessin les dimensions qu'il connaît, en les prenant sur son échelle ; s'il a soin de leur conserver l'inclinaison qu'elles ont entr'elles, il obtient de son édifice une copie semblable.

L'horloger, qui voudra combiner des rouages très-petits, prendra, lui, pour représenter les dimensions de ses roues, pignons, etc., des lignes plus grandes que les lignes réelles, et obtiendra de cette manière des Figures semblables et plus grandes qui pourront faciliter ses combinaisons et simplifier son travail.

2. La Figure 1 représente une échelle de 6 pieds de B en E. On voit à gauche, de B en X, un septième pied divisé en pouces. Pour prendre sur cette échelle une longueur de 3 pieds 4 pouces, il faut, avec le compas, prendre la distance DA.

3. La Figure 2 représente là une échelle de 10 mètres avec un onzième mètre AB, divisé en décimètre.

4. La Figure 3 représente une échelle de 10 mètres, divisé en décimètres et centimètres. Pour se servir de cette échelle, dont la construction est facile à saisir, voici ce qu'il faut faire :

5. Quand on n'a que des mètres et des décimètres, on trouve l'ouverture du compas sur la ligne numérotée o. On a, par exemple, 5 mètres 2 décimètres de D en C.

6. Quand on a des centimètres à prendre, on porte une pointe de son compas sur la ligne dont le numéro indique le nombre de centimètres ; depuis le nombre de mètres qu'on doit prendre jusqu'à la ligne oblique qui est indiquée par le nombre des décimètres, il y a (Fig. 4) 4 mètres 7 décimètres 3 centimètres de B en A.

GÉOMÉTRIE USUELLE
ET
DESSIN LINÉAIRE GÉOMÉTRIQUE.

(Classe 2.)   *(Section 2.)*

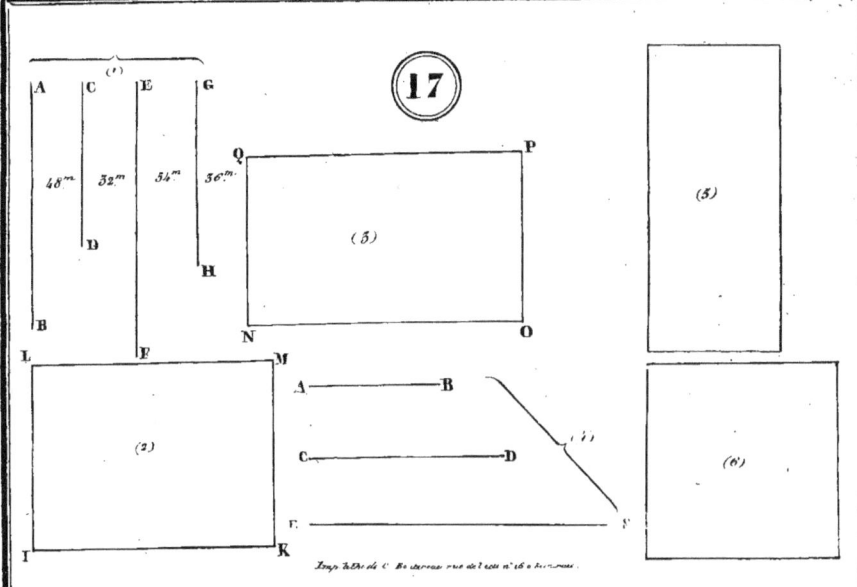

17ᵉ EXERCICE.

(1) — Que représente la Figure 1 ?
— Dans quel cas quatre lignes sont-elles proportionnelles ?
— Citez quatre longueurs de lignes qui soient en proportion.
— A quoi reconnait-on, en arithmétique, que quatre nombres sont en proportion ?
— Citez quatre nombres en proportion, et faites voir, d'après ce qui vient d'être dit, que le produit des deux termes extrêmes est égal au produit des deux termes moyens.
— Quels sont les termes extrêmes ?
— Quels sont les termes moyens ?

(2) — Quatre lignes étant en proportion, que savez-vous relativement au rectangle construit sur les lignes extrêmes, comparé au rectangle construit sur les lignes moyennes ?
— A quoi cela tient-il ?

(3) — Que représente la Figure 4 ?
— Comment se nomme la ligne moyenne d'une proportion continue. ?
— Citez trois longueurs de lignes qui feraient une proportion continue, et faites voir que réellement ces longueurs forment une proportion.

(4) — Trois lignes étant en proportion continue, que savez-vous relativement au rectangle construit sur les lignes extrêmes, comparé au carré fait sur la ligne moyenne ?
— A qui cela tient-il ?

(5) — Lorsque quatre lignes sont en proportion, comment la quatrième se nomme-t-elle par rapport aux trois autres ?

Faites le Résumé de la Leçon.

GÉOMÉTRIE USUELLE
ET
DESSIN LINÉAIRE GÉOMÉTRIQUE.

(Classe 2.)   *(Section 2.)*

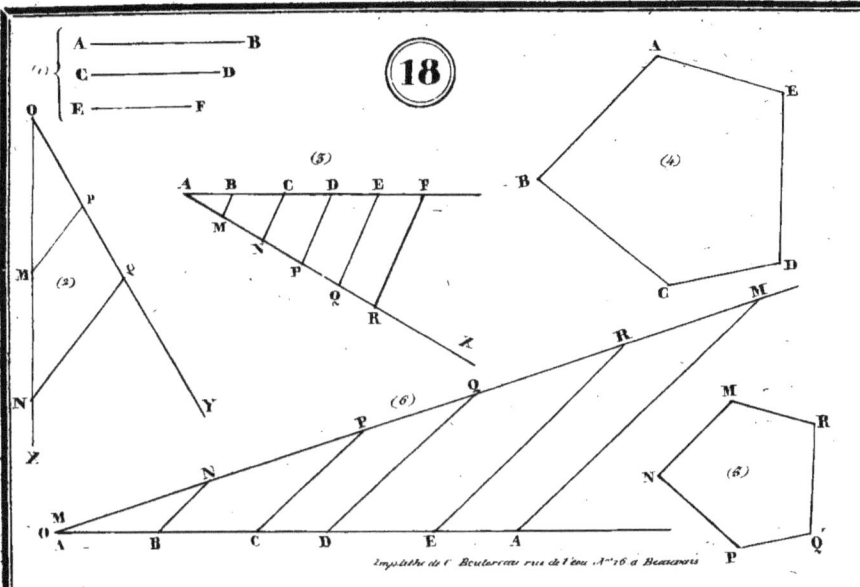

18ᵉ EXERCICE.

(1) — Que faut-il faire pour avoir la longueur d'une ligne qui soit quatrième proportionnelle à trois autres ?

— Trouvez une quatrième proportionnelle à trois lignes, la 1ʳᵉ de 40 mètres, la 2ᵉ de 30 mètres, et la 3ᵉ de 120.

— Trouvez une quatrième proportionnelle à trois autres lignes qui auraient, la première 12 mètres, la seconde 17, la troisième 23.

— Quelle est l'égalité qui ferait trouver la quatrième proportionnelle X, à trois trois lignes représentées par M, N et P ?

(2) — Tracez à volonté trois lignes, et cherchez graphiquement leur quatrième proportionnelle.
— Détaillez vos opérations.

(3) — A quoi sert la Figure 3 ?
— Tracez une droite, et divisez-la en cinq parties égales.
— Détaillez vos opérations.
— Tracez une ligne, et divisez-la en sept parties égales.

(4) — Dans quel cas deux Figures sont-elles deux Figures semblables ?

(5) — Que représentent les Figures nᵒˢ 4 et 5 ?

(6) — Comment reconnaît-on que deux polygones ont leurs côtés proportionnels ?
— Comment se nomment les côtés qui sont semblablement placés dans deux Figures semblables ?
— Comment se nomment les angles semblablement placés dans deux Figures semblables ?

Faites le Résumé de la Leçon.

Beauvais, de l'Imp. de MOISAND.

GÉOMÉTRIE USUELLE
ET
DESSIN LINÉAIRE GÉOMÉTRIQUE.

(Classe 2.)   *(Section 2.)*

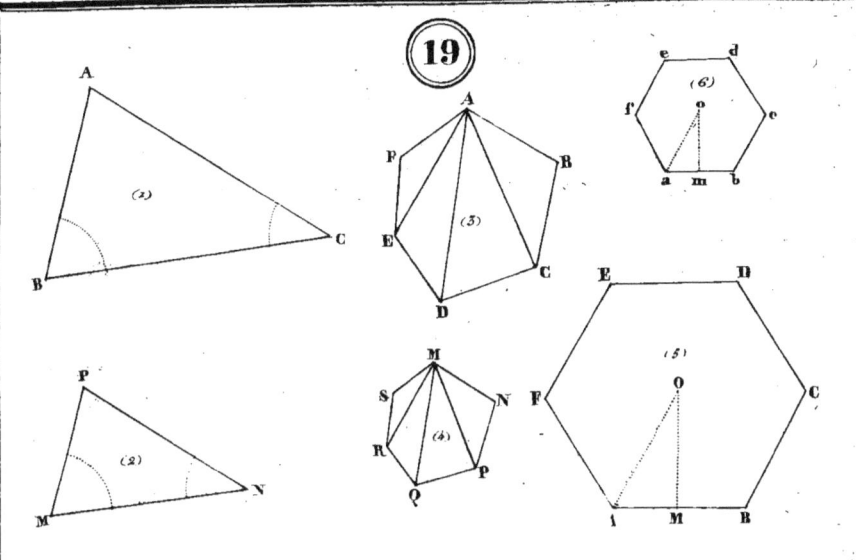

19e EXERCICE.

(1) — Tracez un triangle que vous nommerez ABC, et faites à la simple vue un triangle semblable que vous nommerez MNP.
— Prenez un compas et vérifiez si votre opération est juste.
— Prenez une ligne MN égale à la moitié de BC, et sur cette ligne MN, considérée comme homologue de BC, tracez, en vous servant du compas, un triangle semblable au triangle ABC.

(2) — Tracez à volonté deux polygones semblables, et décomposez-les en triangles semblables.

(3) — Tracez à volonté un pentagone que vous nommerez ABCDE ; prenez une ligne MN égale au tiers de AB, et sur MN, homologue de AB, tracez un polygone MNPQR semblable au pentagone ABCDE, en vous servant d'un compas.

(4) — Quel est le rapport qui existe entre les périmètres de deux polygones semblables ?

(5) — Tracez deux hexagones réguliers inégaux, sans vous servir d'instrumens.
— Que démontre-t-on en géométrie, relativement aux polygones réguliers d'un même nombre de côtés.
— Que remarque-t-on en comparant le rapport des périmètres de deux polygones réguliers semblables, au rapport des rayons des cercles qu'on peut circonscrire à ces polygones ?

(6) — Dans quel rapport sont toujours entr'elles les circonférences de deux cercles ?
— Quelle conséquence pratique tire-t-on de ce principe important ?

Faites le Résumé de la Leçon.

GÉOMÉTRIE USUELLE
ET
DESSIN LINÉAIRE GÉOMÉTRIQUE.

(Classe 2.)   (Section 2.)

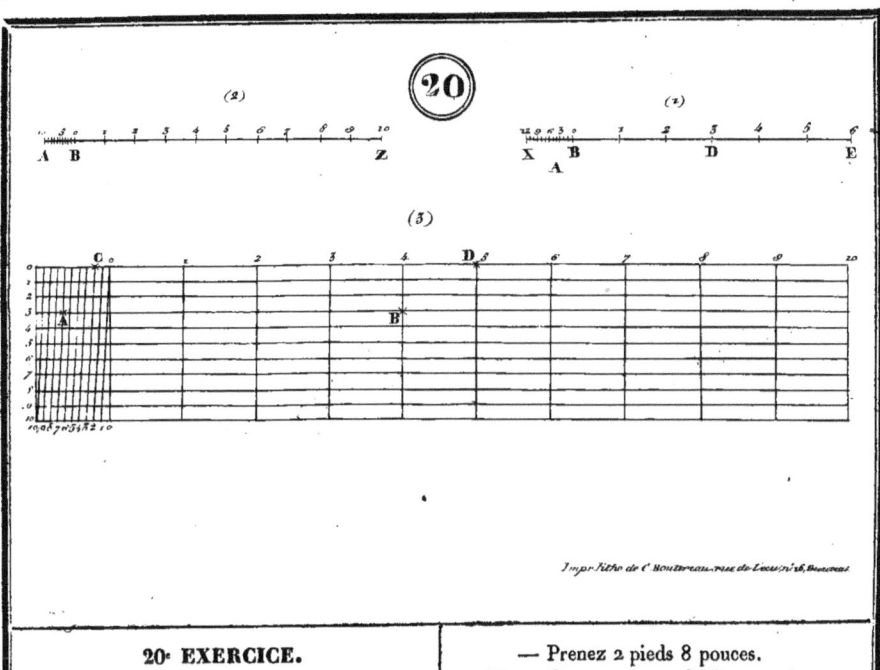

20e EXERCICE.

(1) — Qu'est-ce qu'une échelle ?
— A quoi servent en général les échelles ?
— Citez deux circonstances dans lesquelles l'on peut avoir besoin d'une échelle.
— Citez un exemple qui prouve que l'on peut avoir besoin d'une échelle ayant ses divisions plus petites que les mesures qu'elles remplacent.
— Citez un exemple qui prouve que l'on peut avoir besoin d'une échelle ayant ses divisions plus grandes que les mesures qu'elles remplacent.

(2) — Que représente la Figure 1 ?
— Tracez à vue d'œil une échelle semblable sur le tableau.
— Prenez sur votre échelle 3 pieds 4 pouces.
— Prenez 2 pieds 8 pouces.

(3) — Que représente la Figure 2 ?
— Tracez à vue d'œil une échelle semblable sur le tableau.
— Prenez 4 mètres 3 décimètres.
— Prenez 5 mètres 8 décimètres.

(4) — Que représente la Figure 3 ?
— Tracez sur le tableau une échelle semblable, en ne mettant que 5 mètres au lieu de 10.
— Prenez 4 mètres 3 décimètres 5 centimètres.
— Prenez 2 mètres 4 décimètres 3 centimètres.
— Prenez 2 mètres 4 décimètres 8 centimètres.
— Prenez 4 mètres 3 centimètres.
— Prenez 3 mètres 7 décimètres.
— Prenez 3 décimètres et 4 centimètres.
— Prenez 38 décimètres.

Faites le Résumé de la Leçon.

GÉOMÉTRIE USUELLE
ET
DESSIN LINÉAIRE GÉOMÉTRIQUE.

(Classe 3.)   (Section 1.)

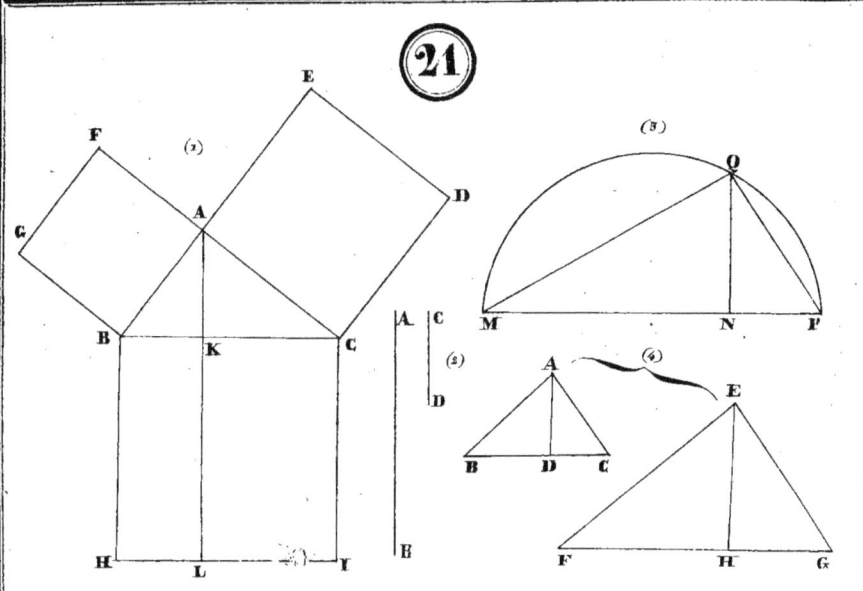

21ᵉ EXPLICATION.

1. La Figure 1 représente un triangle rectangle BAC, sur chacun des côtés duquel on a construit un carré. On y voit une perpendiculaire à l'hypoténuse, qui, en se prolongeant, partage en deux rectangles le carré BCIH construit sur ce côté.

2. On démontre en géométrie que le rectangle BKLH est équivalent au carré de AB, et que le rectangle KCIL est équivalent au carré de AC, ce qui prouve que le carré construit sur l'hypoténuse équivaut à la somme des carrés construits sur les deux autres côtés.

3. Quand avec l'aire d'un carré on sait retrouver la base, c'est-à-dire quand on connaît l'opération arithmétique qui a pour but *l'extraction de la racine carrée d'un nombre*, on tire un grand parti de cette propriété.

4. Veut-on trouver l'hypoténuse en mesurant les deux côtés de l'angle droit? on élève au carré les nombres qui mesurent ces côtés, puis, ajoutant les deux produits, on a le carré de l'hypoténuse; et si, du total, on extrait la racine carrée, on a l'hypoténuse elle-même.

5. De même, en retranchant du carré de l'hypoténuse le carré de l'un des côtés de l'angle droit, on obtient, pour reste, un nombre qui représente le carré du second côté de l'angle droit, que l'on connaîtra lui-même en prenant la racine carrée du reste qu'on a obtenu.

6. On démontre encore en géométrie que la perpendiculaire AK (Fig. 1) est moyenne proportionnelle entre les deux parties de l'hypoténuse, c'est-à-dire que l'on a BK : AK :: AK : KC.

7. Pour trouver graphiquement la moyenne proportionnelle aux deux lignes AB et CD (Fig. 2): sur une ligne suffisamment grande (Fig. 3), prenez MN = AB, NP = CD, décrivez sur le tout MP, comme diamètre, une demi-circonférence, et menez par le point N la perpendiculaire NQ, ce sera la moyenne proportionnelle demandée; car, si l'on tirait les cordes QM, QP, le triangle MQP serait un triangle rectangle.

8. La Fig. 4 représente deux triangles semblables. Il est facile de reconnaître que les hauteurs de ces triangles sont entre elles comme leurs bases, ce qui sert à démontrer que les aires des triangles semblables, et en général les aires des polygones semblables sont entre elles comme les carrés des nombres qui mesurent deux côtés homologues; ainsi deux polygones qui auraient leurs côtés *comme* 4 *est à* 7 auraient leurs aires *comme* 16 : 49. Les cercles sont comme les carrés des rayons.

Beauvais, de l'Imp. de MOISAND.

GÉOMÉTRIE USUELLE
ET
DESSIN LINÉAIRE GÉOMÉTRIQUE.

(Classe 3.) (Section 1.)

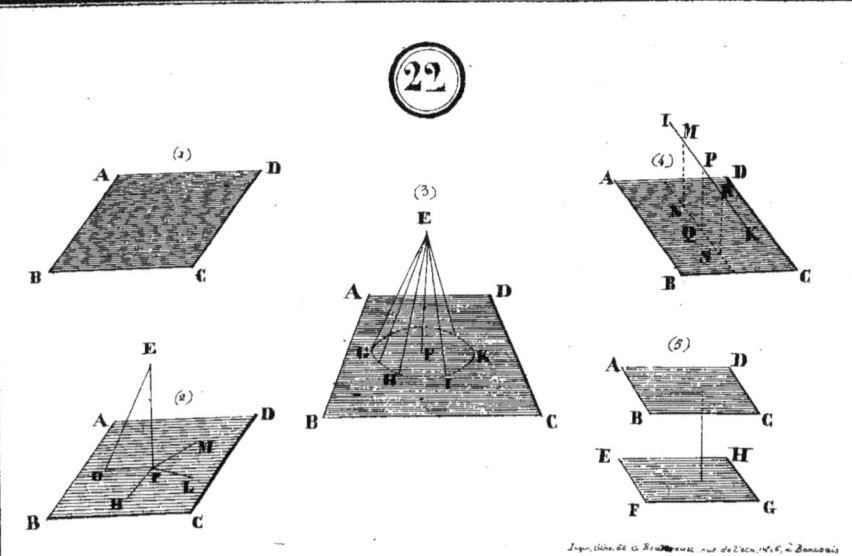

22.e EXPLICATION.

1. Une surface sur laquelle une droite peut être exactement appliquée dans toutes les positions imaginables est ce que l'on appelle *une surface plane* ou *un plan*. Pour représenter un plan on dessine une espèce de planchette rectangulaire très-mince qui, vue de côté et d'un peu loin, se présente à peu près sous la forme de ABCD (Fig 1).

2. Pour connaître la position d'un plan, il faut connaître trois points de sa surface, ou savoir qu'il doit passer par deux droites, dont la position est connue.

3. Quand deux droites ne sont ni parallèles ni susceptibles de se rencontrer, quelque loin qu'on les prolonge, il est impossible de les appliquer à la fois toutes deux sur un même plan.

4. La Fig. 2 représente une droite EP qui tombe au point P sur le plan ABCD, de manière à faire un angle droit avec toutes les lignes PO, PH, PL, PM qui passent par son pied dans le plan. C'est la plus courte ligne qu'on puisse mener du point E à un point du plan ABCD : c'est *une perpendiculaire* à ce plan. Toute autre ligne EO est une oblique.

5. La Fig. 3 représente un plan ABCD, une perpendiculaire EF et différentes obliques qui se terminent a une circonférence décrite du point F comme centre. Toutes ces obliques sont égales, sont plus longues que celles qui aboutiraient à des points situés à l'intérieur du cercle, et plus courtes que celles qui aboutiraient à des points extérieurs.

6. Lorsqu'une droite IK (Fig. 4) située hors d'un plan ABCD ne saurait rencontrer ce plan à quelque distance qu'on les prolonge, elle et lui, cette droite est *parallèle au plan*. On démontre en géométrie qu'une droite parallèle à un plan est partout à la même distance de ce plan, c'est-à-dire, que toutes les perpendiculaires MN, PQ, RS... sont de même longueur.

7. La Fig. 5 représente deux plans qui sont a la fois perpendiculaires sur une même droite IK. On démontre en géométrie que ces deux plans sont parallèles et partout également éloignés l'un de l'autre.

8. Lorsque deux plans se coupent, les points qui se trouvent à la fois sur chacun d'eux, forment ce qu'on appelle leur *intersection*. L'intersection de deux plans est une ligne droite.

Beauvais, de l'Imp. de Moisand.

GÉOMÉTRIE USUELLE
ET
DESSIN LINÉAIRE GÉOMÉTRIQUE.

(Classe 3.) (Section 1.)

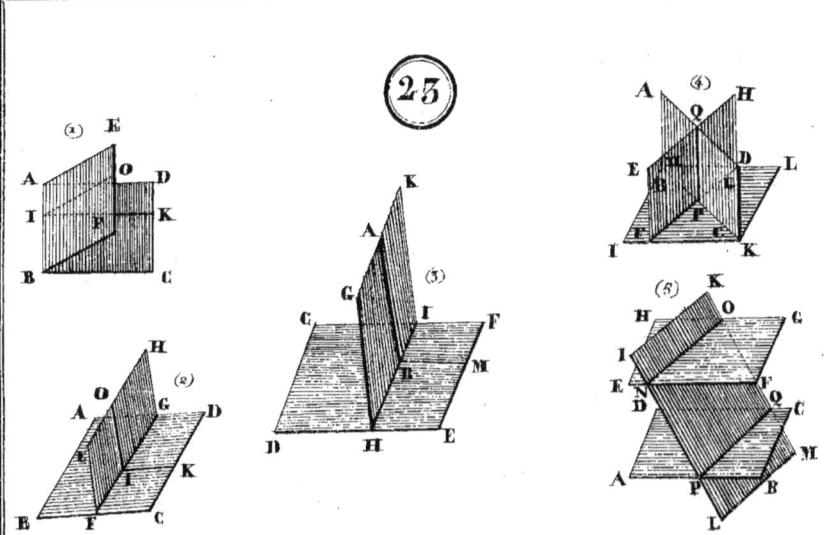

23ᵉ EXPLICATION.

1. La Fig. 1 représente deux plans ABCD, ABFE, qui se coupent et ont pour intersections la droite AB. L'inclinaison de ces plans se mesure d'après l'ouverture de l'angle OIK qui se forme de la manière suivante : Par le point I pris à volonté sur l'intersection AB, on mène dans le plan ABCD la droite IK perpendiculairement à cette intersection ; puis, par le même point, dans le plan ABFE, on mène à la même droite la perpendiculaire IO.

2. Lorsque l'angle qui mesure l'inclinaison de deux plans est un angle droit, les deux plans sont perpendiculaires l'un sur l'autre. La Figure 2 représente deux plans qui se trouvent dans ce cas.

3. On démontre en géométrie que toutes les fois qu'une droite AB (Fig. 3) est perpendiculaire sur un plan CDEF, tout plan GHIK qui s'appuie sur la droite AB est perpendiculaire au plan CDEF. On conçoit, en effet, que si l'on mène, dans ce plan, sur l'intersection IH la perpendiculaire BM, l'angle ABM doit être un angle droit puisque AB est perpendiculaire sur le plan CDEF.

4. On démontre encore en géométrie que, lorsqu'on a deux plans ABCD, EFGH perpendiculaires sur un troisième IKLM, leur intersection PQ est perpendiculaire sur ce troisième plan.

5. La Fig. 5 représente deux plans parallèles ABCD, EFGH, rencontrés par un troisième plan IKLM. Il est facile de concevoir que les intersections NO, PQ de ce troisième plan avec les deux plans ABCD, EFGH, sont deux droites parallèles.

6. On appelle *direction verticale*, la direction que prend un *fil à plomb*, c'est-à-dire, un fil au bout duquel est attaché un corps pesant, quand on l'abandonne à lui-même. Toute droite qui suit une semblable direction se nomme *une verticale*.

7. *Un plan vertical* est un plan qui s'appuie ou peut s'appuyer contre une verticale.

8. Toute droite qui fait ou peut faire un angle droit avec une verticale ou un fil à plomb se nomme *une horizontale*.

9. Tout plan perpendiculaire à une verticale est un *plan horizontal*. La surface des eaux tranquilles est horizontale; car un fil à plomb qu'on ferait tomber dessus y tomberait perpendiculairement.

GÉOMÉTRIE USUELLE
ET DESSIN LINÉAIRE GÉOMÉTRIQUE.

(Classe 3.)   (Section 1.)

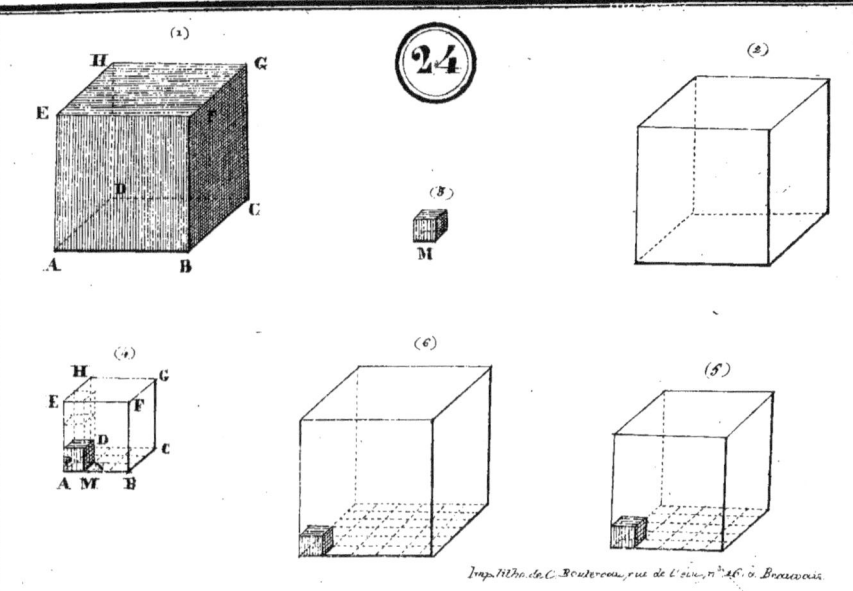

24° EXPLICATION.

1. Un solide dont la surface est entièrement terminée par des plans, se nomme en général un *polyèdre*. La Fig. 1 représente un polyèdre. Ce polyèdre, le plus important à considérer, est compris sous six plans carrés et parallèles deux à deux : il a la forme d'un dé à jouer et se nomme *un cube*. La Fig. 2 représente le même cube sans ombres.

2. Le nombre qui marque combien il y a de fois dans le volume d'un corps le volume du cube qui a pour côté l'unité linéaire, est ce que l'on appelle la *solidité* de ce corps.

3. Pour avoir la solidité du cube ABCDEFGH (Fig. 4), il faut mesurer un de ses côtés, multiplier le nombre que l'on trouve par lui-même, et multiplier ensuite le résultat obtenu qui représente l'aire de la base par le même nombre qui représente les côtés : ainsi, soit le cube M (Fig. 3), formé sur l'unité linéaire; le côté de ce cube est contenu 3 fois dans chacun des côtés du cube de la Fig. 4. On doit donc dire $3 \times 3 = 9$, c'est l'aire de la base; et ensuite $9 \times 3 = 27$, c'est la solidité du cube ABCDEFGH.

4. Pour se rendre compte de ce résultat, il suffit de décomposer la base en 9 carrés, comme on peut aisément le faire; en supposant ensuite le cube M placé sur l'un des 9 carrés AMNP, on conçoit aisément qu'il en tiendrait 2 autres sur lui, ce qui fait 3 cubes pour chaque carré; donc, puisqu'il y a 9 carrés sur la base, le cube ABCDEFGH contient exactement 9×3 cubes tels que le cube M.

5. Le cube de la Fig. 5 qui contient 5 fois le côté du cube M, a pour solidité 125, parce que $5 \times 5 = 25$, c'est l'aire de la base, et que $25 \times 5 = 125$.

6. Le cube de la Fig. 6 a pour solidité 216, parce que $6 \times 6 = 36$, et parce que $36 \times 6 = 216$.

7. Si l'on avait des cubes ayant respectivement pour côtés 1, 2, 3, 4, 5, 6, 7, 8, 9, 10 mètres, leurs solidités seraient de 1, 8, 27, 64, 125, 216, 343, 512, 729 et 1000 mètres cubes. Ces nombres 1, 8, 27, 64, etc. se nomment pour cette raison les cubes des nombres 1, 2, 3, 4, etc.

8. Pour indiquer le cube de 36, on écrit $36 \times 36 \times 36$, ou plutôt $(36)^3$, ce qui équivaut à 46656, car $36 \times 36 = 1296$, et $1296 \times 36 = 46656$.

Beauvais, de l'Imp. de MOISAND.

GÉOMÉTRIE USUELLE
ET
DESSIN LINÉAIRE GÉOMÉTRIQUE.

(Classe 3.)   *(Section 1.)*

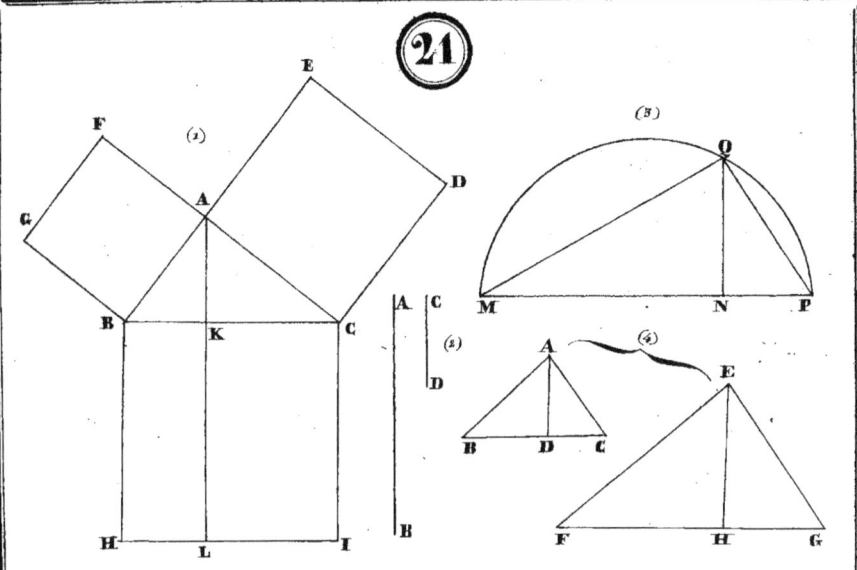

21ᵉ EXERCICE.

(1) — Que représente la Figure 1 ?

(2) — Que savez-vous relativement aux carrés qui seraient construits sur les trois côtés d'un triangle rectangle ?

(3) — Quelle opération de l'arithmétique faut-il connaître pour tirer un grand parti de cette propriété ?

(4) — Quand on connaît les deux côtés de l'angle droit, que faut-il faire pour avoir l'hypothénuse ?

(5) — Quand on connaît l'hypothénuse et un côté de l'angle droit, que faut-il faire pour avoir l'autre côté ?

(6) — Que savez-vous relativement à la perpendiculaire abaissée sur l'hypothénuse du sommet de l'angle opposé ?

(7) — Tracez à volonté deux droites, et cherchez graphiquement leur moyenne proportionnelle.

— Détaillez vos opérations.

— A quoi reconnaissez-vous que la ligne que vous avez trouvée soit moyenne proportionnelle aux deux autres.

(8) — Que représente la Figure 4 ?

— Que reconnaît-on lorsque, dans deux triangles semblables, on compare les hauteurs aux bases ?

— Que démontre-t-on en géométrie relativement au rapport des aires de deux Figures semblables ?

— Les côtés de deux polygones sont *comme 3 est à 8*; dans quel rapport sont les aires de ces polygones ?

— Les rayons de différens cercles sont comme les nombres 1, 2, 3, 4, 5, 6, 7, 8, 9, 10..., dans quel rapport sont les aires des mêmes cercles ?

Faites le Résumé de la Leçon.

Beauvais, de l'Imp. de MOISAND.

GÉOMÉTRIE USUELLE
ET
DESSIN LINÉAIRE GÉOMÉTRIQUE.

(Classe 3.)   (Section 1.)

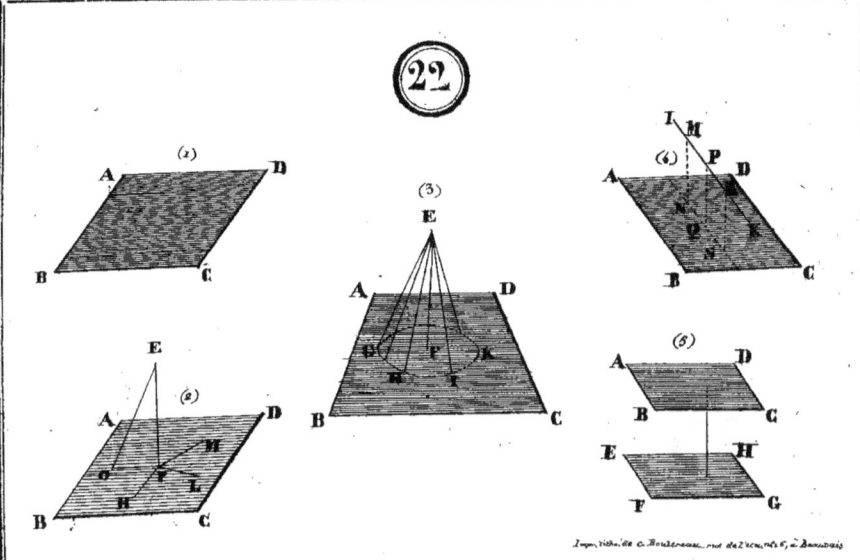

22ᵉ EXERCICE.

(1) — Qu'est-ce qu'un plan ou une surface plane ?
— Que représente la Figure n° 1 ?
(2) — Que faut-il connaître pour avoir une idée nette de la position d'un plan ?
(3) — Que savez-vous relativement à deux droites qui ne sont pas parallèles et qui ne peuvent cependant se rencontrer à quelque distance qu'on les prolonge ?
(4) — Que représente la Figure 2 ?
— Que savez-vous relativement à la ligne EP, relativement à sa rencontre avec les lignes PO, PH, PL, PM ?
— Comment se nomme la ligne EP ?
— Comment se nomme la ligne EO ?
(5) — Que représente la Figure 3 ?
— Que savez-vous relativement aux obliques qui s'écartent également du pied de la perpendiculaire ?
— Que savez-vous relativement aux obliques qui s'écartent plus ou moins de la perpendiculaire ?
(6) — Que représente la Figure 4 ?
— Que savez-vous relativement à une droite qui est parallèle à un plan ?
— Qu'est-ce qu'une parallèle à un plan ?
(7) — Que représente la Figure 5 ?
— Que savez-vous relativement à deux plans qui sont en même temps tous deux perpendiculaires sur une même droite ?
(8) — Lorsque deux plans se coupent, comment se nomme la ligne formée des points qui leur sont communs ?
— Quelle espèce de ligne est l'intersection de deux plans ?

Faites le Résumé de la Leçon.

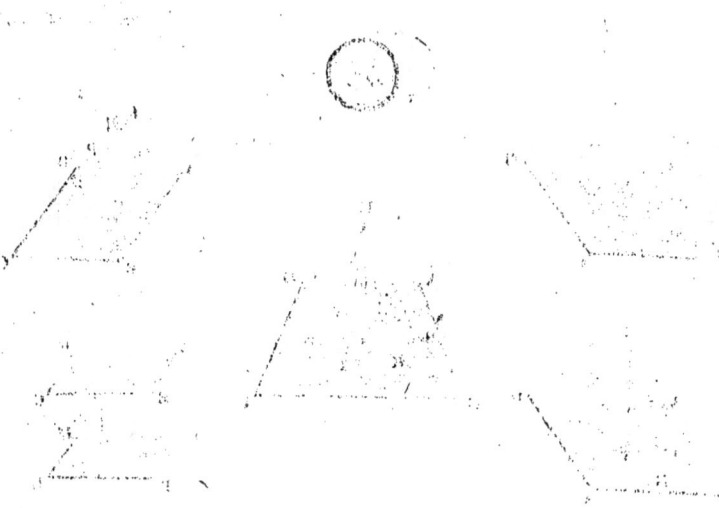

GÉOMÉTRIE USUELLE
ET
DESSIN LINÉAIRE GÉOMÉTRIQUE.

(Classe 3.) *(Section 1.)*

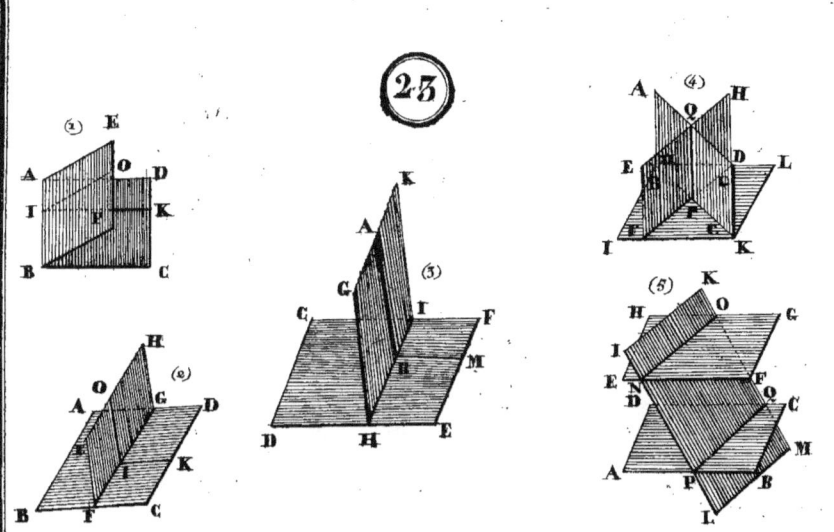

23ᵉ EXERCICE.

(1) — Que représente la Figure 1 ?
— Que faut-il faire pour avoir la mesure de l'inclinaison du plan ABEF sur le plan ABCD ?

(2) — Comment exprime-t-on que l'angle qui mesure l'inclinaison de deux plans est un angle droit ?

(3) — Que représente la Figure 2 ?
— Que démontre-t-on en géométrie relativement au plan GHIK (Fig. 3), qui s'appuie sur la droite AB, perpendiculaire au plan ABCD ?
— A quoi cela tient-il ?

(4) — Que démontre-t-on en géométrie relativement à l'intersection PQ (Fig. 4) de deux plans EFGH, ABCD, qui sont perpendiculaires sur un troisième plan IKLM ?

(5) — Que représente la Figure 5 ?
— Que savez-vous relativement aux intersections de deux plans parallèles rencontrés par un troisième plan ?

(6) — Qu'appelle-t-on direction verticale ?
— Qu'est-ce qu'un fil à plomb ?
— Qu'est-ce qu'une verticale ?

(7) — Qu'appelle-t-on plan vertical ?

(8) — Qu'est-ce qu'une droite horizontale ?

(9) — Qu'est-ce qu'un plan horizontal ?
— De quelle nature est la surface plane des eaux tranquilles ?
— A quoi reconnaît-on que la surface des eaux tranquilles est une surface horizontale.

Faites le Résumé de la Leçon.

GÉOMÉTRIE USUELLE
ET
DESSIN LINÉAIRE GÉOMÉTRIQUE.

(Classe 3.)   *(Section 1.)*

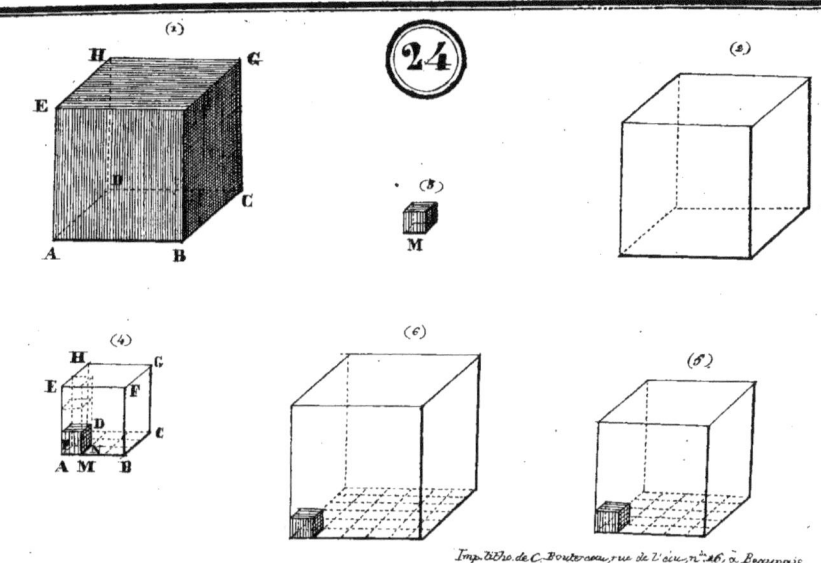

24ᵉ EXERCICE.

(1) — Comment se nomment tous les solides qui sont entièrement terminés par des plans ?
— Comment se nomme le polyèdre de la Figure 1 qui est terminé par six carrés égaux, et présente la forme d'un dé à jouer ?
— Que représente la Figure 2 ?
(2) — Qu'est-ce que la solidité d'un corps ?
(3) — Que faut-il faire pour avoir la solidité du cube ABCDEFGH (Fig. 4) ?
— Détaillez les opérations que vous feriez pour avoir la solidité de ce cube.
(4) — Expliquez comment il peut se faire qu'on ait la solidité du cube ABCDEFGH en faisant les opérations que vous avez faites.

(5) — A quoi sert ici la Figure 5 ?
— Quelle est la solidité du cube représenté par cette Figure ?
(6) — A quoi sert ici la Figure 6 ?
— Quelle est la solidité du cube que cette Figure représente ?
(7) — Si l'on avait des cubes ayant pour côtés 1, 2, 3, 4, 5, 6, 7, 8, 9, 10 mètres, de combien de mètres cubes seraient leurs solidités respectives ?
— Comment se nomment les nombres 1, 8, 27, 64, 125, 216, 343, 512, 729 et 1000, par rapport aux nombres 1, 2, 3, 4, 5, 6, 7, 8, 9, 10 ?
(8) — Comment indique-t-on le cube de 54 ?
— Quel est le cube de 54 ?
— Quel est le cube de 6 ?
— Quel est le cube de 12 ?

Faites le Résumé de la Leçon.

GÉOMÉTRIE USUELLE
ET
DESSIN LINÉAIRE GÉOMÉTRIQUE.

(Classe 3.)   (Section 1.)

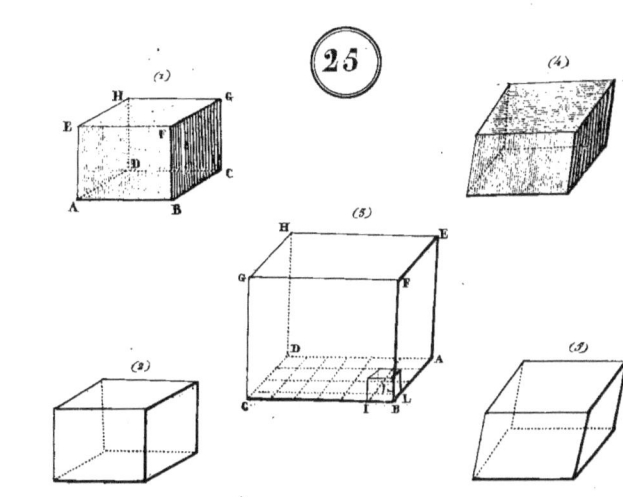

25ᵉ EXPLICATION.

1. De la manière dont s'estime la solidité des cubes, il est facile de tirer plusieurs conséquences. D'abord, le mètre contenant 10 décimètres, le décimètre 10 centimètres, le centimètre 10 millimètres, *le mètre cube* contient 1000 *décimètres cubes* ; chaque décimètre cube contient 1000 *centimètres cubes* ; chaque centimètre cube contient 1000 *millimètres cubes*.

2. Ensuite, la toise valant 6 pieds, *chaque toise cube* vaut 216 *pieds cubes ;* le pied valant 12 pouces, *chaque pied cube* vaut 1728 *pouces cubes ;* le pouce valant 12 lignes, *chaque pouce cube* vaut 1728 *lignes cubes.*

3. Enfin, la toise valant 2 mètres, *chaque toise cube* vaut 8 *mètres cubes ;* le mètre valant 3 pieds, *chaque mètre cube* vaut 27 *pieds cubes.*

4. La Figure 1 représente un *parallélipipède rectangle*. C'est un polyèdre compris sous 6 plans ayant la forme de rectangles, et parallèles deux à deux. Presque toutes les boîtes sont façonnées en parallélipipèdes rectangles. La Figure 2 représente le même parallélipipède sans ombres.

5. Pour avoir la solidité d'un parallélipipède rectangle, il faut mesurer AB (Fig. 3), mesurer encore BC, et multiplier AB par BC : on a, de cette manière, l'aire de la base ABCD. On mesure enfin BF, et l'on multiplie ABCD par BF ; ce que l'on obtient au produit est précisément la solidité du parallélipipède ABCDEFGH. Ainsi, tout se réduit à faire le produit des trois *arrêtes* AB, BC, BF, qui partent d'un même sommet B.

6. Pour rendre compte de cette manière d'opérer, soit AB $= 4$, BC $= 6$, et BF $= 5$. D'abord, en multipliant 4 par 6, on a pour produit 24 ; c'est l'aire de la base ABCD, qui contient en effet 24 carrés tels que BIKL. En posant un cube sur ce carré, on voit que la hauteur du parallélipipède étant de 5 unités, il faudrait 5 cubes sur chacun des 24 carrés, pour occuper le parallélipipède entier ; c'est pour cela qu'il faut multiplier 24 par 5 : en le faisant, on trouve 120 pour la solidité du parallélipipède.

7. La Figure 4 représente un parallélipipède qui n'est pas rectangle ; c'est un solide compris sous six parallélogrammes égaux, et parallèles deux à deux. La Figure 5 représente le même parallélipipède sans ombres.

8. La solidité d'un parallélipipède s'obtient en multipliant l'aire de sa *base* par sa hauteur. *La base est une face quelconque*, et la hauteur est la distance perpendiculaire de cette face à la face opposée.

Beauvais, de l'Imp. de MOISAND.

GÉOMÉTRIE USUELLE
ET
DESSIN LINÉAIRE GÉOMÉTRIQUE.

(Classe 3.)   *(Section 2.)*

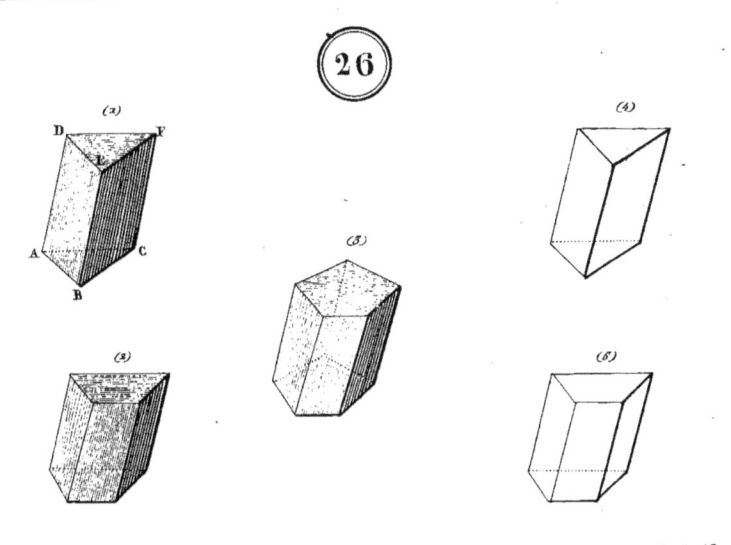

26ᵉ EXPLICATION.

1. On a vu que la solidité d'un parallélipipède était égale à l'aire de sa base, multipliée par sa hauteur. En supposant la base de 348 centimètres carrés et la hauteur de 36 centimètres, on trouve pour la solidité 348 × 36 = 12528 centimètres cubes, ce qui fait 12 décimètres cubes 528 centimètres, attendu qu'il faut diviser les centimètres par 1000, pour les réduire en décimètres cubes.

2. Supposons qu'un autre parallélipipède ait 344 pouces carrés de base et 612 pouces de hauteur; on a, pour la solidité de ce parallélipipède, 344 × 612 = 210528 pouces cubes, ou, en divisant par 1728 pour trouver les pieds, 121 pieds cubes 1440 pouces.

3. La Figure 1 représente un *prisme triangulaire*. On appelle ainsi un polyèdre compris entre deux triangles égaux ABC, DEF, et des parallélogrammes ABED, BCFE, ACFD. Ces parallélogrammes forment ce qu'on nomme la *surface latérale du prisme* : les triangles ABC, DEF en sont les bases.

4. La Figure 2 représente un *prisme quadrangulaire*, parce qu'il a pour bases des quadrilatères qu'on appelait quadrangles.

5. La Figure 3 représente un *prisme pentagonal*, parce qu'il a pour bases des pentagones.

6. Les Figures 4 et 5 ne sont autre choses que les Figures 1 et 2 sans ombres.

7. Les arrêtes AD, BE, CF (Fig. 1), qui n'appartiennent point aux bases, se nomment *arrêtes latérales*.

8. Lorsque les arrêtes latérales sont perpendiculaires aux bases, le *prisme est droit* : dans le cas contraire, le *prisme est oblique*.

9. Droit ou oblique, un prisme a toujours pour solidité le produit que l'on obtient en multipliant l'aire de sa base par sa hauteur, c'est-à-dire par la distance des deux bases, mesurée sur une perpendiculaire à leurs plans.

10. Soit un prisme ayant 112 centimètres carrés de base et 132 centimètres de hauteur : pour avoir sa solidité, il faut multiplier 112 par 132 ; on trouve, en le faisant, 14784 centimètres cubes, ou 14 décimètres cubes 784 centimètres, pour la solidité de ce prisme.

GÉOMÉTRIE USUELLE
ET
DESSIN LINÉAIRE GÉOMÉTRIQUE.

(Classe 3.) (Section 2.)

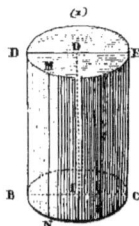 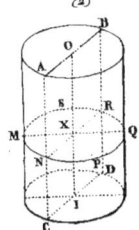 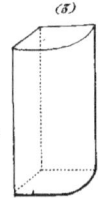 

27ᵉ EXPLICATION.

1. La Figure 1 représente un *cylindre*. C'est une espèce de prisme droit à bases rondes. La ligne OI, qui joint les centres des bases, est ce que l'on appelle l'*axe* du cylindre ; et les lignes DB, MN, EC...., menées sur la surface courbe du cylindre, parallèlement à l'axe, sont ce que l'on appelle des *arrétes*, ou plutôt des *génératrices* du cylindre.

2. La Figure 2 représente le cylindre de la Figure 1, débarrassé des ombres. On y voit représentées deux coupes faites par des plans. La première ABCD, faite par un plan qui s'appuie sur l'axe, est un rectangle qui *engendrerait* le cylindre, si on le faisait tourner autour de l'axe OI. La seconde MNPQRS est un cercle égal aux bases. Ce cercle, qui a son centre sur l'axe, au point X, engendrerait aussi le cylindre, en glissant le long de l'axe.

3. La solidité d'un cylindre est égale à l'aire de sa base, multipliée par sa hauteur. Pour avoir la solidité d'un cylindre, ce qu'il y a de mieux à faire, c'est de mesurer le diamètre de la base, de calculer l'aire du cercle qui correspond à ce diamètre, et de la multiplier par la hauteur qu'on peut mesurer sur une génératrice.

4. Soit le diamètre de la base = 42 centimètres, et la hauteur 72. La circonférence de la base = 3, 1416 × 42 = 131 centimètres, 9472 ; l'aire = 131, 9472 × 10, 5 = 1385 centimètres carrés, 4456 ; donc, la solidité du cylindre = 1385, 4456 × 72 = 99752 centimètres cubes, 0832, ou en décomposant, 99 décimètres cubes 752 centimètres 83 millimètres.

5. Le nombre qui exprime le volume intérieur d'un vase, d'une boîte, d'un corps creux en général, est ce que l'on appelle sa *capacité*. Le décimètre cube est le volume du *litre* qui sert de mesure de capacité. Ainsi, quand on connaît le volume intérieur d'un corps creux, évalué en décimètres cubes, on a de suite sa capacité, en donnant aux décimètres cubes le nom de litres, et par conséquent aux dixaines de litres le nom de *décalitres*, aux centaines de litres le nom d'*hectolitres*, etc.

6. La Figure 3 représente un *secteur cylindrique* ; c'est un prisme droit qui a pour bases des secteurs. La Figure 4 représente un *segment cylindrique* ; c'est un prisme droit qui a pour bases des segments circulaires. La solidité de chacun de ces corps est égale au produit de sa base par sa hauteur.

Beauvais, de l'Imp. de MOISAND.

GÉOMÉTRIE USUELLE
ET DESSIN LINÉAIRE GÉOMÉTRIQUE.

(Classe 3.)   *(Section 2.)*

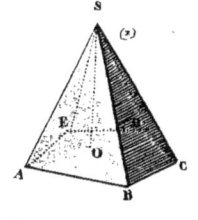
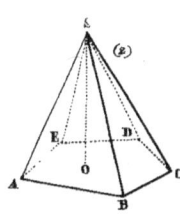

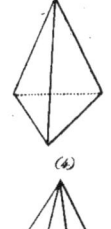
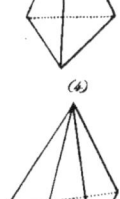
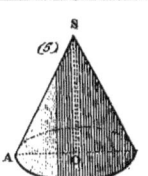
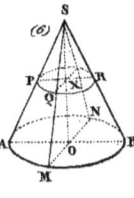

28e EXPLICATION.

1. La Figure 1 représente une *pyramide*. C'est un solide compris entre un polygone ABCDE et des triangles SAB, SBC, SCD, SDE, SEA, qui partent d'un même point S, et viennent se terminer aux différens côtés AB, BC, CD, DE, EA du polygone ABCDE.

2. La Figure 2 représente la même Figure sans ombres ; le polygone ABCDE est *la base de la pyramide* ; la perpendiculaire SO, menée du *sommet* S sur le plan de la base, est ce que l'on nomme la *hauteur de la pyramide* ; enfin, les triangles SAB, SBC, SCD... composent sa surface latérale.

3. On démontre en géométrie que toute pyramide est le tiers d'un prisme de même base et de même hauteur, et l'on conclut que la solidité d'une pyramide s'obtient en prenant le tiers du produit que l'on trouve en multipliant l'aire de la base par la hauteur.

4. Soit l'aire de la base = 48 centimètres carrés, et la hauteur = 38 centimètres ; on a pour la solidité le tiers de 48 × 38, c'est-à-dire 608 centimètres cubes.

5. Une pyramide qui a pour base un triangle est une *pyramide triangulaire*. Voyez la Figure 3. Une pyramide qui a pour base un quadrilatère est une *pyramide quadrangulaire*. Voyez la Figure 4. En général, toutes les pyramides qui ont pour base des polygones sont des pyramides polygonales.

6. La Figure 5 représente un *cone*. C'est une pyramide à base ronde. La ligne SO, qui va du sommet au centre de la base, est l'*axe* ou la hauteur du cone. Toute ligne qui, comme SA, joint le *sommet* S à l'un des points de la circonférence de la base, est une arrête ou une génératrice du cone.

7. La Figure 6 représente un cone sans ombres. On y voit une coupe SMN, faite par un plan qui s'appuie sur l'axe SO. C'est un triangle qui engendrerait le cone, si on le faisait tourner autour de SO. On y voit une autre coupe PQR, faite par un plan perpendiculaire à l'axe. C'est un cercle dont le centre X est sur l'axe, et dont le diamètre PR est au diamètre AB de la base comme SX est à SO.

8. *La solidité d'un cone est égale au tiers du produit de sa base, multipliée par sa hauteur.*

Beauvais, de l'Imp. de MOISAND.

GÉOMÉTRIE USUELLE
ET
DESSIN LINÉAIRE GÉOMÉTRIQUE.

(Classe 3.)   *(Section 1.)*

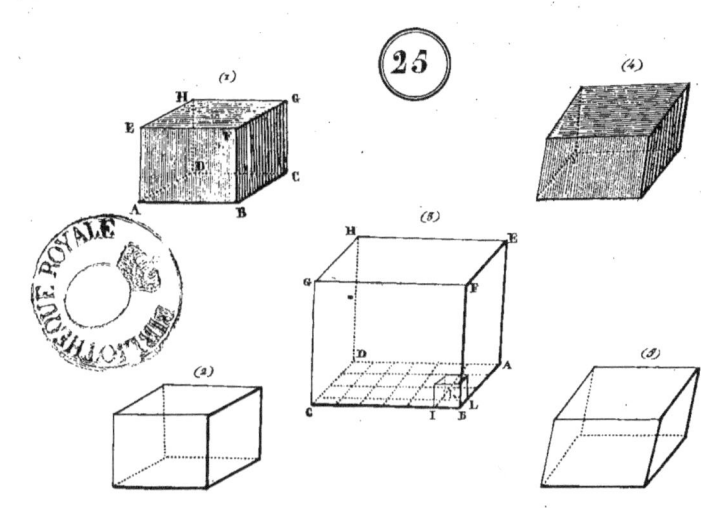

25ᵉ EXERCICE.

(1) — Combien y a-t-il de décimètres cubes dans le mètre cube ?
— Combien y a-t-il de centimètres cubes dans le décimètre ?
— Combien y a-t-il de millimètres cubes dans le centimètre ?

(2) — Combien la toise cube vaut-elle de pieds cubes ?
— Combien le pied cube vaut-il de pouces ?
— Combien le pouce cube vaut-il de lignes ?

(3) — Combien la toise cube vaut-elle de mètres cubes ?
— Combien le mètre cube vaut-il de pieds cubes ?

(4) — Que représente la Figure n.º 1 ?
— Qu'est-ce qu'un parallélipipède rectangle ?

(5) — Dites ce qu'il faudrait faire pour avoir la solidité du parallélipipède rectangle (Fig. 3).

(6) — Comment peut-on rendre compte de cette manière d'opérer ?

(7) — Que représente la Figure 4 ?
— A quoi reconnaissez-vous un parallélipipède qui n'est pas rectangle ?

(8) — Comment obtient-on la solidité d'un parallélipipède ?
— Qu'est-ce que la base d'un parallélipipède ?
— Qu'est-ce que la hauteur d'un parallélipipède ?

* — La solidité d'un parallélipipède rectangle est de 368 mètres cubes, combien cela fait-il de décimètres cubes ?

* — Combien cela fait-il de pieds cubes ?

Faites le Résumé de la Leçon.

GÉOMÉTRIE USUELLE
ET
DESSIN LINÉAIRE GÉOMÉTRIQUE.

(Classe 3.)   (Section 2.)

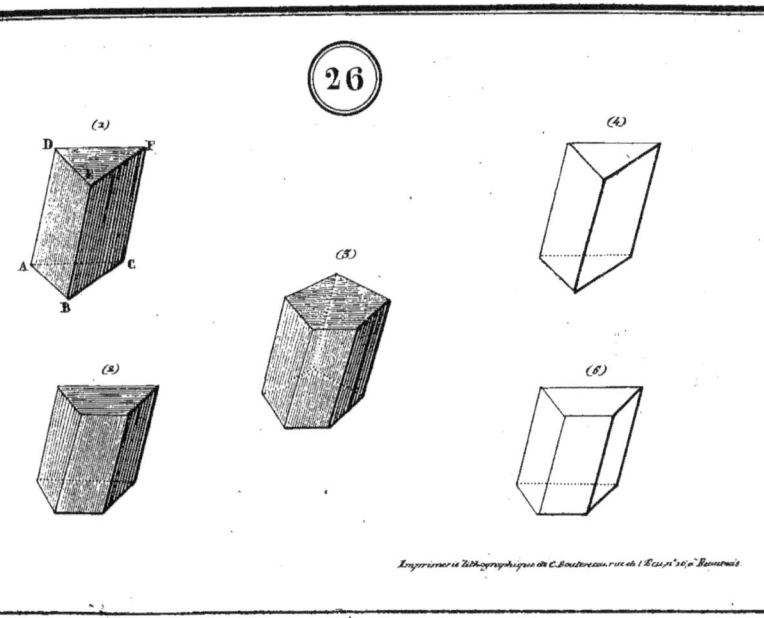

26ᵉ EXERCICE.

(1) — La base d'un parallélipipède est de 548 centimètres carrés, et la hauteur de 75 centimètres, quelle est la solidité de ce parallélipipède?
— Combien cela fait-il de décimètres cubes?

(2) — La base d'un parallélipipède est de 648 pouces carrés, et sa hauteur de 75 pouces, quelle est la solidité de ce parallélipipède?
— Combien cela fait-il de pieds cubes?

(3) — Que représente la Figure n° 1?
— A quoi reconnaissez-vous un prisme triangulaire?
— Comment se nomment (Fig. 1) les triangles égaux ABC, DEF?

(4) — Que représente la Figure 2?
— Pourquoi ce prisme se nomme-t-il prisme quadrangulaire?

(5) — Que représente la Figure 3?
— Pourquoi ce prisme se nomme-t-il ainsi?

(6) — Que représentent les Figures 4 et 5?

(7) — Comment se nomment, dans un prisme, les arrêtes qui n'appartiennent pas aux bases?

(8) — Dans quel cas un prisme est-il droit?
— Dans quel cas un prisme est-il oblique?

(9) — Que faut-il faire pour avoir la solidité d'un prisme quelconque, droit ou oblique?

(10) — Un prisme a sa base de 378 millimètres carrés et sa hauteur de 36 millimètres, quelle est sa solidité?
— Combien cela fait-il de centimètres cubes?

Faites le Résumé de la Leçon.

GÉOMÉTRIE USUELLE
ET
DESSIN LINÉAIRE GÉOMÉTRIQUE.

(Classe 3.)   *(Section 2.)*

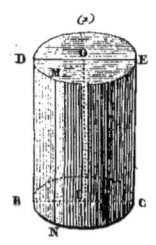 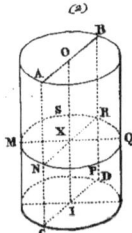 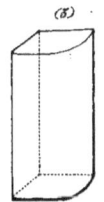 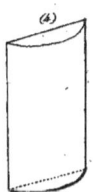

27ᵉ EXERCICE.

(1) — Que représente la Figure n° 1 ?
— Qu'est-ce qu'un cylindre ?
— Comme se nomme la ligne OI ?
— Comment se nomment les lignes DB, MN, EC, menées sur la surface courbe du cylindre parallèlement à l'axe ?

(2) — Que représente la Figure 2 ?
— Que savez-vous relativement aux deux coupes ABCD, MNPQRS, qui seraient faites par des plans dans le cylindre n° 2 ?

(3) — A quoi est égale la solidité d'un cylindre ?
— Qu'y a-t-il de mieux à faire pour mesurer la solidité d'un cylindre ?

(4) — Le diamètre de la base d'un cylindre est de 54 centimètres, et sa hauteur de 35, calculez sa solidité.

(5) — Comment se nomme le nombre qui exprime le volume intérieur d'un corps creux ?
— Quelle est la mesure de capacité ?
— Quel est le volume du litre ?
— Quand on connaît le volume intérieur d'un corps creux évalué en décimètres cubes, que faut-il faire pour avoir sa capacité évaluée en litres, décalitres, hectolitres ?

(6) — Que représente la Figure 3 ?
— Qu'est-ce qu'un secteur cylindrique ?
— Que représente la Figure 4 ?
— Qu'est-ce qu'un segment cylindrique ?
— A quoi est égale la solidité d'un secteur cylindrique ?
— A quoi est égale la solidité d'un segment cylindrique ?

Faites le Résumé de la Leçon.

GÉOMÉTRIE USUELLE
ET
DESSIN LINÉAIRE GÉOMÉTRIQUE.

(Classe 3.)   (Section 2.)

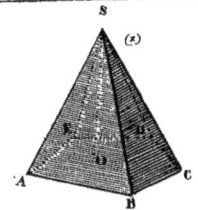
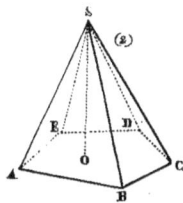

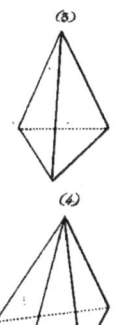
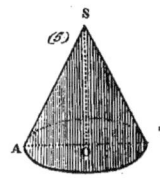
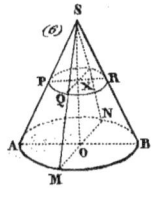

28ᵉ EXERCICE.

(1) — Que représente la Figure n° 1 ?
— A quoi reconnaissez-vous une pyramide ?
(2) — Que représente la Figure n° 2 ?
— Comment se nomme le polygone ABCDE ?
— Comment se nomme la perpendiculaire SO ?
— Comment se nomme le point S ?
— Que forment les triangles SAB, SBC, SCD, etc. ?
(3) — A quoi est égale la solidité d'une pyramide ?
(4) — La base d'une pyramide est de 115 pouces carrés, et la hauteur de 48 pouces, quelle est la solidité de cette pyramide ?
(5) — Montrez une pyramide triangulaire.
— A quoi reconnaissez-vous que cette pyramide est triangulaire ?
— Montrez une pyramide quadrangulaire.
(6) — Que représente la Figure 5 ?
— A quoi reconnaissez-vous un cone ?
— Comment se nomme la ligne SO ?
— Comment se nomment la ligne SA et toutes celles qui iraient du sommet S à un point de la circonférence de la base ?
(7) — Que savez-vous relativement à chacune des coupes SMN, PQR, qui sont représentées sur le cone Figure 6 ?
(8) — A quoi est égale la solidité d'un cone ?
— Le diamètre de la base d'un cone est de 540 centimètres carrés, et sa hauteur est de 36 centimètres, quelle est la solidité de ce cone ?

Faites le Résumé de la Leçon.

GÉOMÉTRIE USUELLE
ET
DESSIN LINÉAIRE GÉOMÉTRIQUE.

(Classe 3.)   (Section 2.)

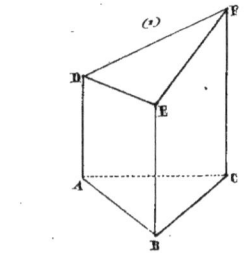

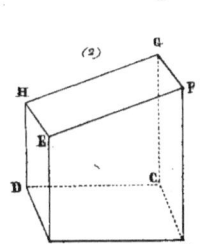
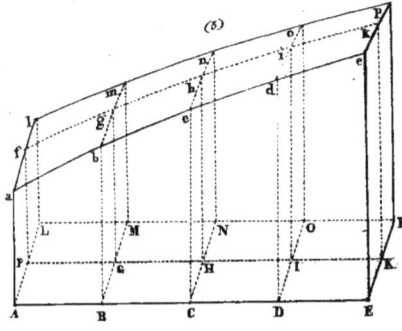

29ᵉ EXPLICATION.

1. La Figure 1 représente *un prisme triangulaire droit tronqué*, c'est-à-dire coupé par un plan DEF, qui n'est pas parallèle à la base ABC. On démontre en géométrie que la solidité de ce corps s'obtient en prenant le tiers du produit de l'aire de la base ABC, multipliée par la somme des trois arrêtes DA, EB, FC. Dans les estimations des solides irréguliers, on fait souvent usage de la mesure des prismes triangulaires tronqués.

2. Soit (Fig. 2) un solide compris entre un rectangle ABCD, des faces latérales perpendiculaires sur cette base et une face EFGH, non parallèle à la base ABCD; ce sera un *parallélipipède rectangle tronqué*. Sa solidité est égale au quart du produit de sa base ABCD, par la somme des 4 arrêtes perpendiculaires EA, FB, GC, HD.

3. Lorsque (Fig. 3) le parallélipipède rectangle se termine à la partie supérieure par une surface courbe, voici ce qu'il y a de mieux à faire pour avoir sa solidité: On divise la base AEPL en rectangles égaux, assez nombreux, pour qu'en élevant des perpendiculaires par tous les sommets A, B, C, D, E, F, G, H, I, K, L, M, N, O, P, les quadrilatères courbes *abgf*, *bchg*, *cdih*, *deki*, *fgml*, *ghnm*, etc., soient sensiblement plans. Alors on fait un total des perpendiculaires qui, comme G*g*, H*h*, I*i*..., se trouvent à la rencontre de 4 rectangles; on y ajoute la moitié de toutes les perpendiculaires qui, comme B*b*, C*c*, D*d*..., se trouvent à la rencontre de deux rectangles; on y ajoute encore le quart des perpendiculaires extrêmes A*a*, E*e*, L*l*, P*p*; ce total ainsi formé, multiplié par l'aire de la base AELP, et divisé enfin par le nombre des rectangles que la base renferme, indique la solidité du corps entier.

4. Le procédé qui précède, combiné avec le procédé indiqué pour avoir la solidité des prismes triangulaires droits tronqués, sert à calculer la quantité de terre à enlever pour creuser des routes, etc.

5. En combinant ces mêmes procédés avec ceux qui servent à l'estimation des parallélipipèdes, prismes et pyramides, il est peu de polyèdres, qu'avec de l'habitude, on ne parvienne à mesurer. On verra dans la leçon suivante le moyen de mesurer les polyèdres en les décomposant en pyramides.

Beauvais, de l'Imp. de MOISAND.

GÉOMÉTRIE USUELLE
ET
DESSIN LINÉAIRE GÉOMÉTRIQUE.

(Classe 3.)   (Section 2.)

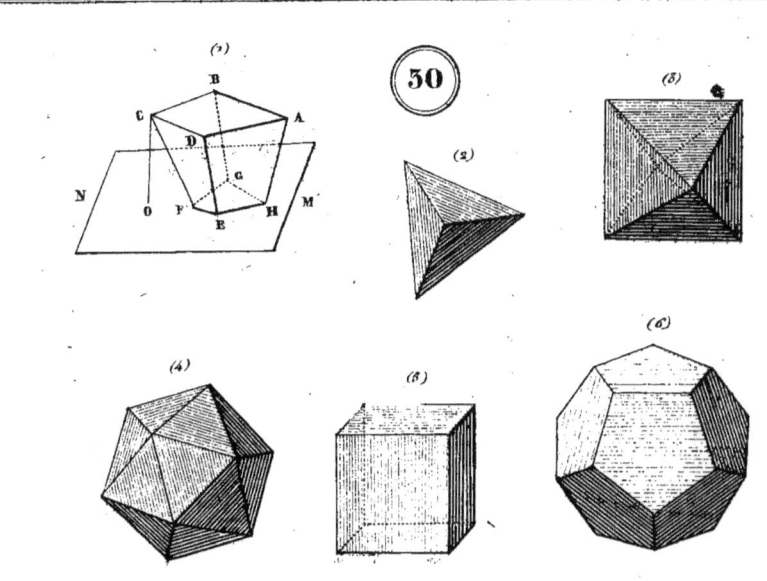

30ᵉ EXPLICATION.

1. Pour avoir la solidité d'un polyèdre ABCDEFGH (Fig. 1), voici ce qu'il y a de mieux à faire, si ce polyèdre n'appartient pas à une classe de corps qu'on sait mesurer directement. On choisit à volonté un sommet C pour sommet principal, et l'on place le polyèdre sur un plan MN, de manière à appliquer sur sa surface une des faces qui n'aboutissent point au sommet principal C, par exemple la face EFGH, que l'on mesure d'abord. On mesure ensuite la distance perpendiculaire CO, du point C au plan MN. Cela fait, on multiplie la face EFGH par le tiers de CO, et on a la solidité d'une pyramide qui aurait pour base la face EFGH, et pour sommet le point C. On fait la même opération relativement à chacune des autres faces du polyèdre, excepté celles qui concourent au point C, et l'on termine en ajoutant les résultats relatifs à toutes ces faces. Le nombre que l'on obtient est la solidité du polyèdre. Les faces qu'il faudrait ici successivement appliquer sur le plan MN, sont EFGH, ABGH, ADEH.

2. L'on se rendra compte de cette opération en imaginant les 3 pyramides qui auraient pour sommet commun le point C, et pour bases les 3 faces EFGH, ABGH, ADEH : ces pyramides réunies forment ensemble le Polyèdre. Remarquons d'ailleurs que quand le plan MN est horizontal, les perpendiculaires telles que CO, se mesurent avec plus de facilité.

3. Un *polyèdre* est dit *régulier* quand il a sa surface formée de polygones réguliers, également inclinés les uns sur les autres.

4. Il n'existe que 5 espèces de polyèdres réguliers : le *tétraèdre* régulier (Fig. 2), formé de 4 triangles équilatéraux, c'est une pyramide ; l'*hexaèdre* régulier (Fig. 3), formé de 6 carrés égaux, c'est un cube ;

L'*octaèdre* régulier (Fig. 4), formé de 8 triangles équilatéraux ;

Le *dodécaèdre* (Fig. 5), formé de 12 pentagones réguliers ;

L'*icosaèdre* (Fig. 6), formé de 20 triangles équilatéraux.

Beauvais, de l'Imp. de MOISAND.

GÉOMÉTRIE USUELLE
ET
DESSIN LINÉAIRE GÉOMÉTRIQUE.

(Classe 4.)   (Section 1.)

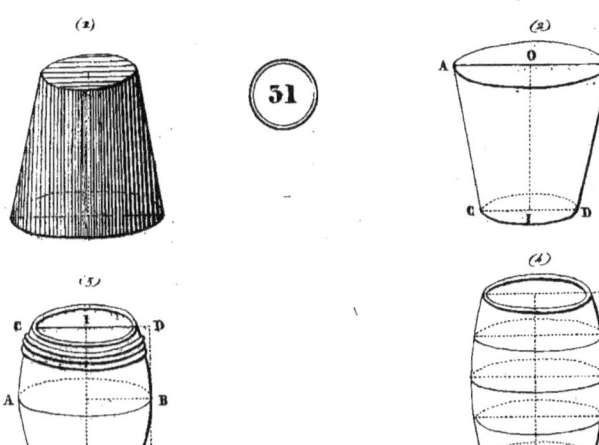

31ᵉ EXPLICATION.

1. Lorsque l'on coupe un cone par un plan parallèle à sa base, le corps qui reste après qu'on a ôté le petit cone, est un *tronc de cone* ou un *cone tronqué*. La Figure 1 représente un tronc de cone ombré ; la Figure 2 un tronc de cone sans ombres et renversé. Les cuviers, les sceaux et une foule de vases, ont la forme de cones tronqués : ainsi leur usage est très-fréquent.

2. Pour avoir la solidité du tronc de cone ABCD (Fig. 2). Après avoir mesuré le diamètre AB, le diamètre CD et la hauteur IO, on ajoute ensemble le carré du rayon AO, le carré du rayon CI, et le produit du rayon AO par le rayon CI ; on multiplie ce total par la hauteur OI, et ensuite le produit obtenu par $1,0471975$, qui est le tiers du nombre décimal $3,1415926\ldots$

3. Soit $AB = 40$, $CD = 22$, et $IO = 50$, les mesures étant prises en centimètres, on a

    Le carré de AO =   400
    Le carré de CI =   121
    Le produit de AO par CI = 220
                   Total..... 741

Ce total 741×50, qui est la hauteur, $= 37050$. Ce produit 37050, multiplié enfin par $1,0471975$, donne, pour la solidité de ce cone tronqué, 38798 centimètres cubes 760 millimètres, ou 38 décimètres cubes 798 centimètres 760 millimètres.

4. Les *tonneaux*, quand on ne cherche pas une grande exactitude, peuvent être regardés comme formés de deux cones tronqués. (Voyez la Figure 3).

5. Si l'on voulait plus de précision, sans recourir à des règles compliquées, il n'y aurait qu'à partager le tonneau en 4 cones tronqués, comme dans la Figure 4, ou même en 6 ou plus. Par ce moyen, on tiendrait compte de la courbure des douves du tonneau vers le milieu.

6. Voici une manière d'avoir un résultat plus exact que celui qu'on obtient en considérant les deux moitiés du tonneau (Fig. 3) comme deux troncs de cone ; prenez le tiers du diamètre CD ; ajoutez-le aux 2 tiers du diamètre AB ; calculez l'aire du cercle qui aurait le total pour diamètre, et multipliez-la par la longueur IK du tonneau, vous aurez sa capacité. Il est bien entendu, si l'on prend les mesures en dehors, qu'il faut avoir égard à l'épaisseur des bois.

GÉOMÉTRIE USUELLE
ET
DESSIN LINÉAIRE GÉOMÉTRIQUE.

(Classe 4.) (Section 1.)

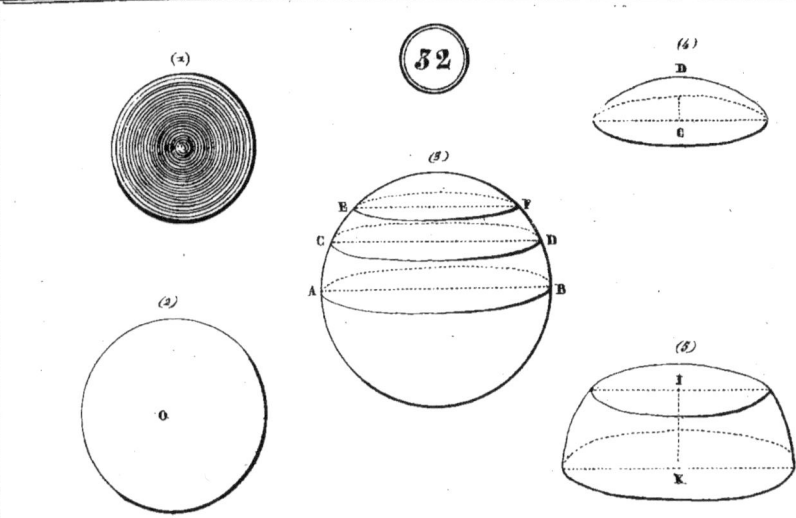

32e EXPLICATION.

1. Une *sphère* est un corps terminé par une surface dont tous les points sont également éloignés d'un point intérieur que l'on appelle *centre*. La Figure 1 représente une sphère qui a pour centre le point O. Toute ligne qui va du centre à l'un des points de la surface, est un *rayon*. Tous les rayons sont égaux. Une ligne qui joint deux points de la surface d'une sphère, en passant par son centre, est un diamètre. Chaque diamètre vaut deux rayons. La Figure 2 représente une sphère sans ombres; rien ne la distingue d'un cercle, mais on se la figure aisément en relief.

2. On démontre en géométrie, que toute coupe, faite dans une sphère par un plan, est un cercle d'autant plus grand que la coupe est plus rapprochée du centre. Les coupes faites par le centre se nomment *grands cercles*; les autres sont appelées *petits cercles*.

On voit représenté (Fig. 3) un grand cercle qui a pour diamètre AB, et deux petits cercles qui ont pour diamètres CD et EF.

3. Tout grand cercle divise la sphère en deux *hémisphères* ou moitiés de sphère. Tout petit cercle la divise au contraire en deux *segmens sphériques* inégaux. (Voyez Fig. 3.)

4. La solidité d'une sphère s'obtient en multipliant le cube de son diamètre par le sixième du nombre décimal connu 3, 1415926..., c'est-à-dire par 0, 5235987...

5. Soit le diamètre d'une sphère = 12 centimètres, le cube de 12 est 1728, donc la solidité de cette sphère est de 1728 × 0, 524..., un peu moins; ce qui fait, à très-peu de chose près, 905 centimètres cubes 472 millimètres.

6. On démontre en géométrie que le volume d'un segment sphérique, tel que le segment représenté Figure 4, a pour mesure, c'est-à-dire pour solidité, la moitié du produit du cercle qui lui sert de base, multiplié par sa hauteur CD, plus la solidité d'une sphère dont CD serait le diamètre.

7. On démontre aussi que le volume d'un segment de sphère (Fig. 5), compris entre deux plans parallèles, a pour solidité la moitié du produit de la somme de ses bases par sa hauteur IK; plus, la solidité d'une sphère dont IK serait le diamètre.

Beauvais, de l'Imp. de MOTSAND.

GÉOMÉTRIE USUELLE
ET
DESSIN LINÉAIRE GÉOMÉTRIQUE.

(Classe 3.)   (Section 2.)

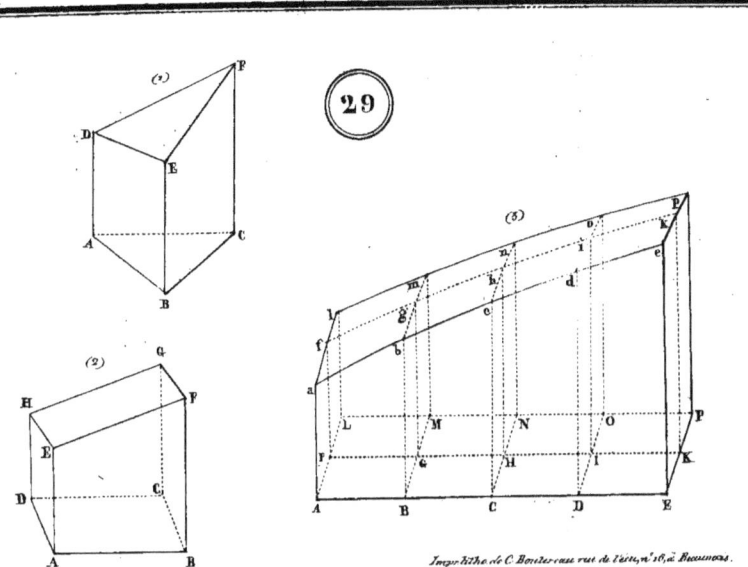

29ᵉ EXERCICE.

(1) — Que représente la Figure n° 1 ?
— Que faut-il faire pour avoir la solidité d'un prisme triangulaire droit tronqué ?
— Dans quelles circonstances trouve-t-on l'occasion de se servir de la mesure des prismes triangulaires droits tronqués ?
— En supposant que pour un prisme triangulaire droit tronqué (Fig. 1), on ait : ABC = 48 centimètres carrés, DA = 7 centimètres, EB = 9 centimètres, et FC = 8 centimètres, calculez la solidité de ce corps.

(2) — Que représente la Figure 2 ?
— Que faut-il faire pour avoir la solidité d'un parallélipipède rectangle tronqué ?
— En supposant que pour un parallélipipède rectangle tronqué (Fig. 2), on ait la base ABCD = 50, et les arrêtes latérales EA = 8, FB = 10, GC = 12, et HD = 14, trouvez le nombre qui représente la solidité de ce corps.
— Si le nombre que vous venez de trouver représentait des pieds cubes, combien cela vaudrait-il de toises ?

(3) — Lorsque (Fig. 3) un parallélipipède rectangle tronqué, au lieu de se terminer à sa partie supérieure par une surface plane, se termine par un surface courbe, expliquez ce qu'il y a de mieux à faire pour avoir sa solidité.

(4) — Dans quelle circonstance vous a-t-il été dit qu'on pouvait se servir du procédé qui précède ?

(5) — Avec quels autres procédés la mesure des prismes triangulaires droits tronqués et des parallélipipèdes rectangles tronqués peut-elle se trouver combinée, lorsque l'on recherche la solidité des polyèdres irréguliers ?

Faites le Résumé de la Leçon.

Beauvais, de l'Imp. de MOISAND.

GÉOMÉTRIE USUELLE
ET
DESSIN LINÉAIRE GÉOMÉTRIQUE.

(Classe 3.)   (Section 2.)

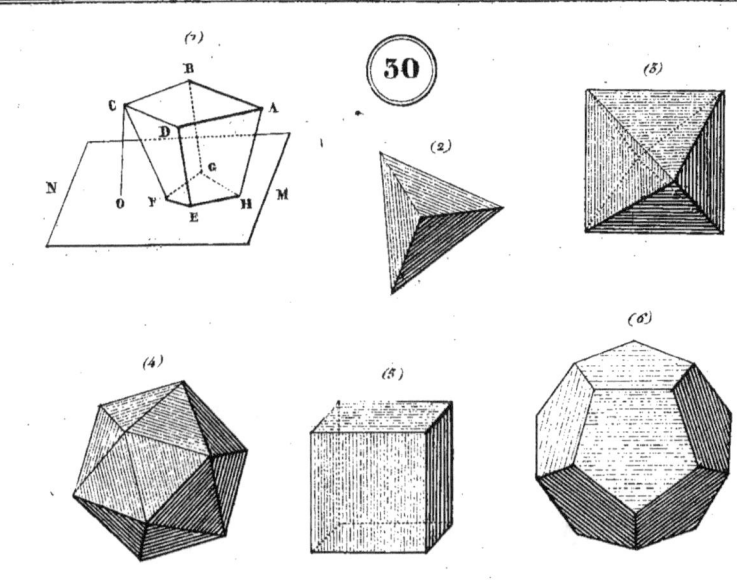

30ᵉ EXERCICE.

(1) — Expliquez sur la Figure 1 ce qu'il y a de mieux à faire pour avoir la solidité du polyèdre que cette Figure représente, quand on veut avoir cette solidité par le procédé que cette Figure sert à exposer.

— En supposant que les faces qui n'aboutissent point au sommet principal soient de 18, 24, 25 et 48 centimètres carrés, et que l'éloignement du sommet principal, relativement aux plans de ces faces, soit de 10 centimètres relativement à la première, de 15 centimètres relativement à la seconde, de 18 centimètres relativement à la troisième, et de 20 centimètres relativement à la quatrième, quelle serait la solidité du polyèdre ?

(2) — Comment peut-on se rendre compte du procédé qui précède ?

(3) — Dans quel cas un polyèdre est-il régulier ?

(4) — Combien existe-t-il d'espèces de polyèdres réguliers ?

— Quels sont les noms des polyèdres réguliers ?

— Montrez un tétraèdre.
— Montrez un hexaèdre.
— Montrez un octaèdre.
— Montrez un dodécaèdre.
— Montrez un icosaèdre.
— De quelles Figures est composée la surface d'un tétraèdre ?
— De quelles Figures est composée la surface d'un octaèdre ?
— De quelles Figures est composée la surface d'un dodécaèdre ?
— De quelles Figures est composée la surface d'un icosaèdre ?

Faites le Résumé de la Leçon.

Beauvais, de l'Imp. de MOISAND.

GÉOMÉTRIE USUELLE
ET
DESSIN LINÉAIRE GÉOMÉTRIQUE.

(Classe 4.)   (Section 1.)

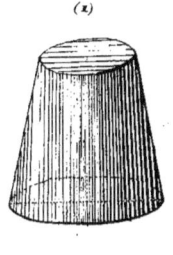
(1)

31

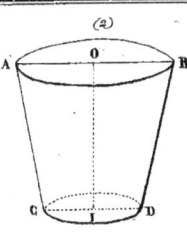
(2)

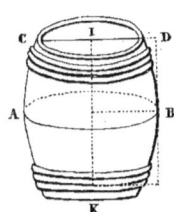
(3)

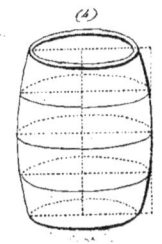
(4)

31ᵉ EXERCICE.

(1) — Lorsque l'on coupe un cone par un plan, comment se nomme le corps qui reste après que l'on a ôté le petit cone?
— Que représente la Figure n° 1 ?
— Que représente la Figure 2 ?
— Citez des objets ayant la forme de cones tronqués.

(2) — Expliquez sur la Figure 2 ce qu'il faut faire pour avoir la solidité du tronc de cone que cette Figure représente.

(3) — Calculez la solidité du tronc de cone (Fig. 2), en supposant AB = 60, CD = 48, et IO = 80; les mesures étant prises en centimètres.
 * — Combien un cuvier de cette forme et de ces dimensions contiendrait-il de litres ?

(4) — Comment la mesure des cones tronqués peut-elle servir à calculer la capacité du tonneau (Fig. 3)?

(5) — Que peut-on faire encore pour avoir la capacité d'un tonneau avec plus d'exactitude?
— Quel avantage y a-t-il à décomposer un tonneau en plus de deux cones tronqués ?

(6) — Indiquez un moyen bien simple pour avoir la capacité d'un tonneau plus exactement qu'en le décomposant en deux cones tronqués, et plus facilement qu'en le décomposant en 4 ou en un plus grand nombre de troncs de cones.
— En supposant (Fig. 3) le diamètre CD = 66 centimètres, et le diamètre AB = 78, quelle serait la capacité du tonneau évalué d'après ce dernier procédé ?
— Quelle serait cette capacité, si l'on supposait le tonneau formé de deux cones tronqués ?

Faites le Résumé de la Leçon.

GÉOMÉTRIE USUELLE
ET
DESSIN LINÉAIRE GÉOMÉTRIQUE.

(Classe 4.)   *(Section 1.)*

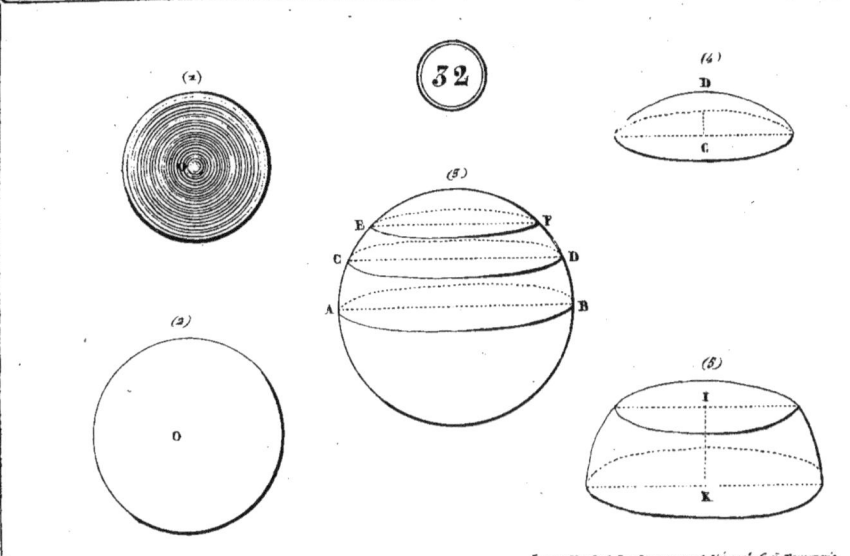

32ᵉ EXERCICE.

(1) — Qu'est-ce qu'une sphère ?
— Que représente la Figure n° 1 ?
— Qu'est-ce qu'un rayon dans une sphère ?
— Qu'est-ce qu'un diamètre dans une sphère ?
— Que représente la Figure 2 ?
(2) — De quelle nature sont les courbes formées par l'intersection d'une sphère et d'un plan ?
— Quelle différence y a-t-il entre un grand cercle et un petit cercle ?
— Que voit-on représenté Figure 3 ?
(3) — Quelle différence y a-t-il entre la manière dont les grands et les petits cercles divisent les sphères sur lesquelles ils se trouvent ?
(4) — Que faut-il faire pour avoir la solidité d'une sphère ?
(5) — Le diamètre d'une sphère étant de 54 centimètres, quelle est sa solidité ?
(6) — Que faut-il faire pour avoir la solidité d'un segment de sphère, tel que celui qui se trouve représenté Figure 4?
— En supposant (Fig. 4) que le diamètre de la base du segment soit de 18 centimètres, et que la hauteur soit de 7 centimètres, trouvez la solidité de ce segment.
* — Combien un pareil segment creux contiendrait-il de litres ?
(7) — Que représente la Figure 5 ?
— Que faut-il faire pour avoir la solidité d'un segment de sphère à deux bases ?
— En supposant le diamètre inférieur de 28 pouces, le diamètre supérieur de 16 pouces, et la hauteur IK de 8 pouces, quelle serait la solidité de ce segment ?

Faites le Résumé de la Leçon.

GÉOMÉTRIE USUELLE
ET
DESSIN LINÉAIRE GÉOMÉTRIQUE.

(Classe 4.)   (Section 1.)

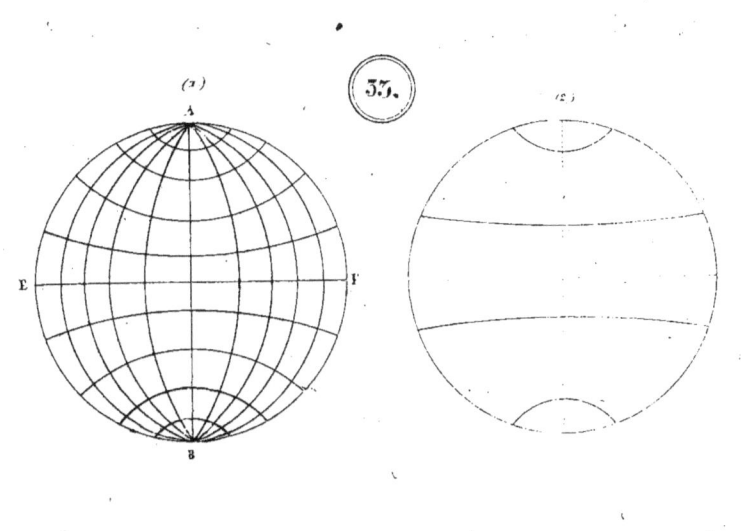

33.e EXPLICATION.

1. La terre que nous habitons a sensiblement la forme d'une *sphère* ; aussi, pour faire concevoir la position relative des différens pays, l'étendue des mers, la direction des rivières, des chaînes de montagnes, etc., les astronomes et les géographes ont imaginé de figurer la terre sous la forme d'une sphère, en bois, en cuivre ou en carton.

2. La Figure 1 représente une sphère de ce genre qu'on désigne sous le nom de *sphère terrestre*. Cette sphère est ordinairement traversée par une tige de fer AB, qui passe par le centre et qui représente celui des diamètres de la terre autour duquel elle fait un tour en 24 heures ; c'est *l'axe de la terre*.

3. Les extrémités A et B de l'axe de la terre, les seuls points de la surface qui ne participent pas à son mouvement journalier, sont *les deux poles de la terre*.

4. Les cercles que l'on voit représentés sur la surface des sphères terrestres, se divisent en *méridiens* et en *parallèles*. Les méridiens passent par les poles et les parallèles ont leurs plans perpendiculaires à l'axe. Les méridiens et les parallèles forment des quadrilatères sphériques dont on se sert pour faire connaître la position des lieux.

5. Le plus grand des parallèles, celui qui passe par le centre, et qui (Fig. 1) est représenté par la droite EF, se nomme *équateur*. L'équateur divise la terre en deux hémisphères. L'un, celui dans lequel la France est située se nomme *hémisphère boréal;* l'autre se nomme *hémisphère austral*.

6. On divise ordinairement la terre au moyen de 4 parallèles, dont deux dans chaque hémisphère, en cinq parties, que l'on appelle *zones*. La Figure 2 représente cette division. La zone du milieu se nomme *zone torride*, les deux voisines se nomment *zones tempérées*, et les deux extrêmes qui contiennent les poles, se nomment *zones glaciales*.

7. La science qui traite en détail de ces matières est la *géographie mathématique*.

Beauvais, de l'Imp. de MOISAND.

GÉOMÉTRIE USUELLE
ET
DESSIN LINÉAIRE GÉOMÉTRIQUE.

(Classe 4.)   (Section 1.)

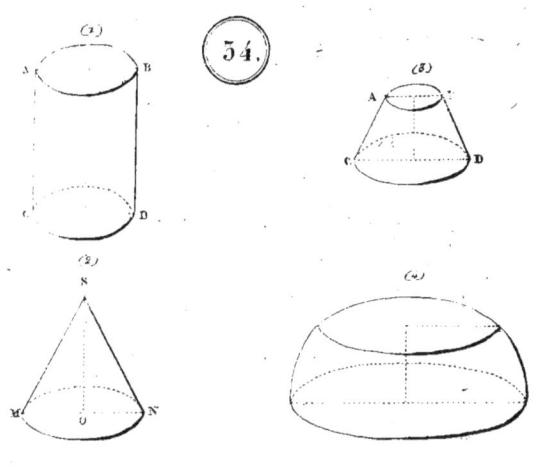

34ᵉ EXPLICATION.

1. On démontre en géométrie que la superficie d'un cylindre, abstraction faite des bases, a pour mesure la circonférence de sa base, multipliée par la longueur de l'une de ses génératrices.

2. Soit (Fig. 1) le diamètre AB = 25 centimètres, et la génératrice AC = 40. On a d'abord, pour la circonférence de la base, 3, 1416 × 25 = 78 centimètres, 54. Cette circonférence 78, 54 × 40 donne 3141, 60 pour produit, et par conséquent, pour l'étendue de la surface courbe du cylindre, 3141 centimètres carrés, 60, ou, en décomposant, 31 décimètres 41 centimètres 60 millimètres carrés.

3. On démontre aussi que la surface courbe d'un cône est égale à la circonférence de sa base, multipliée par la moitié d'une de ses génératrices; ainsi l'on a pour le cône SMN (Fig. 2).

Surface courbe = circonférence MO × $\frac{1}{2}$ SM.

4. On démontre encore que la surface courbe d'un tronc de cône ABCD (Fig. 3) est égale à la moitié du produit d'une génératrice AC, par la somme des circonférences de ses bases.

5. On démontre enfin que la surface d'une sphère est égale à 4 fois la surface d'un cercle de même rayon.

6. La surface courbe d'un segment de sphère est ce que l'on nomme une *zone*. Que le segment soit à une ou à deux bases, sa zone a pour mesure sa hauteur × la circonférence d'un cercle ayant le même diamètre que la sphère à laquelle il appartient.

7. Soit (Fig. 4) un segment de sphère ayant pour hauteur 8 centimètres, et venant d'une sphère ayant pour rayon 20 centimètres, le diamètre étant 40, la circonférence = 3, 1416 × 40 = 125 centimètres, 664. Cette circonférence × 8, qui est la hauteur du segment, donne pour produit 1005 centimètres carrés, 312, ou, en décomposant, 10 décimètres 5 centimètres 31 millimètres carrés.

8. La surface de la sphère, considérée comme une zone, s'obtiendrait de même en multipliant son diamètre par la circonférence d'un cercle de même rayon qu'elle.

Beauvais, de l'Imp. de MOISAND.

GÉOMÉTRIE USUELLE
ET
DESSIN LINÉAIRE GÉOMÉTRIQUE.

(Classe 4.)   (Section 1.)

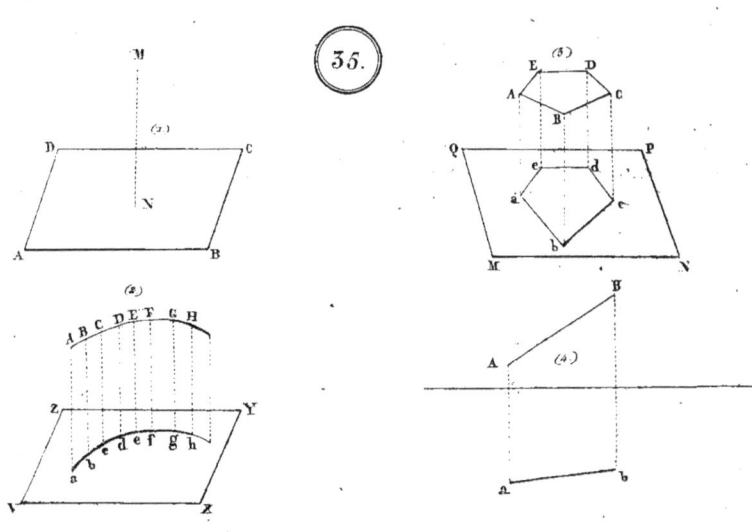

35e EXPLICATION.

1. Lorsque (Fig. 1) d'un point M donné hors d'un plan ABCD, on abaisse sur ce plan une perpendiculaire MN, le pied N de cette perpendiculaire est ce qu'on appelle *la projection* du point M sur le plan ABCD.

2. Lorsque l'on projette les différens points d'une ligne sur un plan, on a la *projection de cette ligne* dans la réunion des projections de tous ses points ; ainsi (Fig. 2), si a, b, c, d, e, f, g, h, sont les projections des points A, B, C, D, E, F, G, H, sur le plan VXYZ, la ligne *abcdefgh* est la projection de la ligne ABCDEFGH sur ce même plan.

3. La projection d'une droite étant une ligne droite, il suffit de projeter les extrémités d'une droite pour connaître sa projection entière ; donc, pour avoir la projection d'un polygone, il suffit de connaître les projections de tous ses sommets. Ainsi (Fig. 3) *abcde* est la projection de ABCDE, sur le plan MNPQ.

4. Ce n'est que quand une Figure a son plan parallèle au plan sur lequel on la projette que sa projection a la même forme et la même étendue qu'elle.

5. Pour déterminer les formes et les dimensions des corps, on se sert de deux plans sur lesquels on projette ces corps. Ordinairement l'un de ces plans est vertical, et l'autre horizontal.

6. La projection sur le plan horizontal est ce qu'en termes de construction on appelle *le plan* du corps. La projection sur le plan vertical est *son élévation*.

7. On appelle *ligne de terre* la ligne suivant laquelle le plan horizontal est rencontré par le plan vertical.

8. Les deux projections d'un même corps se dessinent sur un même plan, partagé par une ligne qui représente la ligne de terre. La partie supérieure est destinée à l'élévation ou projection verticale. La partie inférieure est destinée au plan, c'est-à-dire à la projection horizontale.

9. La Figure 4 représente les deux projections AB, *ab*, d'une même droite. AB est son élévation, *ab* est son plan. Toute ligne A*a*, qui joint le plan et l'élévation d'un même point, est perpendiculaire sur la ligne de terre. C'est le premier et le plus important principe de la géométrie des projections, ou *géométrie descriptive*, qui est indispensable aux charpentiers, tailleurs de pierres, etc.

GÉOMÉTRIE USUELLE
ET
DESSIN LINÉAIRE GÉOMÉTRIQUE.

(Classe 4.) (Section 2.)

36.

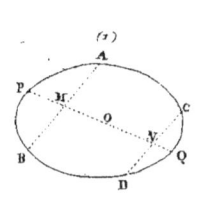
(1.)

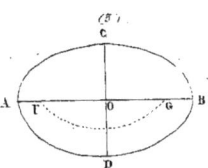
(3.)

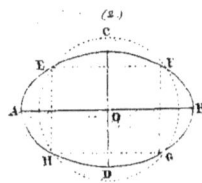
(2.)

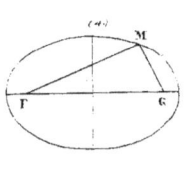
(4.)

(5.)

36e EXPLICATION.

1. Lorsque l'on coupe un cylindre par un plan qui n'est pas parallèle à sa base, on obtient pour intersection une espèce de cercle allongé qu'on appelle *ellipse*. Telle est la Figure 1.

2. Pour reconnaître par soi-même les propriétés de l'ellipse représentée Figure 1, on commencera par tracer deux cordes parallèles AB, CD, dont on marquera les milieux M et N; on tirera ensuite par ces deux points la droite PMNQ, et l'on marquera le point O, milieu de cette droite. Ce point O, ainsi déterminé, est le *centre de l'ellipse*, parce que c'est le milieu de toutes les lignes qui, comme EF, passent par lui et se terminent à la circonférence de cette courbe. Toutes ces lignes sont des *diamètres de l'ellipse*.

3. Le point O (Fig. 2) étant déterminé comme il vient d'être dit, si du point O comme centre, avec un rayon quelconque OE, on décrit une circonférence qui coupe l'ellipse en quatre points déterminant le rectangle EFGH, et qu'on mène ensuite, par le centre et parallèlement aux côtés de ce rectangle, les diamètres AOB, COD, ces diamètres seront *les deux axes de l'ellipse*.

4. Les deux axes AB, CD (Fig. 3) étant déterminés comme cela vient d'être expliqué précédemment, si du point C comme centre, avec OB pour rayon, on décrit l'arc de cercle FG, qui coupe le grand axe en deux points, ces deux points F et G seront les *deux foyers de l'ellipse*.

5. En joignant un point quelconque M (Fig. 4) avec les deux foyers F et G, on a deux lignes FM, GM, qui sont les *deux rayons vecteurs du point* M.

6. Si l'on porte enfin (Fig. 5) sur une ligne droite IZ suffisamment longue, d'abord IK égale à FM, puis KL égale à GM, on aura pour somme des deux rayons vecteurs du point M, une ligne IL qui sera toujours égale au grand axe.

7. Cette propriété des rayons vecteurs permet aux jardiniers de tracer, au moyen d'un cordeau et de trois piquets, de grandes ellipses vulgairement appelées pour cela *ovales des jardiniers*.

Beauvais, de l'Imp. de Moisand.

GÉOMÉTRIE USUELLE
ET
DESSIN LINÉAIRE GÉOMÉTRIQUE.

(Classe 4.)   *(Section 1.)*

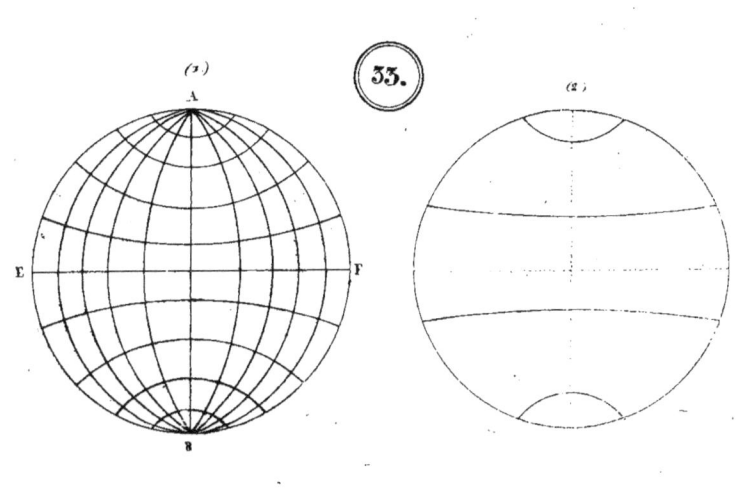

33ᵉ EXERCICE.

(1) — Quelle est la forme de la terre que nous habitons ?
— Sous quelle forme figure-t-on la terre ?
(2) — Que représente la Figure n° 1 ?
— Comment se nomme la ligne AB ?
(3) — Comment se nomment (Fig. 1) les extrémités A et B de l'axe de la terre ?
— Qu'ont de remarquable les poles de la terre ?
(4) — Comment se nomment les cercles que l'on voit représentés sur la sphère terrestre (Fig. 1) ?
— Quelle différence y a-t-il entre les méridiens et les parallèles ?
(5) — Comment se nomme (Fig. 1) le plus grand des parallèles, représenté par la droite EF ?
— De quelle manière l'équateur divise-t-il la terre ?
— Comment se nomme l'hémisphère qui contient la France ?
— Comment se nomme l'autre hémisphère ?
(6) — Que représente la Figure 2 ?
— Comment se nomme la zone du milieu ?
— Comment se nomment les zones voisines ?
— Comment se nomment les zones extrêmes qui contiennent les poles ?
— Montrez la zone torride.
— Montrez la zone tempérée boréale.
— Montrez la zone glaciale australe.
(7) — Quelle est la science qui traite en détail des matières dont on vient de s'occuper ?

Faites le Résumé de la Leçon.

GÉOMÉTRIE USUELLE
ET
DESSIN LINÉAIRE GÉOMÉTRIQUE.

(Classe 4.)   (Section 1.)

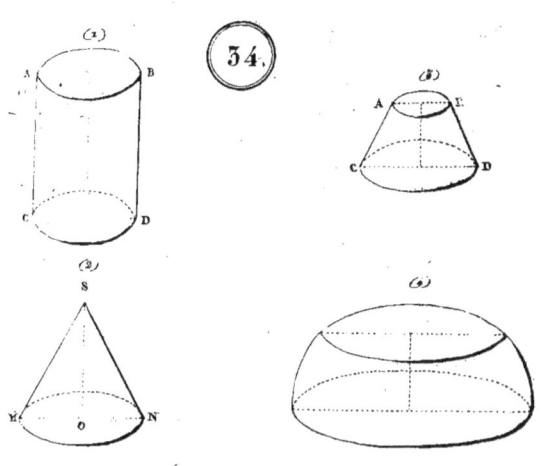

34ᵉ EXERCICE.

(1) — Quelle est la mesure de la surface d'un cylindre, abstraction faite de ses bases?

(2) — Le diamètre de la base d'un cylindre égale 48 centimètres, sa génératrice égale 72 centimètres, quelle est la superficie de ce cylindre, abstraction faite de ses bases?

(3) — Quelle est la mesure de la surface courbe d'un cone, c'est-à-dire de la surface de ce cone, abstraction faite de sa base?

— Le diamètre de la base d'un cone égale 68 centimètres, la génératrice égale 87 centimètres, quelle est la superficie de ce cone, abstraction faite de sa base?

(4) — Quelle est la mesure de la surface d'un cone tronqué des bases non comprises?

— Le diamètre de la base inférieure d'un tronc de cone = 54 centimètres, le diamètre de la base supérieure = 36 centimètres, la génératrice = 40 centimètres, quelle est sa surface courbe?

(5) — A quoi est égale la surface d'une sphère?

— Quelle est la surface d'une sphère dont le rayon a 48 centimètres?

(6) — Qu'est-ce qu'une zone?

— A quoi est égale la superficie d'une zone?

(7) — La hauteur d'une zone = 48 pouces, la sphère à laquelle elle appartient a 116 pouces de rayon, quelle est la superficie de cette zone?

(8) — A quoi est égale la superficie d'une sphère considérée comme une zone?

Faites le Résumé de la Leçon.

GÉOMÉTRIE USUELLE
ET
DESSIN LINÉAIRE GÉOMÉTRIQUE.

(Classe 4.)   (Section 1.)

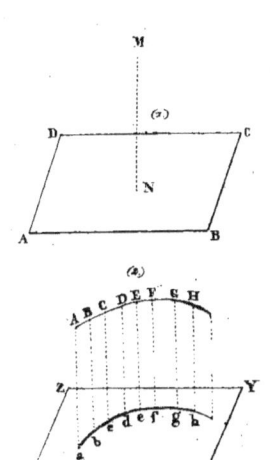

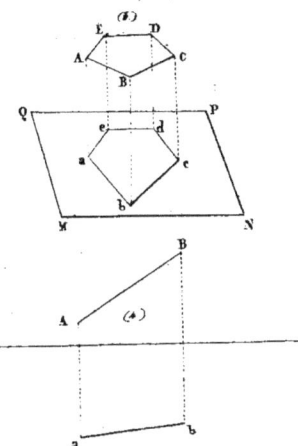

35ᵉ EXERCICE.

(1) — Qu'est-ce (Fig. 1) que la projection du point M sur le plan ABCD?

(2) — Comment a-t-on (Fig. 2) la projection d'une ligne ABCDEFGH sur le plan VXYZ?

(3) — Que savez-vous relativement à la projection d'une droite sur un plan?
— Que faut-il faire pour avoir la projection d'un polygone sur un plan?

(4) — Dans quelle circonstance une Figure a-t-elle sa projection de même forme et de même grandeur qu'elle?

(5) — Comment détermine-t-on les formes et les dimensions des corps?

(6) — Comment, en termes de construction, désigne-t-on la projection d'un corps sur un plan horizontal et sur un plan vertical?

(7) — Qu'appelle-t-on ligne de terre?

(8) — Comment dessine-t-on sur un même plan les deux projections d'un même corps?

(9) — Que représente la Figure 4?
— Que savez-vous relativement à la ligne Aa, qui joint les deux projections d'un même point?
— Comment se nomme la science qui traite des projections?
— Citez des professions dont le travail repose sur la géométrie descriptive.

Faites le Résumé de la Leçon.

GÉOMÉTRIE USUELLE
ET
DESSIN LINÉAIRE GÉOMÉTRIQUE.

(Classe 4.)   *(Section 2.)*

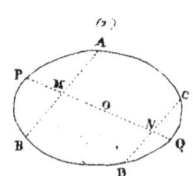

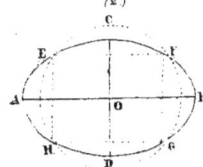

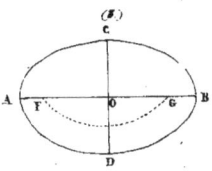

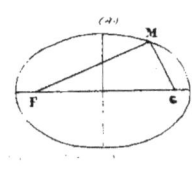

36ᵉ EXERCICE.

(1) — Que représente la Figure 1 ?

— Comment faut-il couper un cylindre pour que la coupe soit une ellipse ?

(2) — Comment se nomme le point O de la Figure 1 ?

— Comment se nomme la droite POQ et toutes les droites qui passent par le point O ?

— Dites ce qu'il faut faire pour trouver le point O.

(3) — Le centre O (Fig. 2) étant trouvé, dites ce qu'il faut faire pour trouver les axes AB et CD.

(4) — Comment (Fig. 3) se nomment les deux points F et G ?

— Dites ce qu'il faut faire pour trouver les foyers d'une ellipse.

(5) — Comment se nomment (Fig. 4) les lignes FM, GM, qui joignent les deux foyers au point M ?

(6) — Que savez-vous relativement à la somme des rayons vecteurs d'un point quelconque d'une ellipse ?

— Comment peut-on s'assurer de la vérité du fait que vous venez de signaler ?

(7) — Qu'appelle-t-on ovale des jardiniers ?

— Pourquoi l'ellipse se nomme-t-elle ovale des jardiniers ?

Faites le Résumé de la Leçon.

GÉOMÉTRIE USUELLE
ET
DESSIN LINÉAIRE GÉOMÉTRIQUE.

(Classe 4.)   (Section 2.)

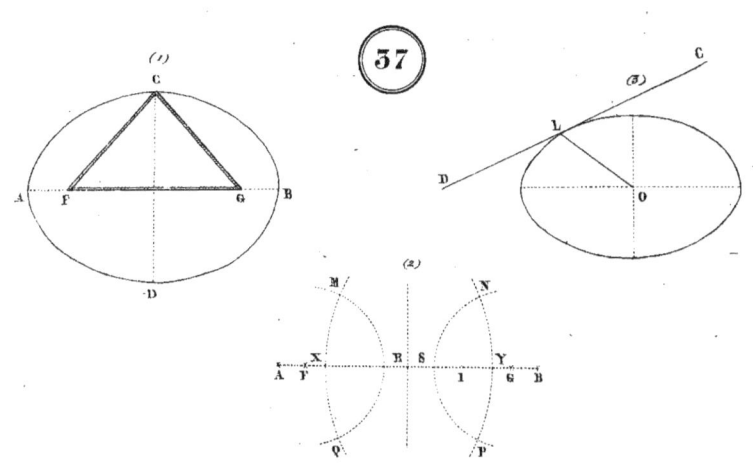

37ᵉ EXPLICATION.

1. Voici comment les jardiniers s'y prennent pour décrire une ellipse : Après avoir tracé le grand axe AB et le petit axe CD, ils marquent les deux foyers F et G, et prennent une ficelle qu'ils nouent, de manière que cette ficelle, après avoir tourné autour de deux piquets situés aux foyers F et G, vienne passer encore autour d'un troisième piquet situé au point C, les trois parties FG, GC, CF de la longueur de la ficelle étant d'ailleurs bien tendues. Cela fait, ils enlèvent le piquet situé au point C, et, s'en servant pour tendre la ficelle pendant toute l'opération, ils tournent autour des deux foyers et décrivent ainsi l'ellipse dont ils ont besoin.

2. Le moyen qui vient d'être indiqué ne peut être employé sur le papier, mais on peut y suppléer de la manière suivante : on marque à volonté sur le grand axe, entre A et G, un point quelconque 1 (Fig. 2); puis, du point F et ensuite du point G comme centres, avec AI pour rayon, on décrit deux arcs NYP, MXQ.

Après cela, des mêmes points comme centres, avec le reste IB du grand axe pour rayon, on décrit deux nouveaux arcs MRQ, NSP, qui coupent les premiers en 4 points M, N, P, Q, qui sont quatre points de l'ellipse. En prenant un autre point que le point I, on obtient 4 autres points de l'ellipse, de sorte que l'on peut en trouver assez pour pouvoir tracer cette courbe, en la faisant passer à vue d'œil par tous les points qu'on a trouvés.

3. La Figure 3 représente une ellipse à laquelle on a mené une tangente au point L. Cette tangente CD n'est pas, comme dans le cercle perpendiculaire, sur la ligne LO qui se rend au centre.

4. La courbe que la terre décrit dans l'espace, en tournant autour du soleil, n'est pas une circonférence de cercle, comme on le suppose assez souvent : c'est une ellipse dont le soleil occupe un des foyers. Cette ellipse se nomme l'*écliptique*. La terre met à la parcourir 365 jours 5 heures 48 minutes et quelques secondes. C'est pour mettre d'accord la marche de la terre avec la marche du calendrier qu'on a établi des années de 366 jours, qu'on nomme années bissextiles.

Beauvais, de l'Imp. de MOISAND.

GÉOMÉTRIE USUELLE
ET
DESSIN LINÉAIRE GÉOMÉTRIQUE.

(Classe 4.)   *(Section 2.)*

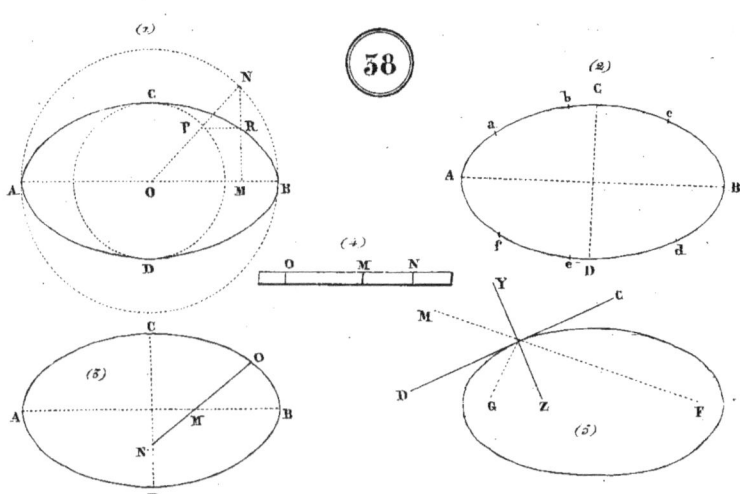

38ᵉ EXPLICATION.

1. La Figure 1 représente une ellipse ACBD. On y voit aussi deux circonférences, dont l'une a pour diamètre le grand axe AB, et dont l'autre a pour diamètre le petit axe CD. Du centre O, on n'a qu'à tirer le rayon ON, abaisser sur AB la perpendiculaire NM, et sur NM, du point P, abaisser la perpendiculaire PR, on trouvera toujours que le point R est sur l'ellipse, quelle que soit d'ailleurs la direction de ON.

2. La Figure 2 représente une ellipse construite sur AB et CD comme axes, au moyen de points *a*, *b*, *c*, *d*, *e*, *f*, trouvés tous d'après le procédé qui résulte de la remarque précédente.

3. Il existe un moyen très-commode pour obtenir autant de points qu'on veut du contour d'une ellipse, au moyen d'un morceau de papier. Voici en quoi il consiste : Après avoir tracé les deux axes AB et CD (Fig. 3), on prend une petite bande de papier (Fig. 4), sur laquelle on marque à volonté le point O.

On prend ensuite OM égale au demi-petit axe, et ON égale au demi-grand axe. Cela fait, on porte (Fig. 3) la bande de papier de manière que le point N soit sur CD, en même temps que le point M est sur AB. Dans cette position, le point O indique un des points de la courbe.

4. On démontre en géométrie que, quand une droite CD est tangente à une ellipse en un point L, si l'on tire les rayons vecteurs de ce point, et que l'on prolonge l'un d'eux, par exemple FL, la tangente CD partage en deux parties égales l'angle MLG, que fait l'un des deux rayons vecteurs du point de contact, avec le prolongement de l'autre rayon. Rien n'est donc plus facile que de mener, par un point d'une ellipse, une tangente à cette courbe.

5. Ce n'est que quand la tangente à l'ellipse est menée par l'une des quatre extrémités des axes, que la ligne qui va du centre au point de contact est perpendiculaire sur la tangente.

6. La droite YZ (Fig. 5), qui est perpendiculaire sur la tangente CD, est *normale* à l'ellipse, au point de contact L.

Beauvais, de l'Imp. de MOISAND.

GÉOMÉTRIE USUELLE
ET
DESSIN LINÉAIRE GÉOMÉTRIQUE.

(Classe 4.)   *(Section 2.)*

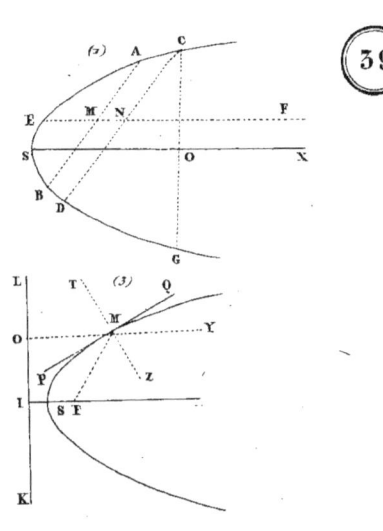
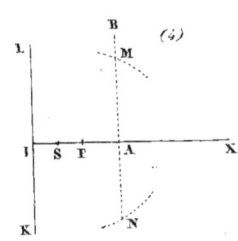

39ᵉ EXPLICATION.

1. La Figure 1 représente une courbe ouverte, que l'on appelle une *parabole*. Pour reconnaître les propriétés principales de cette courbe : tracez deux cordes parallèles AB, CD, et par les milieux M, N, tirez la droite EMNF, ce sera *un diamètre de la parabole*. Ensuite, sur le diamètre, menez perpendiculairement une corde COG, et par le milieu O une perpendiculaire à cette corde. Cette perpendiculaire SOX sera *l'axe de la parabole, et le point S sera son sommet*.

2. L'axe SX (Fig. 2) étant déterminé comme il vient d'être dit, tracez une corde AB, et, par le milieu O, menez CD parallèlement à l'axe. Menez du point C, d'abord CM perpendiculaire sur SX, ensuite CN perpendiculaire sur AB, et prolongez cette dernière jusqu'à l'axe SX; la moitié de MN, portée sur l'axe de S en F, donne le point F, *foyer de la parabole*, et portée en sens contraire de S en I, donne le point I par lequel il faut mener sur l'axe la perpendiculaire LIK, qui se nomme la *directrice de la parabole*.

3. Quand on a déterminé (Fig. 3) le foyer et la directrice d'une parabole, il est facile de s'assurer que, dans cette courbe, chaque point est aussi éloigné du foyer que de la directrice. Ainsi MF = la perpendiculaire MO.

4. La ligne PQ (Fig. 3), qui divise en deux parties égales l'angle OMF, *est tangente à la parabole, au point* M. La ligne TZ, qui partage de la même manière l'angle FMY, est *normale* au même point.

5. Connaissant (Fig. 4) le foyer F et la directrice LK d'une parabole, pour tracer cette courbe : menez la perpendiculaire XFI, ce sera l'axe; prenez le milieu S de FI, ce sera le sommet; élevez une perpendiculaire AB, et du foyer comme centre, avec AI pour rayon, décrivez un arc qui coupe AB en deux points M et N, vous aurez, dans ces deux points, deux points de la courbe. Au moyen de perpendiculaires nouvelles, vous aurez autant de points que vous voudrez, et le tracé à la main de la courbe ne présentera plus de difficultés.

Beauvais, de l'Imp. de Moisand.

GÉOMÉTRIE USUELLE
ET
DESSIN LINÉAIRE GÉOMÉTRIQUE.

(Classe 4.)   *(Section 2.)*

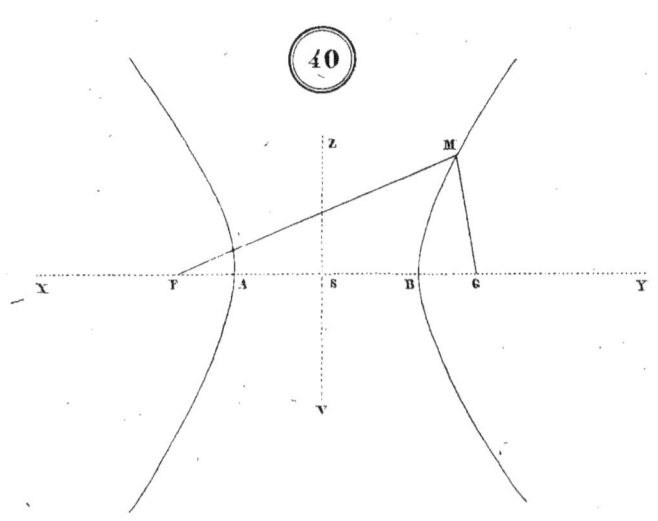

40° EXPLICATION.

1. La courbe à deux branches indéfinies, représentée sur ce tableau, est ce que l'on appelle une *hyperbole*. On remarque que cette courbe a deux axes qui se coupent au point S et qui partagent tous deux la courbe en deux parties égales. L'un de ces axes AB, dont la longueur est limitée, est ce que l'on appelle l'*axe transverse* de l'hyperbole; l'autre ZV est l'*axe non transverse*. Le point S est ce que l'on nomme *le centre de l'hyperbole*, et les deux points A et B sont *ses deux sommets*.

2. Il existe sur l'axe transverse deux points F et G, situés à égale distance des sommets. Ce sont *les deux foyers de l'hyperbole*.

3. Lorsqu'on joint les deux foyers avec un même point M d'une hyperbole, on a les deux droites MF, MG, qui sont *les deux rayons vecteurs de ce point*.

4. *La différence qui existe entre les deux rayons vecteurs de chaque point d'une hyperbole, est égale à son axe transverse.* Telle est la propriété caractéristique de cette courbe, propriété qui sert de base à sa construction par points. Cette construction ne se trouve pas ici, parce qu'on a rarement besoin d'y avoir recours. C'est pour la même raison qu'on n'y a pas indiqué non plus, comme on l'a fait pour l'ellipse et la parabole, le moyen de trouver les lignes et les points principaux, tels que les axes, le centre, les foyers, les tangentes, les normales, etc.

5. C'est seulement parce que l'hyperbole, la parabole et l'ellipse appartiennent à une même *famille de courbes géométriques*, que, forcé par l'importance et l'utilité constante de l'ellipse, de terminer la géométrie usuelle par le détail des propriétés principales de cette courbe, il était pour ainsi dire indispensable de parler un peu de la parabole, et de faire connaître en peu de mots la troisième courbe de la famille.

GÉOMÉTRIE USUELLE
ET
DESSIN LINÉAIRE GÉOMÉTRIQUE.

(Classe 4.)   *(Section 2.)*

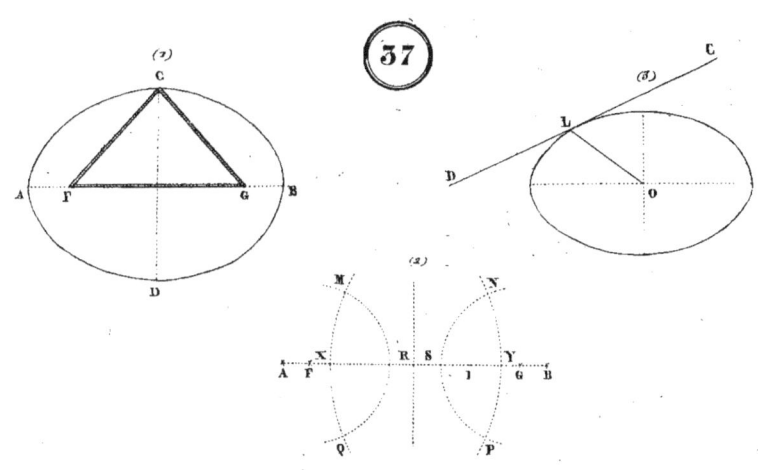

37ᵉ EXERCICE.

(1) — Expliquez sur la Figure 1 le procédé employé par les jardiniers pour tracer sur le terrain de grandes ellipses au moyen d'une ficelle et de trois piquets.

(2) Expliquez sur la Figure 2 comment on peut tracer par points des ellipses sur le papier.
— Tracez deux axes à volonté et construisez sur eux une ellipse, d'après le procédé que vous venez d'indiquer.

(3) — Que représente la Figure 3?
— Que savez-vous relativement à la position réciproque d'une tagente et de la ligne qui joint au centre son point de contact?

(4) — Que savez-vous relativement à la courbe que la terre décrit autour du soleil?
— Comment se nomme cette courbe?
— Combien de temps la terre met-elle à la parcourir?
— Dans quel but a-t-on institué les années bissextiles?

Faites le Résumé de la Leçon.

GÉOMÉTRIE USUELLE
ET
DESSIN LINÉAIRE GÉOMÉTRIQUE.

(Classe 4.)   *(Section 2.)*

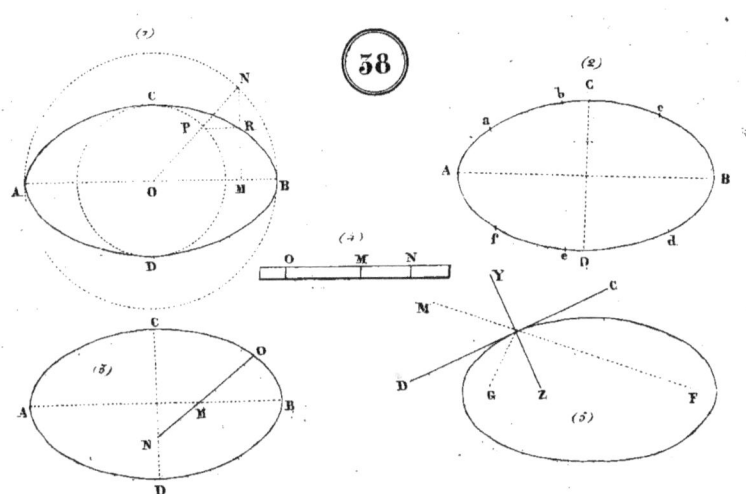

38ᵉ EXERCICE.

(1) — Que représente la Figure 1 ?
— Que savez-vous relativement au rayon ON et aux deux perpendiculaires NM PR, relatives à ce rayon ?

(2) — Tracez une ellipse en vous servant du procédé que la Figure 1 sert à expliquer.

(3) — Expliquez, sur la Figure 3, le procédé pour construire les ellipses, qui est indiqué par cette Figure.
— Tracez les deux axes d'une ellipse, et construisez cette ellipse en vous servant du procédé indiqué par les Figures 3 et 4.

(4) — Quelle est la position d'une tangente par rapport aux rayons vecteurs de son point de contact ?
— Comment mène-t-on une tangente à une ellipse par un point donné de sa circonférence ?
— Tracez une ellipse et menez-lui une tangente par un point indiqué d'avance ?

(5) — Dans quelles circonstances seules la ligne qui joint le centre d'une ellipse au point de contact d'une tangente est-elle perpendiculaire sur cette droite ?

(6) — Comment se nomme (fig. 5) la droite YZ qui est perpendiculaire sur la tangente CD au point de contact L ?

Faites le Résumé de la Leçon.

Beauvais, de l'Imp. de MOISAND.

GÉOMÉTRIE USUELLE
ET
DESSIN LINÉAIRE GÉOMÉTRIQUE.

(Classe 4.)   *(Section 2.)*

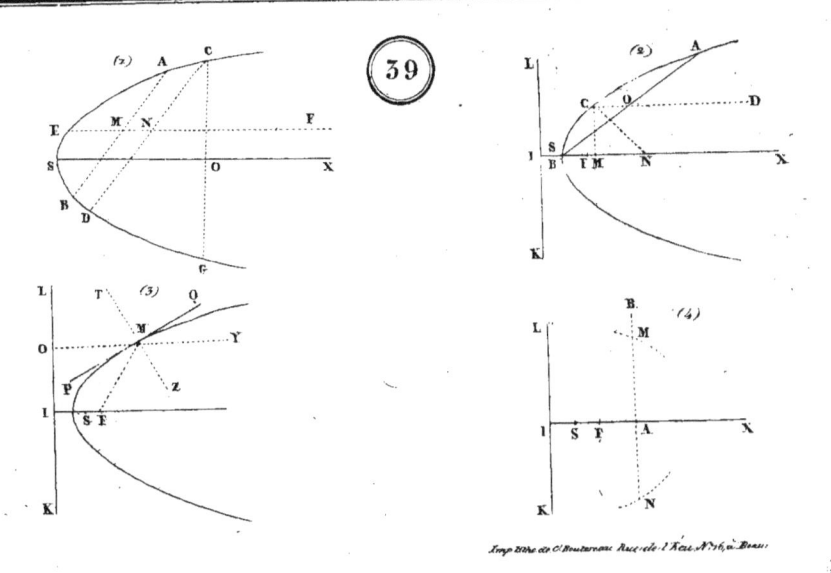

39ᵉ EXERCICE.

(1) — Que représente la Figure 1 ?
— Indiquez sur la Figure 1 ce qu'il faut faire pour reconnaître les propriétés principales de la parabole.
— Comment se nomme la ligne SOX (Fig. 1)?
— Comment se nomme le point S (même Figure)?

(2) — L'axe d'une parabole étant connu, indiquez (Fig. 2) ce qu'il faut faire pour déterminer le foyer et la directrice de cette courbe.

(3) — Que savez-vous relativement à la distance du foyer et de la directrice d'une parabole, à chacun des points de cette courbe?

(4) — Que faut-il faire pour mener une tangente à une parabole, par un point de cette courbe?
— Comment mène-t-on une normale?
— Expliquez sur la Figure 3 la manière de mener, à la parabole, la tangente et la normale qui correspondent au point M.

(5) — Indiquez, au moyen de la Figure 4, la manière de construire par points une parabole dont on connaît la directrice et le foyer.
— Donnez-vous une directrice et un foyer, et construisez la parabole déterminée par leur position relative.

Faites le Résumé de la Leçon.

GÉOMÉTRIE USUELLE
ET
DESSIN LINÉAIRE GÉOMÉTRIQUE.

(Classe 4.) *(Section 2.)*

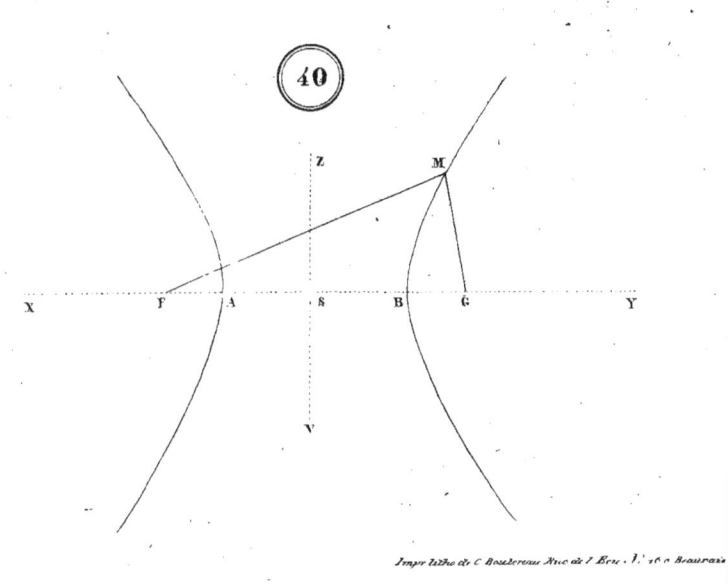

40ᵉ EXERCICE.

(1) — Comment se nomme la courbe à deux branches indéfinies, représentées sur ce tableau ?

— Combien y a-t-il d'axes dans l'hyperbole ?

— Nommez l'axe transverse.

— Nommez l'axe non-transverse.

— Quel est le centre ?

— Où sont les deux sommets ?

(2) — Comment se nomment les deux points F et G ?

(3) — Comment se nomment les deux droites MF, MG, qui joignent un point M aux deux foyers ?

(4) — Que savez-vous relativement à la différence qui existe entre les deux rayons vecteurs de chaque point d'une hyperbole et la longueur de son axe transverse ?

(5) — Pourquoi l'hyperbole et la parabole ont-elles trouvé place à la fin de cet ouvrage ?

Faites le Résumé de la Leçon.

DESSIN LINÉAIRE

SANS INSTRUMENS.

INSTRUCTION

ÉLÉMENTAIRE.

INSTRUCTION

RELATIVE

A L'ENSEIGNEMENT DU DESSIN LINÉAIRE.

On a dû voir dans l'introduction générale quels motifs nous ont fait donner à la seconde partie de cet ouvrage le nom de dessin linéaire sans instrumens; il ne faudrait pas en conclure que nous veuillions indiquer par là, que tous les tableaux qui servent de modèles doivent être copiés même sur le papier, quand on les remet au net, sans avoir recours à l'usage de la règle. Nous avons voulu seulement indiquer que dans ce genre de dessin, l'usage des instrumens devait être considéré comme un moyen de perfectionnement, dont on peut se passer le plus souvent; tandis que, dans le dessin géométrique, on ne doit voir qu'une application continuelle des principes de la géométrie à des constructions rigoureuses, exécutées toutes les fois qu'on le peut avec des instrumens de mathématiques.

Le dessin linéaire sans instrumens est donc une partie essentielle du dessin ordinaire. Seulement, on conçoit qu'il est convenable de faire dessiner aux enfans des objets d'arts, des objets qu'un tracé sans ombres fait connaître suffisamment, avant de leur faire copier des nez, des bouches, des têtes, etc. De cette manière, le dessin linéaire peut conduire à tous les autres genres de dessin, et en faciliter l'étude. Il est d'ailleurs plus fréquemment utile, surtout aux enfans sans fortune, et n'exige pas autant de dispositions naturelles; aussi convient-il à toutes les écoles. Dans les écoles primaires, il est le seul qu'on doive enseigner; dans les autres, on a raison d'en faire l'introduction au dessin de la tête et du paysage. L'habitude de copier des formes qui se rapprochent des figures géométriques, de rapporter à des verticales et à des horizontales réelles ou imaginaires, les points remarquables des figures les plus irrégulières; cette habitude importante que le dessin linéaire force à contracter, donne de la rectitude à l'œil, et permet à ceux qui poussent le dessin plus loin, d'éviter dès le principe ces contre-sens qu'on trouve dans les premières esquisses des élèves qui s'occupent de dessiner des têtes et des académies.

Nous conseillons aux Instituteurs, quelle que soit la méthode qu'ils suivent, de faire dessiner leurs élèves sur l'ardoise, jusqu'à ce qu'ils aient assez d'exercice pour pouvoir dessiner sur le papier, sans avoir besoin de corrections multipliées.

Nous leur conseillons encore, quand ils le pourront, de substituer au crayon d'ardoise et au travail sur l'ardoise, le crayon noir ou la sanguine pour le dessin sur le papier, avant de passer au dessin au crayon de mine de plomb et au dessin à sa plume.

Comme certains détails sont un peu trop petits pour être exécutés à l'ardoise ou au crayon noir, il ne faut exiger des élèves qui emploient ces crayons que l'exécution des grandes lignes, des lignes indispensables; les lignes accessoires, les petits ornemens doivent être réservés pour ceux qui se servent de la plume.

Aussitôt qu'un écolier dessine sur le papier, le maître doit conserver ses essais, afin de lui faire voir de temps en temps les progrès qu'il a pu faire. Nous pensons aussi qu'il faut de l'indulgence dans les corrections, qu'il vaut mieux indiquer que faire; et que l'on donne de la rectitude au coup d'œil des enfans, en les exerçant à se corriger mutuellement, mais sous l'œil du maître; à moins que le correcteur ne soit beaucoup plus avancé que celui qu'il corrige.

De plus longues observations paraîtront peut-être superflues; cependant nous croyons devoir insister sur une dernière recommandation. Les écoliers qui dessinent hors de la vue du maître, ont ordinairement l'habitude de copier de proche en proche les détails de leur modèle, même les plus petits, et cela sans avoir déterminé d'abord ce que l'on appelle *l'ensemble* de leur dessin, c'est-à-dire les limites supérieures, inférieures et latérales du dessin entier et de chacune de ses parties les plus importantes. C'est une méthode très-vicieuse. En général, ce n'est que lorsque l'ensemble du dessin est bien établi qu'on peut se permettre de dessiner les détails; et pour fixer d'une manière rigoureuse leur position relative, leurs formes, ainsi que pour déterminer les grandes lignes du contour, il faut s'occuper d'abord des horizontales et des verticales, quand il en existe de grandes sur le modèle, et en supposer quand il n'en existe pas, afin de rapporter à ces grandes lignes, toujours faciles à bien poser, la position relative de tous les autres points. Quand on est obligé de recourir à des horizontales ou à des verticales imaginaires, il faut autant que possible employer celles qui divisent la figure symétriquement, ou bien celles qui contiennent le plus de points importants. Il existe quelquefois aussi de grandes lignes desquelles on peut encore, avec avantage, se servir pour faciliter le tracé des masses et des détails, quoiqu'elles ne soient ni horizontales ni verticales : avec un peu d'habitude on parvient à les reconnaître et même à en imaginer au besoin quand il n'en existe pas.

Ce qui précède suffit pour guider, dans l'enseignement du dessin, les instituteurs qui ne suivent pas la méthode mutuelle; pour ceux qui la suivent, voici de nouvelles observations qui s'adressent à eux.

Leur Moniteur général ayant exécuté les commandemens nécessaires pour faire asseoir les élèves aux places qu'ils doivent occuper pour dessiner; les crayons étant distri-

Beauvais, de l'Imp. de MOISAND.

INSTRUCTION

RELATIVE

A L'ENSEIGNEMENT DU DESSIN LINÉAIRE.

bués, et les modèles disposés de manière que chacun d'eux puisse servir à deux écoliers à la fois : le Moniteur général voulant faire exécuter les dessins sur les ardoises, commandera :

Première classe, commencez.

Aussitôt le Moniteur de la première classe exécutera, à mesure que son tour reviendra, les commandemens relatifs aux tableaux qui sont devant les écoliers de sa classe, et quand on passera aux corrections, il les exécutera en se conformant rigoureusement aux observations qui suivent chaque commandement, que nous avons eu le soin de faire composer en caractères italiques, afin de les faire mieux reconnaître.

Chaque Moniteur devra avoir à sa droite le tableau manuscrit de ces commandemens, accompagnés des observations que nous y avons jointes; et ce ne sera que quand il sera bien au courant des corrections qu'il pourra s'occuper à dessiner le tableau de Moniteur placé à sa gauche, entre lui et le Moniteur-adjoint, à qui ce tableau sera également. Chaque Moniteur devra aussi être muni, pour les corrections, d'un double décimètre, d'une équerre et d'un compas.

Aussitôt qu'un écolier a exécuté le commandement qui a été fait à son banc, il doit poser son crayon au-dessus et contre le bord supérieur de son ardoise, afin que le Moniteur-adjoint puisse faire savoir au Moniteur en titre s'il doit passer à un commandement nouveau ou se contenter de dire :

Première classe, continuez.

Pour avertir le Moniteur en titre de l'espèce de commandement qu'il doit faire, le Moniteur-adjoint devra, pendant que le Moniteur en titre de la table précédente exécute son commandement, examiner d'un coup d'œil les porte-crayons des écoliers de son banc, afin de faire connaître, en se remettant au travail, que les écoliers n'ont pas fini ou qu'on doit passer à un autre commandement, en posant lui-même son crayon contre le bord supérieur de son ardoise; ce qu'il devra faire quand bien même il y aurait un ou deux retardataires.

Lorsque le Moniteur exécute un commandement, il doit le prononcer à haute et intelligible voix, sans se presser; et lorsqu'il fait les corrections, il doit indiquer d'abord les défauts, en corriger quelques-uns, indiquer, quand il le peut, le moyen de les éviter à l'avenir, et cela en n'employant que le moins de temps possible, afin d'avoir vérifié les 6 ardoises de ses écoliers avant que le Moniteur général l'ait forcé de retourner à sa place.

Toutes les observations du Moniteur qui corrige doivent être faites à voix basse, afin qu'il ne trouble pas l'ordre qui ne doit pas cesser de régner dans la classe.

Pour économiser le temps consacré aux corrections, le Moniteur qui en est chargé devra ne faire de corrections que de deux ardoises en deux ardoises, en ayant soin, à une seconde tournée, de corriger les dessins de ceux dont il n'a fait qu'examiner le travail la première fois. Il se contentera de jeter un coup-d'œil sur les ardoises des autres, en disant ce qui est bien, et en passant une barre sur ce qui lui paraît mal.

Pour être Moniteur de table, il faut avoir exécuté, au moins sur l'ardoise, et autant que possible sur le papier, tous les tableaux de cette classe, ainsi que ceux de la 1re section de la classe suivante, s'il s'agit d'un Moniteur de deuxième section. Les mêmes conditions doivent être exigées du Moniteur-adjoint, qui devient Moniteur en titre aussitôt que celui qui occupait cette place devient Moniteur d'une table supérieure, ou lorsqu'il rentre lui-même comme écolier dans la classe à laquelle il était arrivé, lors de sa nomination au grade de Moniteur.

Lorsque l'on pourra se procurer des Moniteurs ayant passé par toutes les classes, on devra les choisir de préférence, parce qu'ils rendront à l'école des services plus grands que ceux que pourraient lui rendre des Moniteurs moins instruits.

Ce ne seront pas toujours les plus adroits que l'Instituteur devra choisir pour Moniteurs, mais bien parmi ces derniers ceux qui, par leur aptitude générale, paraîtront à l'Instituteur devoir exécuter les corrections avec le plus d'intelligence. Tel, en effet, exécute fort bien, qui corrigerait fort mal.

Il serait convenable que l'Instituteur essayât toujours ses Moniteurs avant de les nommer.

Lorsque l'on veut introduire, dans une école mutuelle déjà établie, le dessin linéaire d'après notre méthode, il faut que l'Instituteur commence par choisir les 8 écoliers qui, soit par leur adresse dans le dessin, s'ils le connaissent déjà, soit par la beauté de leur écriture, promettent à l'école de bons Moniteurs. L'Instituteur, pour les former, devra remplir auprès d'eux les fonctions de Moniteur, et les conduire ainsi jusqu'à la fin de la deuxième section de la première classe.

Aussitôt que ces 8 élèves auront été remplacés comme Moniteurs dans les bancs de la première classe, l'Instituteur les reprendra pour en faire des Moniteurs de la deuxième classe, et il continuera ainsi en faisant ensorte de conserver aux classes inférieures des Moniteurs suffisamment instruits.

Beauvais, de l'Imp. de MOISAND.

INSTRUCTION

POUR L'ENSEIGNEMENT

DU DESSIN LINÉAIRE SANS INSTRUMENS.

ECOLES MUTUELLES ÉTABLIES.

1. Le moniteur général ayant exécuté les commandemens nécessaires pour faire asseoir les élèves aux places qu'ils doivent occuper pour dessiner ; les crayons étant distribués et les modèles disposés de manière que chacun d'eux puisse servir à deux écoliers à la fois : le moniteur général voulant faire exécuter les dessins sur les ardoises, commandera :

Première classe, commencez.

Aussitôt le moniteur de la première classe exécutera, à mesure que son tour reviendra, les commandemens relatifs aux tableaux qui sont devant les écoliers de sa classe, et quand on passera aux corrections, il les exécutera en se conformant rigoureusement aux observations qui suivent chaque commandement, que nous avons eu le soin de faire composer en caractères italiques, afin de les faire mieux reconnaître.

2. Chaque moniteur devra avoir à sa droite le tableau manuscrit de ces commandemens, accompagnés des observations que nous y avons jointes ; et ce ne sera que quand il sera bien au courant des corrections qu'il pourra s'occuper à dessiner le tableau de moniteur placé à sa gauche, entre lui et le moniteur adjoint, à qui ce tableau sert également. Chaque moniteur devra aussi être muni, pour les corrections, d'un double décimètre, d'une équerre et d'un compas.

3. Aussitôt qu'un écolier a exécuté le commandement qui a été fait à son banc, il doit poser son crayon au-dessus et contre le bord supérieur de son ardoise, afin que le moniteur-adjoint puisse faire savoir au moniteur en titre s'il doit passer à un commandement nouveau ou se contenter de dire :

Première classe, continuez.

Pour avertir le moniteur en titre de l'espèce de commandement qu'il doit faire, le moniteur-adjoint devra, pendant que le moniteur en titre de la table précédente exécute son commandement, examiner d'un coup d'œil les porte-crayons des écoliers de son banc, afin de faire connaître, en se remettant au travail, que les écoliers n'ont pas fini ou qu'on doit passer à un autre commandement, en posant lui-même son crayon contre le bord supérieur de son ardoise ; ce qu'il devra faire quand bien même il y aurait un ou deux retardataires.

4. Lorsque le moniteur exécute un commandement, il doit le prononcer à haute et intelligible voix, sans se presser ; et lorsqu'il fait les corrections, il doit indiquer d'abord les défauts, en corriger quelques-uns, indiquer, quand il le peut, le moyen de les éviter à l'avenir, et cela en n'employant que le moins de temps possible, afin d'avoir vérifié les 6 ardoises de ses écoliers avant que le moniteur général l'ait forcé de retourner à sa place.

Toutes les observations du moniteur qui corrige, doivent être faites à voix basse, afin qu'il ne trouble pas l'ordre qui ne doit pas cesser de régner dans la classe.

5. Pour économiser le temps consacré aux corrections, le moniteur qui en est chargé devra ne faire de corrections que de deux ardoises en deux ardoises, en ayant soin, à une seconde tournée, de corriger les dessins de ceux dont il n'a fait qu'examiner le travail la première fois. Il se contentera de jeter un coup-d'œil sur les ardoises des autres, en disant ce qui est bien, et en passant une barre sur ce qui lui paraît mal.

6. Pour être moniteur de table, il faut avoir exécuté, au moins sur l'ardoise, et autant que possible sur le papier, tous les tableaux de cette classe, ainsi que ceux de la 1re section de la classe suivante, s'il s'agit d'un moniteur de deuxième section. Les mêmes conditions doivent être exigées du moniteur-adjoint, qui devient moniteur en titre aussitôt que celui-ci occupait cette place devient moniteur d'une table supérieure, ou lorsqu'il rentre lui-même comme écolier dans la classe à laquelle il était arrivé, lors de sa nomination au grade de moniteur.

7. Lorsque l'on pourra se procurer des moniteurs ayant passé par toutes les classes, on devra les choisir de préférence, parce qu'ils rendront à l'école des services plus grands que ceux que pourraient lui rendre des moniteurs moins instruits.

8. Ce ne seront pas toujours les plus adroits que l'instituteur devra choisir pour moniteurs, mais bien parmi ces derniers ceux qui, par leur aptitude générale, paraîtront à l'instituteur devoir exécuter les corrections avec le plus d'intelligence. Tel, en effet, exécute fort bien, qui corrigerait fort mal.

9. Il serait convenable que l'instituteur essayât toujours ses moniteurs avant de les nommer.

10. Lorsque l'on veut introduire dans une école mutuelle déjà établie le dessin linéaire d'après notre méthode, il faut que l'instituteur commence par choisir les 8 écoliers qui, soit par leur adresse dans le dessin, s'ils le connaissent déjà, soit par la beauté de leur écriture, promettent à l'école de bons moniteurs. L'instituteur, pour les former, devra remplir auprès d'eux les fonctions de moniteur, et les conduire ainsi jusqu'à la fin de la deuxième section de la première classe.

11. Aussitôt que ces 8 élèves auront été remplacés comme moniteurs dans les bancs de la première classe, l'instituteur les reprendra pour en faire des moniteurs de la deuxième classe, et il continuera ainsi en faisant en sorte de conserver aux classes inférieures des moniteurs suffisamment instruits.

Beauvais, de l'Imp. de MOISAND.

COMMANDEMENS

POUR L'EXÉCUTION
DES FIGURES DU DESSIN LINÉAIRE SANS INSTRUMENS.

PREMIER TABLEAU.

Tracez une horizontale (Fig. 1.)
On corrige la ligne tracée par l'écolier, en examinant, avec un double-décimètre, si les différens points de cette ligne sont également éloignés du bord supérieur de l'ardoise. On regarde ensuite si la ligne tracée par l'écolier a la même longueur que celle du modèle.

Tracez une verticale (Fig. 2.)
Les différens points de cette droite doivent être également éloignés des bords latéraux de l'ardoise.

Tracez une horizontale (Fig. 3), et menez une verticale par son milieu.
Le correcteur doit vérifier l'horizontale (voyez n° 1); vérifier la verticale (voyez n° 2), et regarder enfin si la verticale passe par le milieu de l'horizontale.

Copiez les horizontales et les verticales de la Figure 4.
Pour corriger cette Figure, il faudra regarder si les horizontales et les verticales qui la forment sont rigoureusement exactes; si les verticales extrêmes sont bien de la même longueur; si la verticale, formant la croix intérieure, est bien à la même distance des verticales extrêmes; et si enfin cette verticale passe par le milieu de l'horizontale qu'elle coupe.

Tracez les horizontales également espacées de la Figure 5.
Après avoir vérifié l'exactitude de la première horizontale, on s'assurera si elles sont également éloignées au moyen des verticales ponctuées.

Tracez l'inclinée tombant à droite de la Figure 6.
L'horizontale et la verticale ponctuées servent à faire juger si la droite tracée sur l'ardoise a la même pente que celle qui existe sur le modèle.

Tracez l'inclinée tombant à gauche de la Figure 8.
Voyez pour les corrections ce qui a été dit ci-dessus.

Tracez les verticales égales et également espacées de la Figure 8.
Après avoir vérifié l'exactitude de la première verticale à gauche, on s'assurera si l'écartement des autres est toujours le même au moyen des horizontales ponctuées.

Tracez les horizontales et les verticales ponctuées de la Figure 9, et couvrez le canevas formé par ces lignes de l'étoile en lignes pleines qu'on y voit.
Le correcteur s'assurera si l'on a forcé les lignes partout où il le faut faire.

Tracez les horizontales et verticales ponctuées de la Figure 10, et servez-vous de ces lignes pour copier la Figure en lignes pleines qu'elles déterminent.
Pour les corrections, voyez ci-dessus.

Copiez la Figure 11, qui représente une ferme de charpente très-surbaissée.
Il faut que la ligne ponctuée passe à la fois par le milieu de la pièce horizontale, qui se nomme entrait, et par le point le plus élevé de la ferme.

Copiez les horizontales et les verticales ponctuées de la Figure 12, et établissez sur le canevas, ainsi formé, le guillochis que cette Figure représente.
Voyez, pour les corrections, ce qui a été dit Figure 9.

DEUXIÈME TABLEAU.

Tracez un angle droit (Fig. 2).
Les côtés devront être inclinés de façon à pouvoir se confondre avec les deux plus petits côtés de l'équerre.

Tracez un angle obtus (Fig. 3).
L'ouverture de cet angle, plus grand que l'angle droit, se peut établir au moyen de l'horizontale et de la verticale ponctuées sur la Figure.

Tracez un angle aigu (Fig. 4).
Cet angle se corrige au moyen d'une verticale qu'il faut supposer abaissée du point le plus élevé du côté incliné sur le côté horizontal.

Tracez un triangle scalène (Fig. 5).
Ce triangle a ses trois côtés inégaux.

Tracez un triangle isocèle (Fig. 6).
Ce triangle, qui a deux de ses côtés égaux, est facile à faire et à corriger.

Tracez un triangle équilatéral (Fig. 7).
La longueur de la verticale ponctuée facilite l'exécution de ce triangle, qu'il est d'ailleurs facile de corriger.

Tracez la Figure 8.
Cette Figure représente une ferme de charpente analogue à un triangle isocèle.

Tracez la Figure 9.
C'est une ferme de charpente plus compliquée que la précédente; la pièce de bois verticale qui descend du point le plus élevé sur une traverse horizontale, se nomme poinçon. La traverse est un faux entrait ou entrait suspendu.

Tracez la porte représentée Figure 10.
Cette Figure ne présente aucune difficulté.

Tracez la Figure 11.
C'est une porte plus compliquée que la précédente.

Tracez la Figure 12.
C'est une porte surmontée d'un fronton et ornée de deux colonnes.

TROISIÈME TABLEAU.

Tracez le trapèze (Fig. 1).

Beauvais, de l'Imp. de MOISAND.

COMMANDEMENS

POUR L'EXÉCUTION

DES FIGURES DU DESSIN LINÉAIRE SANS INSTRUMENS.

La verticale ponctuée peut servir à établir la symétrie de cette figure.
Tracez le rectangle (Fig. 2).
Les angles qui sont formés par les côtés doivent être des angles droits.
Tracez le losange (Fig. 3).
En traçant d'abord les lignes ponctuées, la figure ne présente aucune difficulté.
Tracez le parallélogramme (Fig. 4).
Tracez les équerres (Fig. 5).
Tracez les losanges qui se recouvrent (Fig. 6).
Tracez le bout de lance (Fig. 7).
Tracez, dans un carré (Fig. 8), *les carreaux blancs et marbrés que vous y voyez.*
Copiez la Figure 9, qui représente un carrelage.
Copiez le balcon en fer, représenté Figure 10.

QUATRIÈME TABLEAU.

Tracez un pentagone régulier (Fig. 1).
Les côtés et les angles doivent être égaux.
Copiez l'hexagone régulier (Fig. 2).
Tracez un octogone régulier (Fig. 3).
Copiez la Figure 4.
Cette Figure représente un carrelage formé de carrés et d'octogones.
Copiez la Figure 5.
C'est un carrelage formé de briques hexagonales.
Copiez la portion du pont en bois (Fig. 6).

CINQUIÈME TABLEAU.

Pour ce tableau et pour les suivans, on ne trouvera que les noms des objets qui s'y trouvent représentés. Rien n'est plus facile que de composer, pour leur exécution, des commandemens calqués sur ceux qui sont relatifs aux tableaux précédens. On voit sur le cinquième tableau un angle droit, divisé en quatre parties égales (Fig. 1); le même angle droit, tourné du côté opposé (Fig. 2); un demi-cercle (Fig. 3), un autre demi-cercle (Fig. 4), un troisième demi-cercle (Fig. 5), un cercle entier (Fig. 6), un filet (Fig. 7), divers ornemens d'architecture (Fig. 8, 9 et 10), un talon droit (Fig. 11), un talon renversé (Fig. 12).

SIXIÈME TABLEAU.

On voit sur ce tableau un cavet ou quart de rond creux (Fig. 1), un quart de rond plein (Fig. 2), une doucine renversée (Fig. 3), une doucine droite (Fig. 4), un pié-douche (Fig. 5), un bol (Fig. 6), une bordure (Fig. 7),

un vase antique (Fig. 8), une fontaine avec un jet d'eau (Fig. 9).

SEPTIÈME TABLEAU.

On y voit une sphère avec ses parallèles (Fig. 1), une sphère avec ses méridiens (Fig. 2), une sphère avec ses méridiens et ses parallèles (Fig. 3), deux rosaces (Fig. 4 et 5).

HUITIÈME TABLEAU.

On y voit une soupière (Fig. 1), une couronne (Fig. 2), une théière (Fig. 3).

NEUVIÈME TABLEAU.

On y voit un pot à eau avec sa cuvette (Fig. 1), une urne antique (Fig. 2), une carafe (Fig. 3).

DIXIÈME TABLEAU.

Ce tableau représente cinq modèles de vases antiques.

ONZIÈME TABLEAU.

On y voit un vase antique (Fig. 1), un berceau (Fig. 2), un lit de repos (Fig. 3), deux autres vases antiques (Fig. 4 et 5).

DOUZIÈME TABLEAU.

On y voit une doucine ornée (Fig. 1), un talon orné (Fig. 2), un quart de rond orné (Fig. 3).

TREIZIÈME TABLEAU.

On y voit une façade d'un temple antique (Fig. 1), une coupe faite dans l'intérieur du temple (Fig. 2).

QUATORZIÈME TABLEAU.

On y voit une façade d'un temple de l'ordre dorique grec (Fig. 1), et une coupe faite derrière la colonnade du même temple (Fig. 2).

QUINZIÈME TABLEAU.

On y voit deux façades de grandes maisons.

SEIZIÈME TABLEAU.

On y voit deux autres façades de grandes maisons.

DIX-SEPTIÈME TABLEAU.

On y voit diverses parties de colonnes de l'ordre dorique et de l'ordre toscan.

Beauvais, de l'Imp. de MOISAND.

COMMANDEMENS

POUR L'EXÉCUTION
DES FIGURES DU DESSIN LINÉAIRE SANS INSTRUMENS.

DIX-HUITIÈME TABLEAU.

On y voit diverses parties de colonnes de l'ordre ionique et de l'ordre dorique grec.

DIX-NEUVIÈME TABLEAU.

On y voit diverses parties de colonnes de l'ordre composite et de l'ordre corinthien.

VINGTIÈME TABLEAU.

On y voit cinq dessins relatifs à des ornemens d'architecture.

VINGT-UNIÈME TABLEAU.

On y voit quatre dessins de broderie et un grand dessin représentant un tapis.

VINGT-DEUXIÈME TABLEAU.

On y voit quatre autres dessins de broderie et un autre tapis de pied.

VINGT-TROISIÈME TABLEAU.

On y voit un losange entouré d'ornemens et une grille très-riche.

VINGT-QUATRIÈME TABLEAU.

On y voit plusieurs dessins d'ornemens et une frise formée par des griffons au milieu.

VINGT-CINQUIÈME TABLEAU.

On y voit cinq dessins de machines pour enlever des fardeaux.

VINGT-SIXIÈME TABLEAU.

On y voit cinq dessins de crics et une grue.

VINGT-SEPTIÈME TABLEAU.

On y voit quatre dessins de treuils ou de cabestans, machines qui servent à déplacer les fardeaux.

VINGT-HUITIÈME TABLEAU.

On y voit l'élévation et le plan d'une charrue américaine, et au-dessous, l'élévation d'un semoir à bras, de M. *Scipion-Mourgue*.

VINGT-NEUVIÈME TABLEAU.

On y voit l'élévation et le plan d'une machine à battre le blé.

TRENTIÈME TABLEAU.

On y voit un blutoir à bras, machine servant à passer la farine, et au-dessous, un tarare, machine pour nétoyer le grain.

TRENTE-UNIÈME TABLEAU.

On y voit un balancier hydraulique, et dessous, une bascule hydraulique.

TRENTE-DEUXIÈME TABLEAU.

On y voit une balance hydraulique, et au-dessous, un lévier hydraulique d'*Aldini*.

TABLEAUX DE MONITEURS.

PREMIER TABLEAU.

Il représente une façade de maison avec colonnes et fronton.

DEUXIÈME TABLEAU.

Il représente la façade principale du théâtre de Beauvais, et dessous, une devanture de boutique.

TROISIÈME TABLEAU.

Il représente un grand vase orné de fleurs, etc.

QUATRIÈME TABLEAU.

Il représente une façade d'un riche pavillon à quatre entrées pareilles.

CINQUIÈME TABLEAU.

Il représente une porte et tous les ornemens intérieurs d'un salon très-riche.

SIXIÈME TABLEAU.

Il représente un croquis au trait du portail latéral principal de la cathédrale de Beauvais (la grande porte d'entrée n'existe pas).

SEPTIÈME TABLEAU.

Il représente avec ses détails et ses accessoires une sonnette ou mouton, machine qui sert à enfoncer les pieux.

HUITIÈME TABLEAU.

Il représente une machine à vapeur, dite de *Newcomen*.

Beauvais, de l'Imp. de MOISAND.

COMMANDEMENS

POUR L'EXÉCUTION

DES FIGURES COMPOSANT LES TABLEAUX DU DESSIN LINÉAIRE.

PREMIER TABLEAU.

1. *Tracez une horizontale (Fig. 1).*
   On corrige la ligne tracée par l'écolier, en examinant, avec un double décimètre, si les différens points de cette ligne sont également éloignés du bord supérieur de l'ardoise. On regarde ensuite si la ligne tracée par l'écolier a la même longueur que celle du modèle.
2. *Tracez une verticale (Fig. 2).*
   Les différens points de cette droite doivent être également éloignés des bords latéraux de l'ardoise.
3. *Tracez une horizontale (Fig. 3), et menez une verticale par son milieu.*
   Le correcteur doit vérifier l'horizontale (voyez n° 1); vérifier la verticale (voyez n° 2); et regarder enfin si la verticale passe par le milieu de l'horizontale.
4. *Copiez les horizontales et les verticales de la Figure 4.*
   Pour corriger cette Figure, il faudra regarder si les horizontales et les verticales qui la forment sont rigoureusement exactes; si les verticales extrêmes sont bien de la même longueur; si la verticale formant la croix intérieure est bien à la même distance des verticales extrêmes; et si enfin cette verticale passe par le milieu de l'horizontale qu'elle coupe.
5. *Tracez les horizontales également espacées de la Figure 5.*
   Après avoir vérifié l'exactitude de la première horizontale, on s'assurera si elles sont également éloignées au moyen des verticales ponctuées.
6. *Tracez l'inclinée tombant à droite de la Figure 6.*
   L'horizontale et la verticale ponctuées servent à faire juger si la droite tracée sur l'ardoise a la même pente que celle qui existe sur le modèle.
7. *Tracez l'inclinée tombant à gauche de la Figure 8.*
   Voyez pour les corrections ce qui a été dit n° 6.
8. *Tracez les verticales égales et également espacées de la Figure 8.*
   Après avoir vérifié l'exactitude de la première verticale à gauche, on s'assurera si l'écartement des autres est toujours le même au moyen des horizontales ponctuées.
9. *Tracez les horizontales et les verticales ponctuées de la Figure 9, et couvrez le canevas formé par ces lignes de l'étoile en lignes pleines qu'on y voit.*
   Le correcteur s'assurera si l'on a forcé les lignes partout où il le faut faire.
10. *Tracez les horizontales et verticales ponctuées de la Figure 10, et servez-vous de ces lignes pour copier la Figure en lignes pleines qu'elles déterminent.*
    Pour les corrections, voyez n° 9.

11. *Copiez la Figure 11 qui représente une ferme de charpente très-surbaissée.*
    Il faut que la ligne ponctuée passe à la fois par le milieu de la pièce horizontale, qui se nomme entrait, et par le point le plus élevé de la ferme.
12. *Copiez les horizontales et les verticales ponctuées de la Figure 12, et établissez sur le canevas, ainsi formé, le guillochis que cette Figure représente.*
    Voyez pour les corrections ce qui a été dit au n° 9.

DEUXIÈME TABLEAU.

13. *Tracez un angle droit (Fig. 2).*
    Les côtés devront être inclinés de façon à pouvoir se confondre avec les deux plus petits côtés de l'équerre.
14. *Tacez un angle obtus (Fig. 3).*
    L'ouverture de cet angle, plus grand que l'angle droit, se peut établir au moyen de l'horizontale et de la verticale ponctuées de la Figure.
15. *Tracez un angle aigu (Fig. 4).*
    Cet angle se corrige au moyen d'une verticale qu'il faut supposer abaissée du point le plus élevé du côté incliné sur le côté horizontal.
16. *Tracez un triangle scalène (Fig. 5).*
    Ce triangle a ses trois côtés inégaux.
17. *Tracez un triangle isocèle (Fig. 6).*
    Ce triangle, qui a deux de ses côtés égaux, est facile à faire et à corriger.
18. *Tracez un triangle équilatéral (Fig. 7).*
    La longueur de la verticale ponctuée facilite l'exécution de ce triangle, qu'il est d'ailleurs facile de corriger.
19. *Tracez la Figure 8.*
    Cette Figure représente une ferme de charpente analogue à un triangle isocèle.
20. *Tracez la Figure 9.*
    C'est une ferme de charpente plus compliquée que la précédente; la pièce de bois verticale qui descend du point le plus élevé sur une traverse horizontale se nomme poinçon. La traverse est un faux entrait ou entrait suspendu.
21. *Tracez la porte représentée (Fig. 10).*
    Cette Figure ne présente aucune difficulté.
22. *Tracez la Figure 11.*
    C'est une porte plus compliquée que la précédente.
23. *Tracez la Figure 12.*
    C'est une porte surmontée d'un fronton et ornée de deux colonnes.

Beauvais, de l'Imp. de MOISAND.

DESSIN LINÉAIRE

sans Instrumens.

Premier Tableau.

(Classe 1.) (Section 1.)

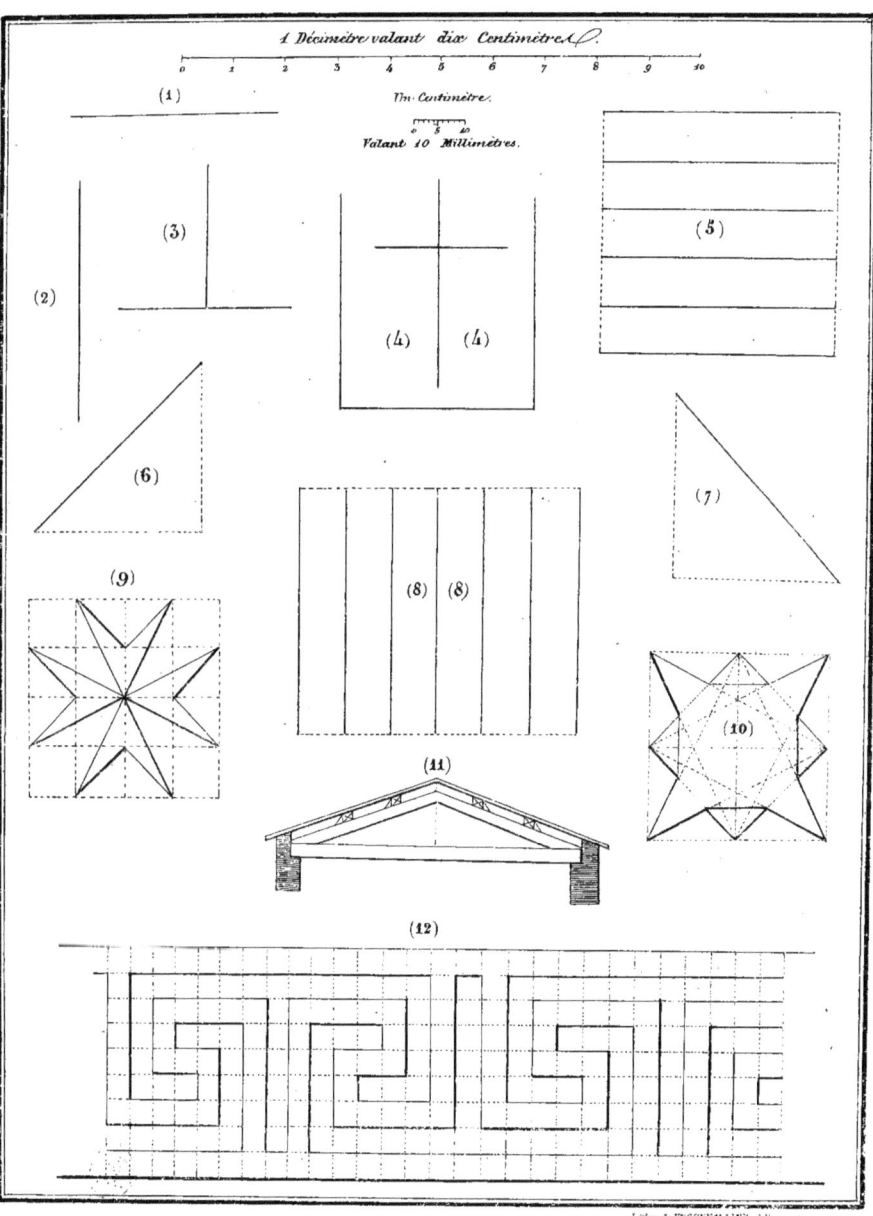

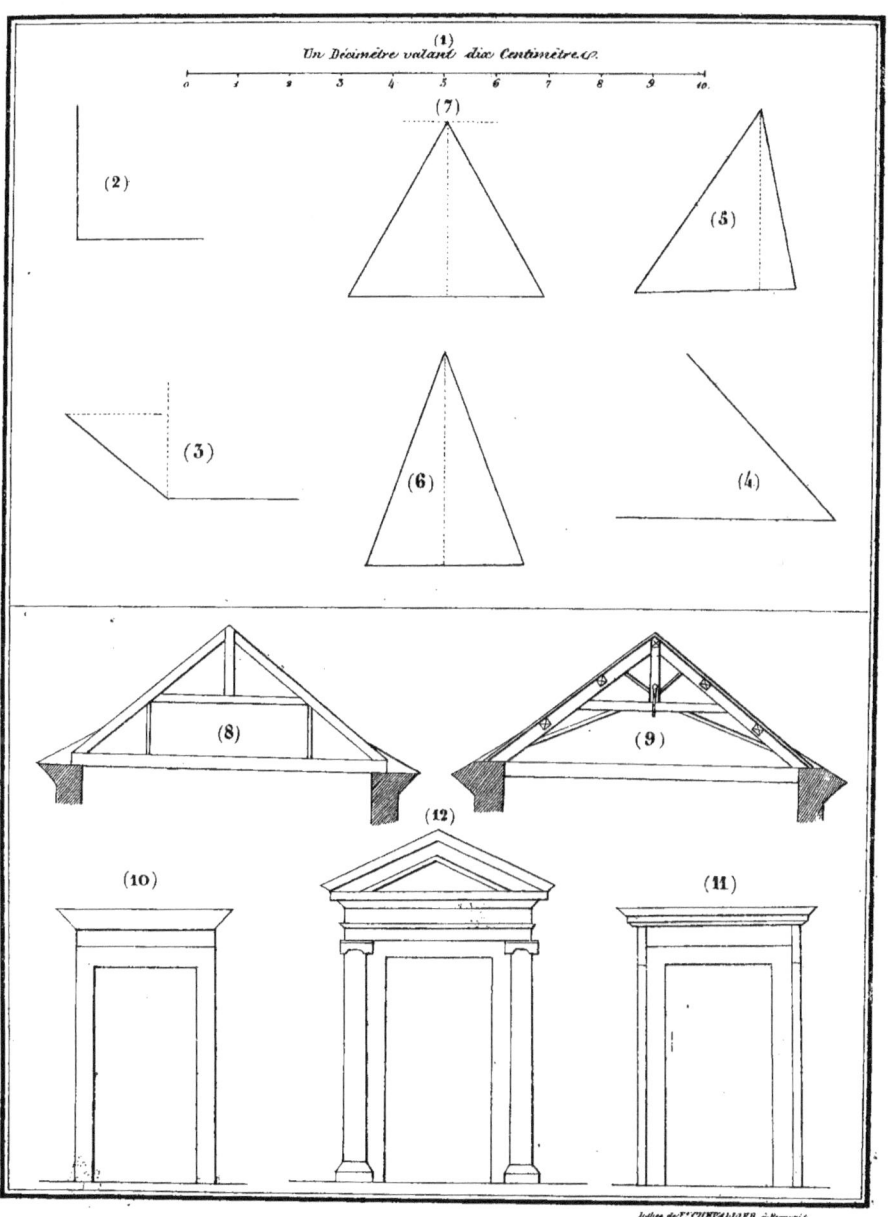

DESSIN LINÉAIRE
sans Instrumens
Troisième Tableau.

(Classe 1.)   (Section 1.)

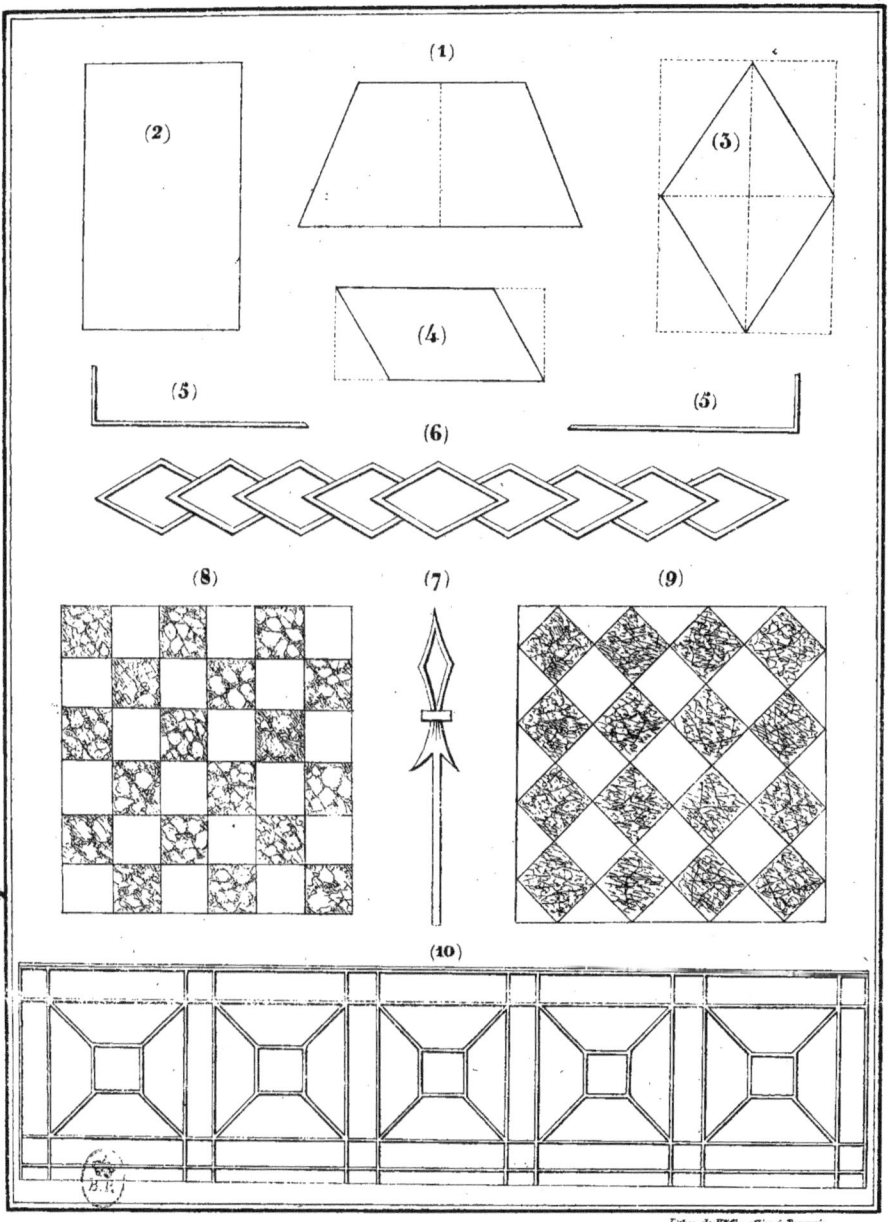

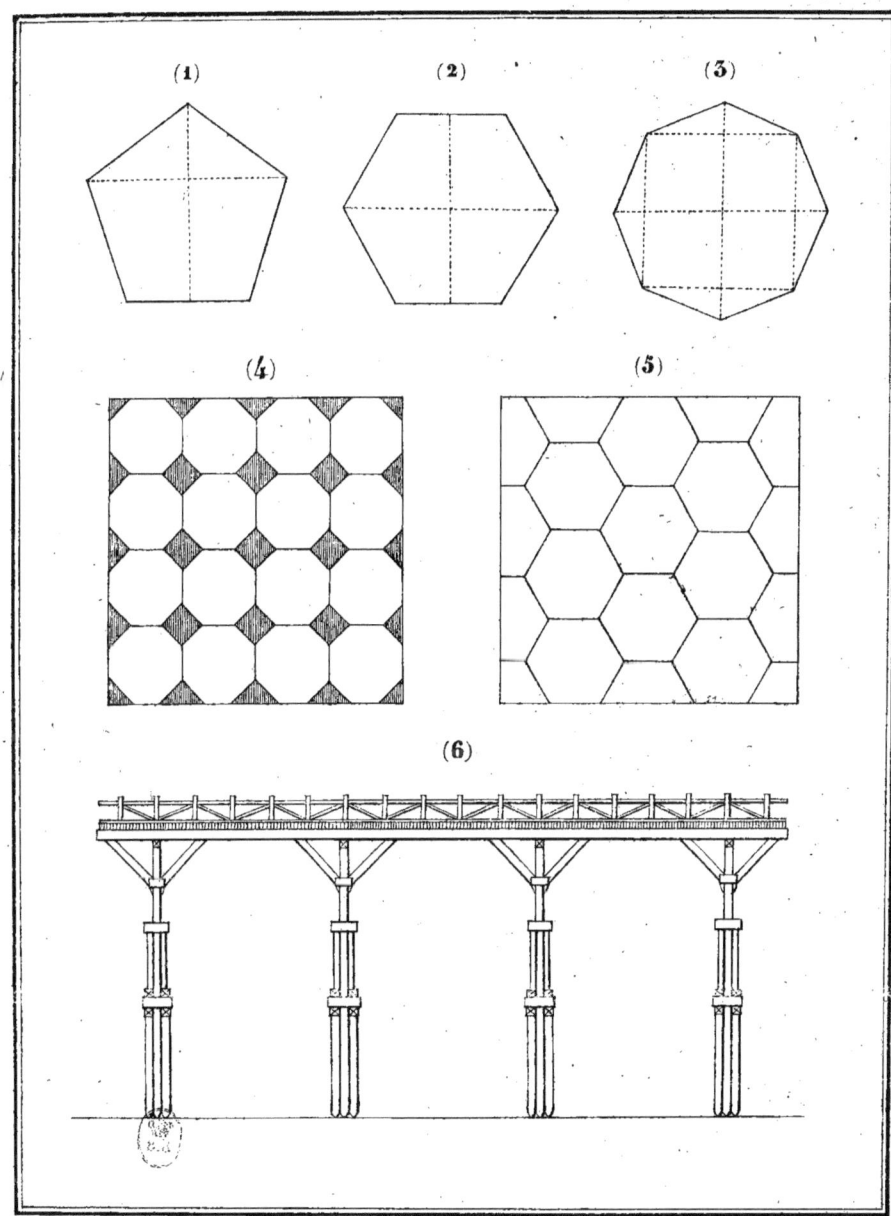

DESSIN LINÉAIRE
sans Instrumens.
Cinquième Tableau.

(Classe 1.)   (Section 2.)

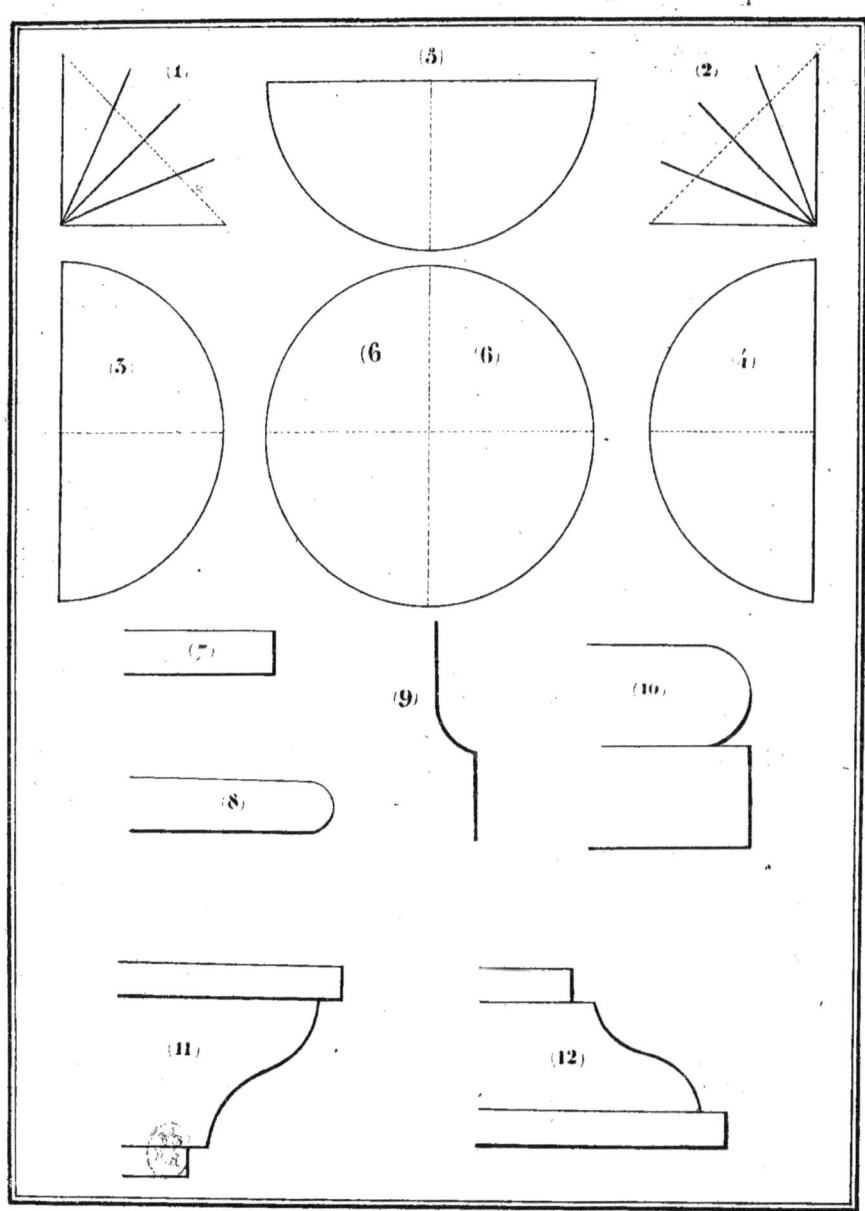

Lithog. de V.° CHEVALLIER, à Beauvais.

DESSIN LINÉAIRE
sans Instrumens.
Sixième Tableau.
(Classe 1.) (Section 2.)

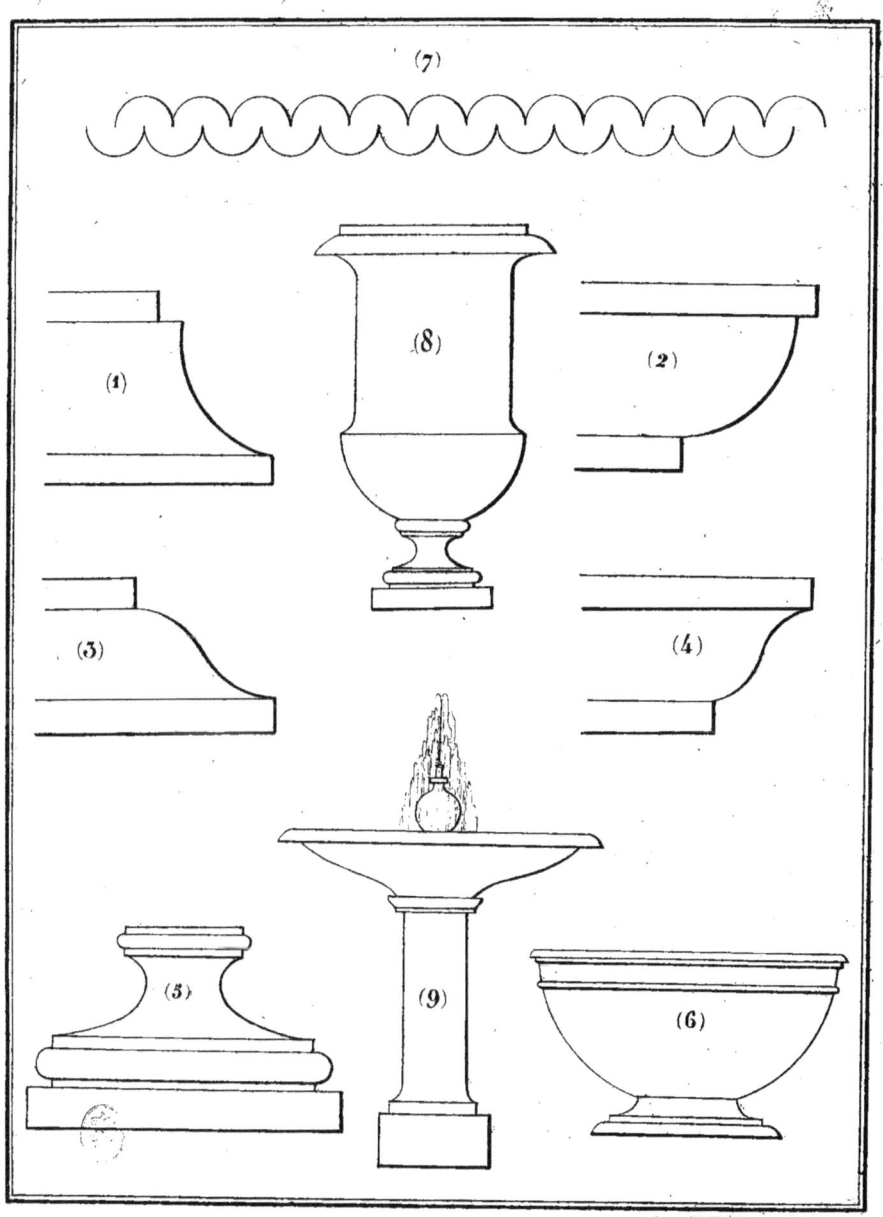

DESSIN LINÉAIRE
sans Instruments
Septième Tableau.

(Classe 1.) (Section 2.)

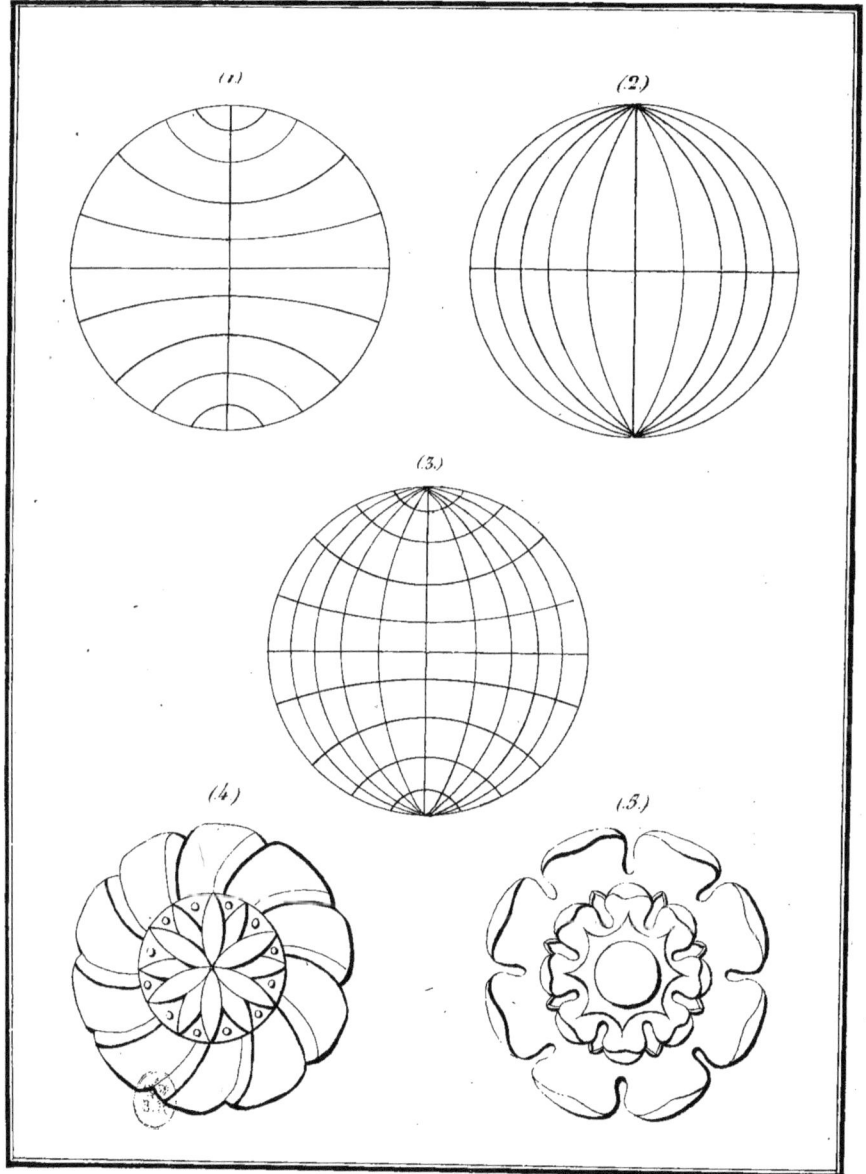

DESSIN LINÉAIRE
sans Instrumens
Huitième Tableau.

(Classe 1) (Section 2)

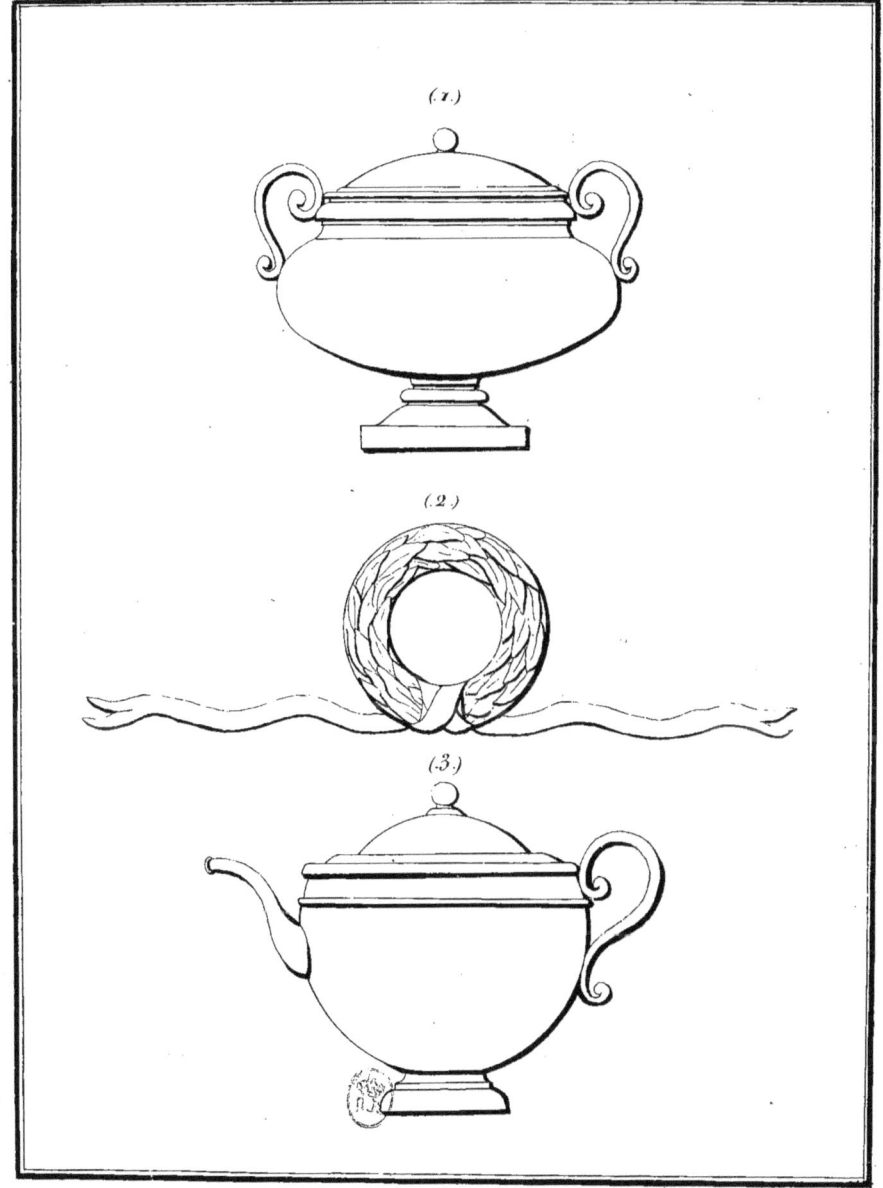

DESSIN LINÉAIRE
sans Instrumens
Neuvième Tableau.

(Classe 2.) (Section 1.)

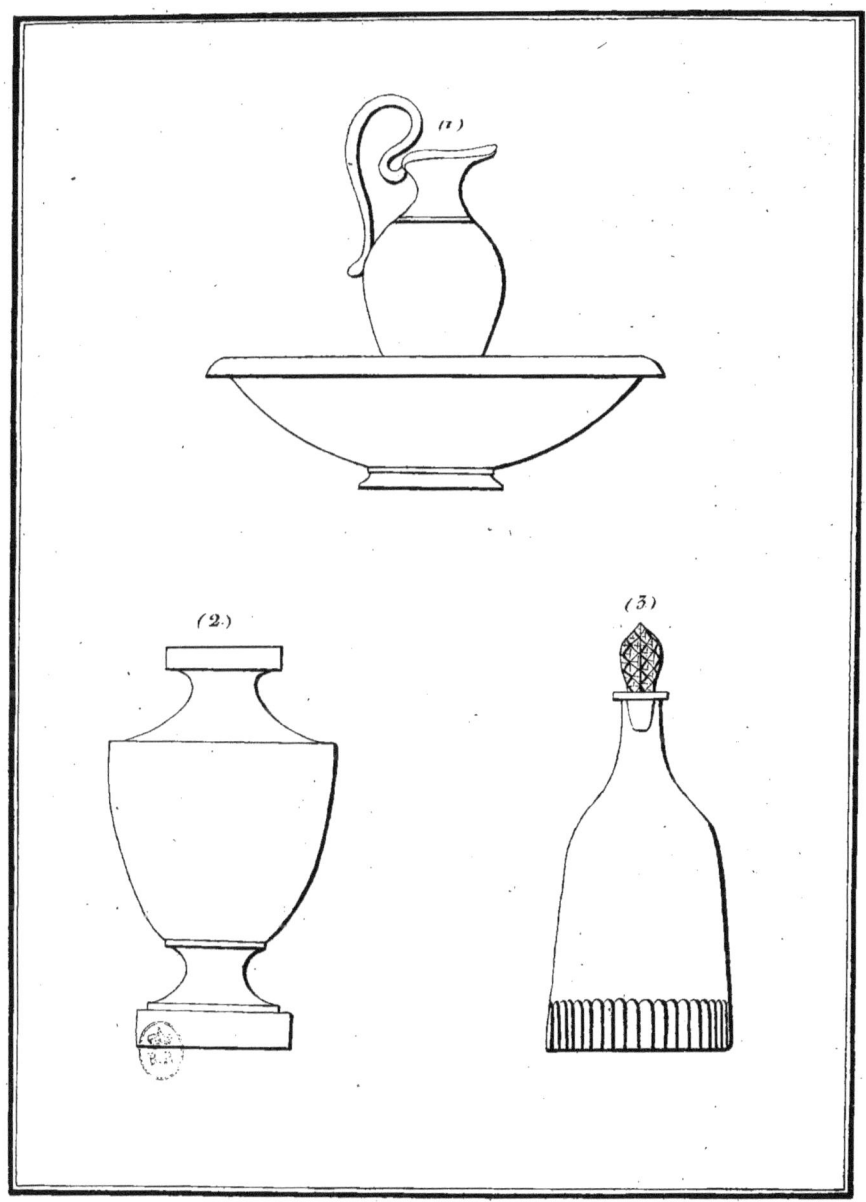

DESSIN LINÉAIRE
sans Instrumens.
Dixième Tableau.

(Classe 2) (Section 1.)

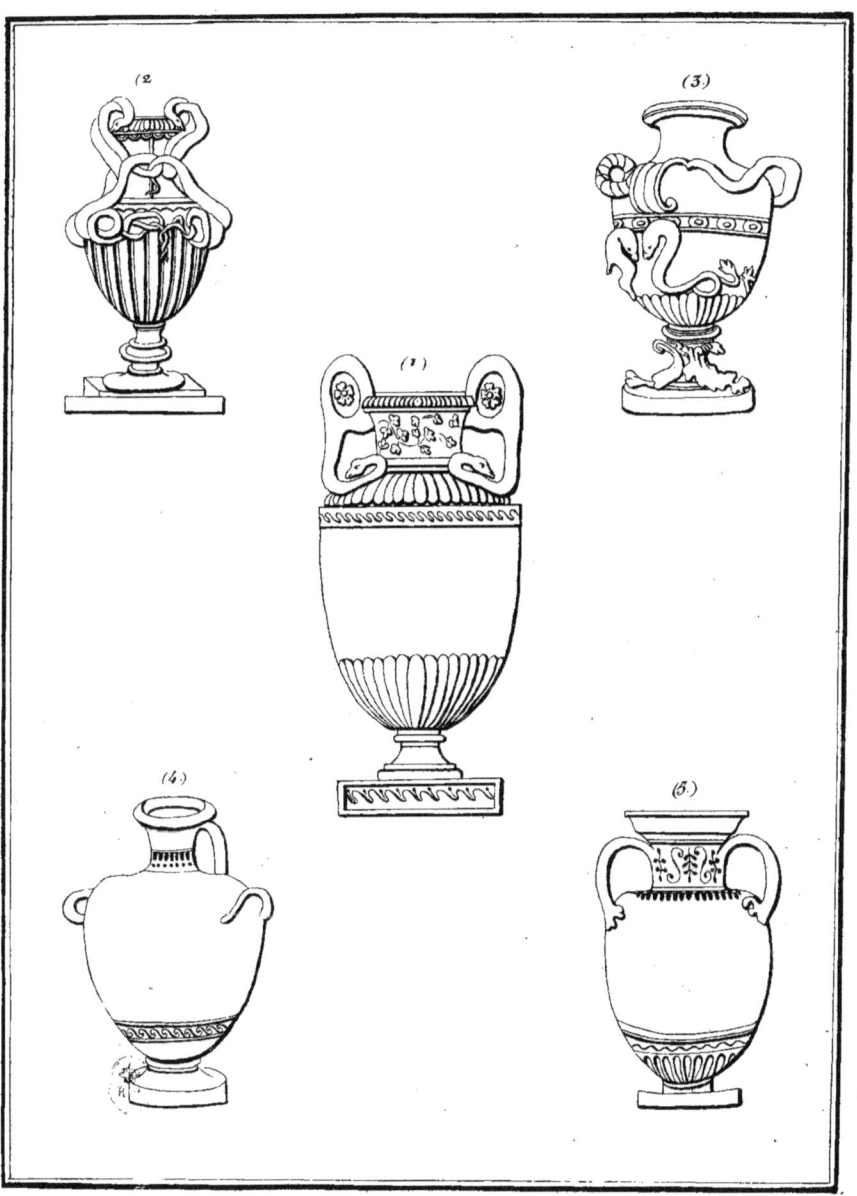

DESSIN LINÉAIRE
sans Instrumens.
Onzième Tableau.

(Classe 2.)   (Section 1.)

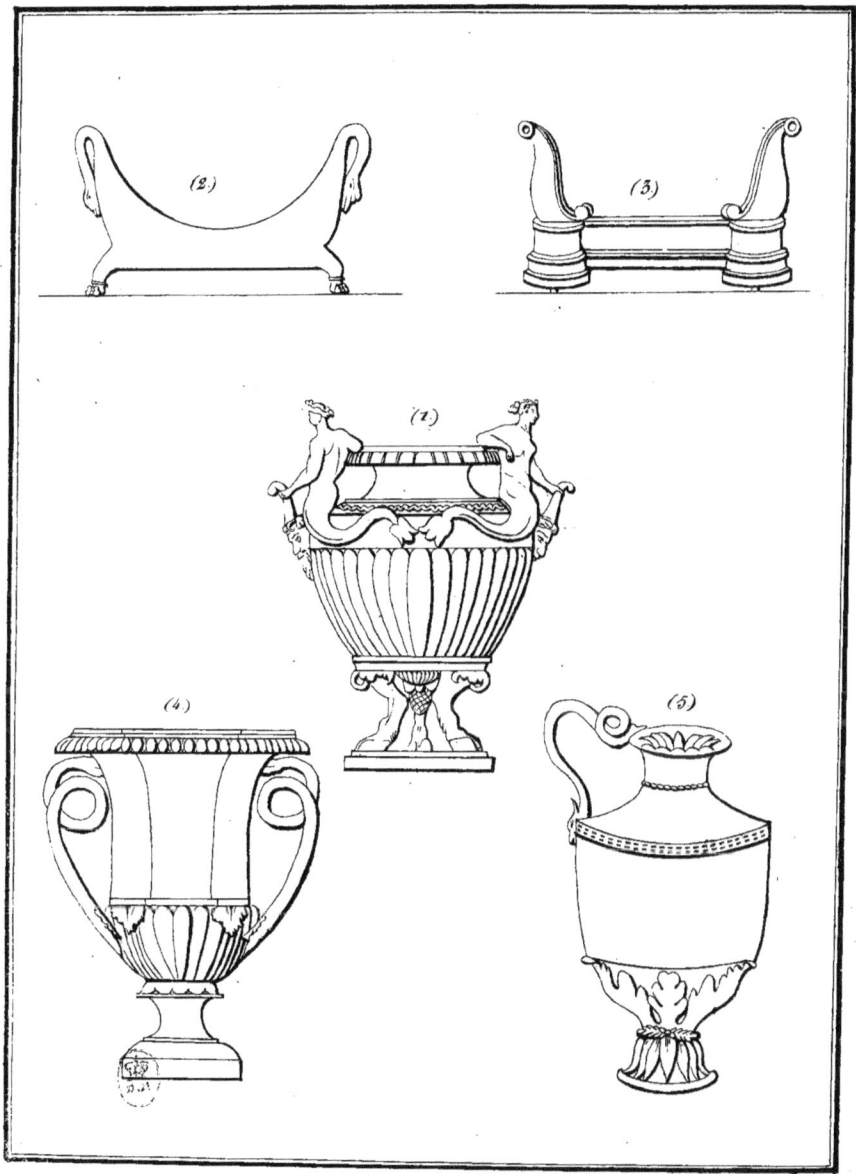

DESSIN LINÉAIRE

sans Instrumens.

Douzième Tableau.

(Classe 2) (Section 1)

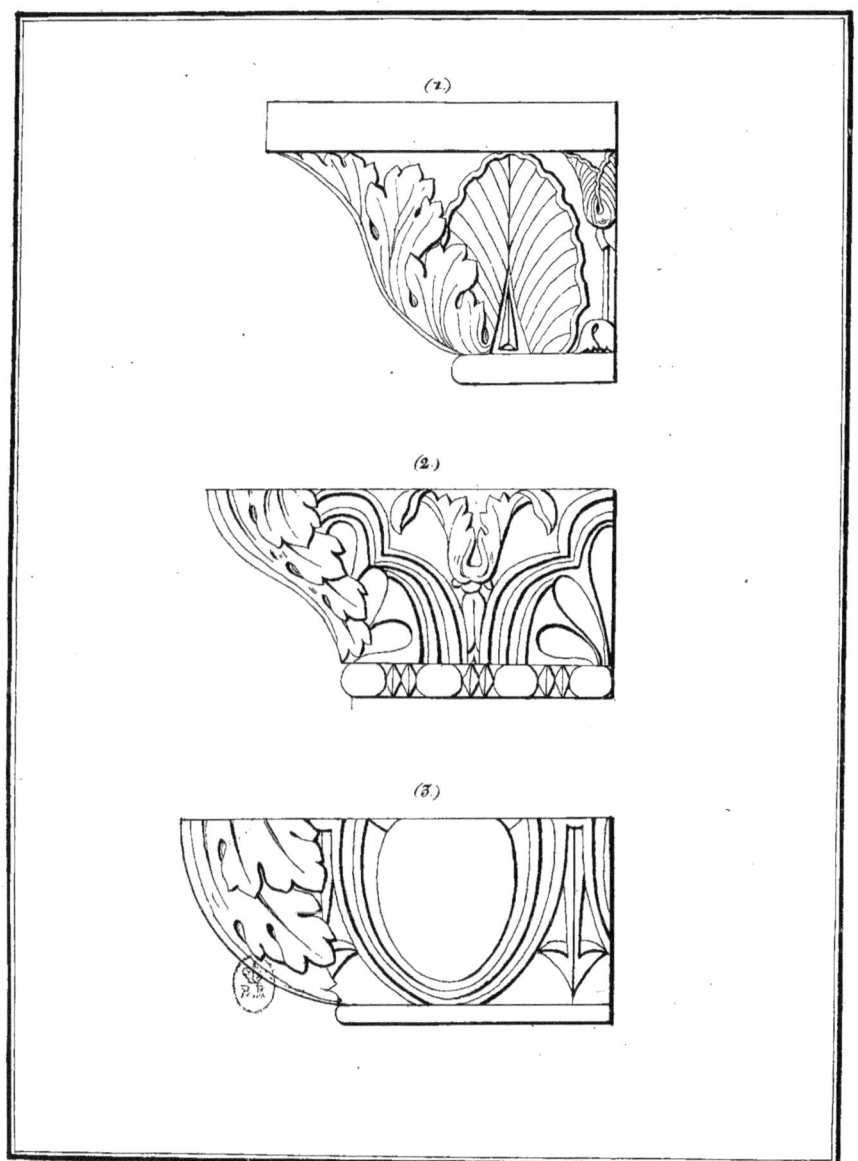

DESSIN LINÉAIRE
sans Instrumens.
Treizième Tableau.
(Classe 2)　　　　　　　　　　　　　　　　(Section 2)

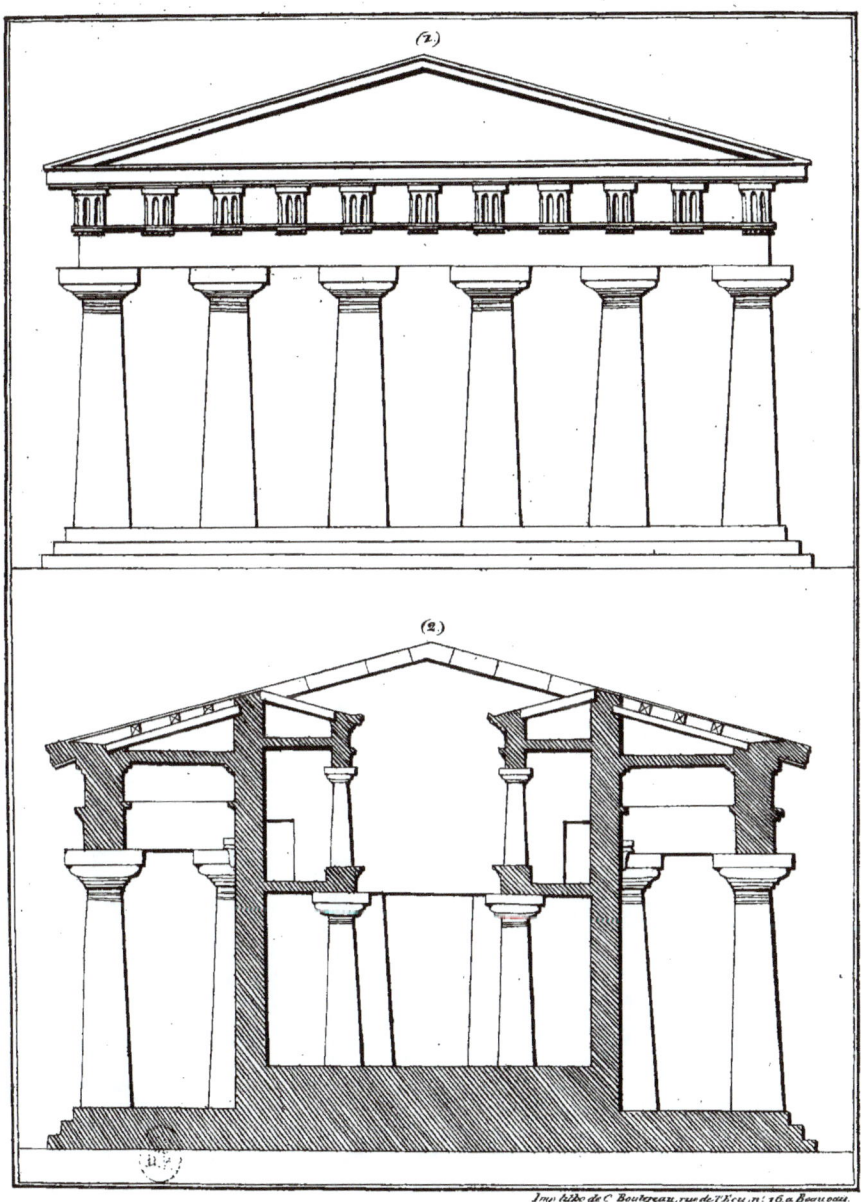

DESSIN LINÉAIRE
sans Instrumens.
Quatorzième Tableau.

(Classe 2.) (Section 2.)

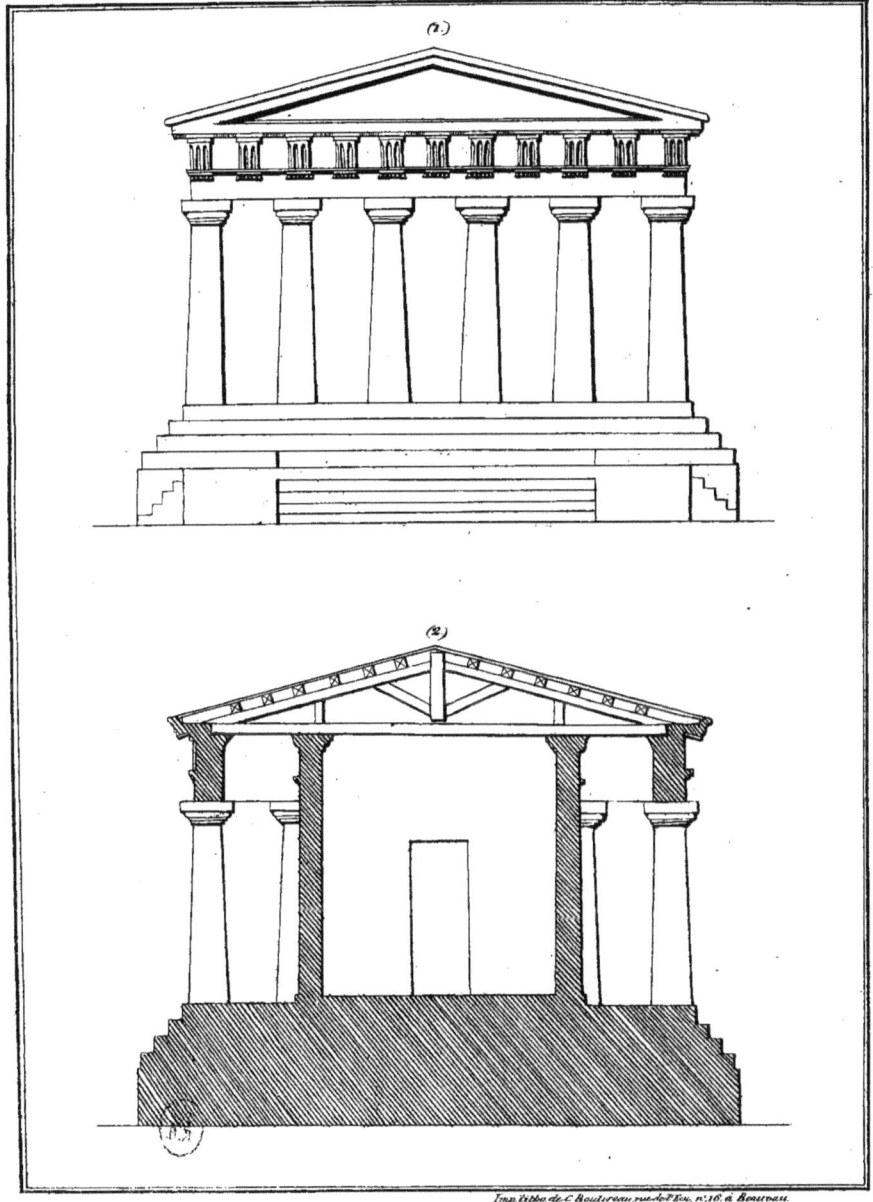

DESSIN LINÉAIRE
sans Instrumens.
Quinzième Tableau.

(Classe 2.)   (Section 2.)

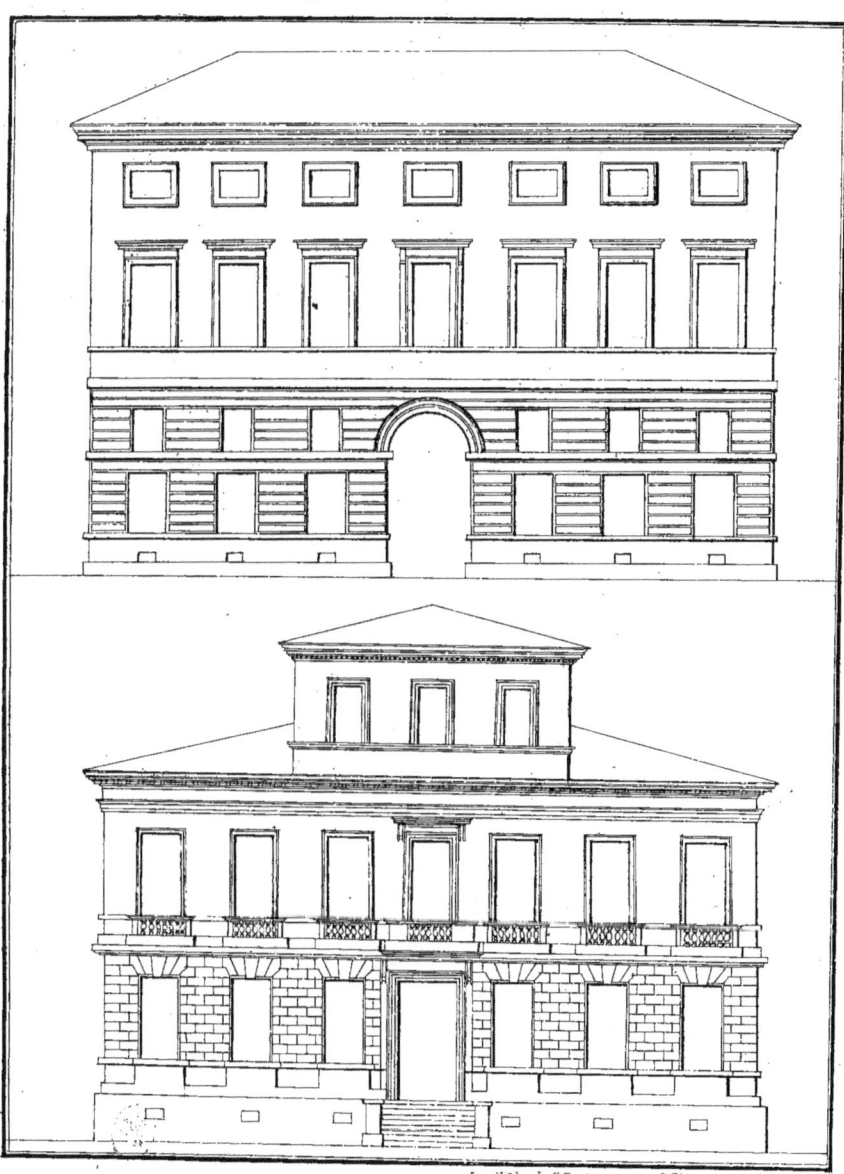

DESSIN LINÉAIRE
sans Instrumens.
Seizième Tableau.

(Classe 2.) (Section 2.)

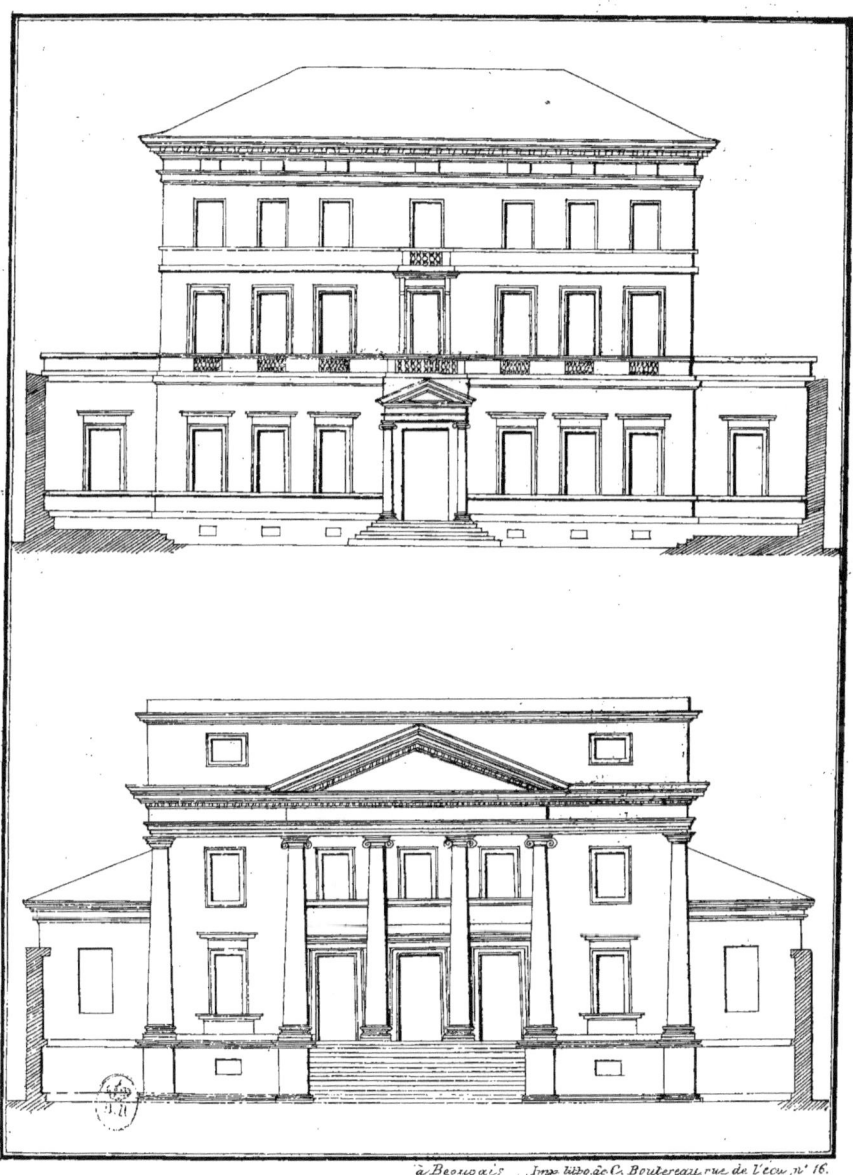

à Beauvais, Imp. lith. de C. Boutereau, rue de l'eau, n° 16.

DESSIN LINÉAIRE
sans Instrumens.

(Classe 3.) *Dix septième Tableau.* (Section 1.)

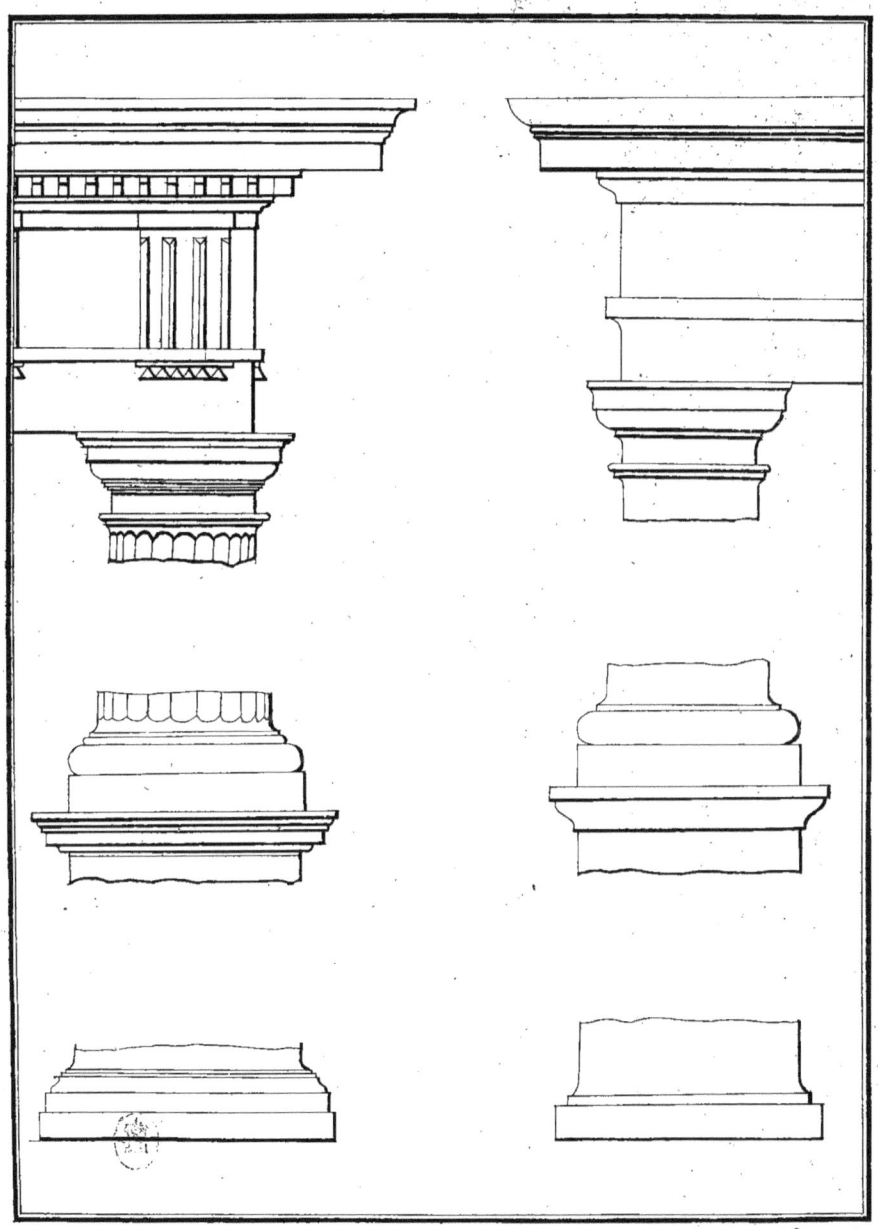

DESSIN LINÉAIRE
sans Instrumens.
Dix huitième Tableau.

(Classe 3.) (Section 1.)

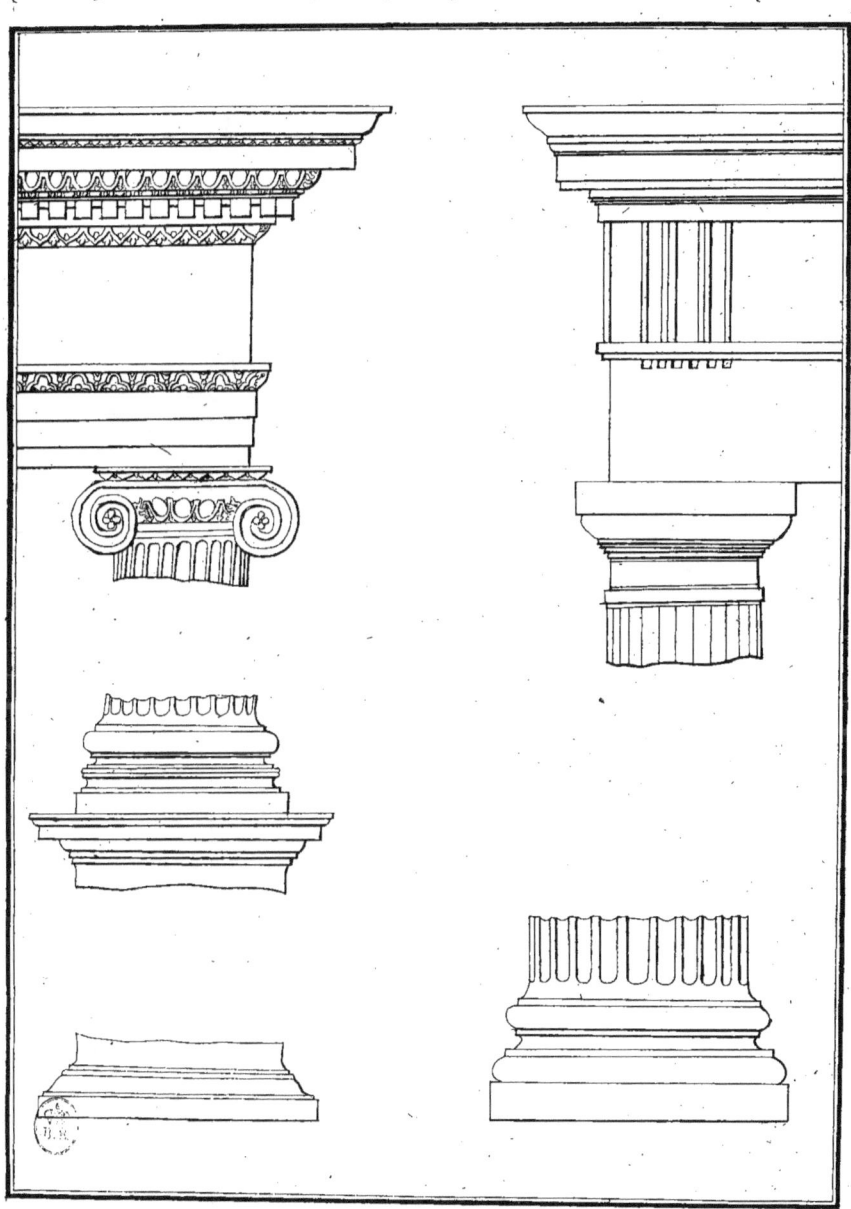

DESSIN LINÉAIRE
sans Instrumens

Dix neuvième Tableau.

(Classe 3.) (Section 1.)

DESSIN LINÉAIRE
sans Instrumens.
Vingtième Tableau

(Classe 3.) (Section 1.)

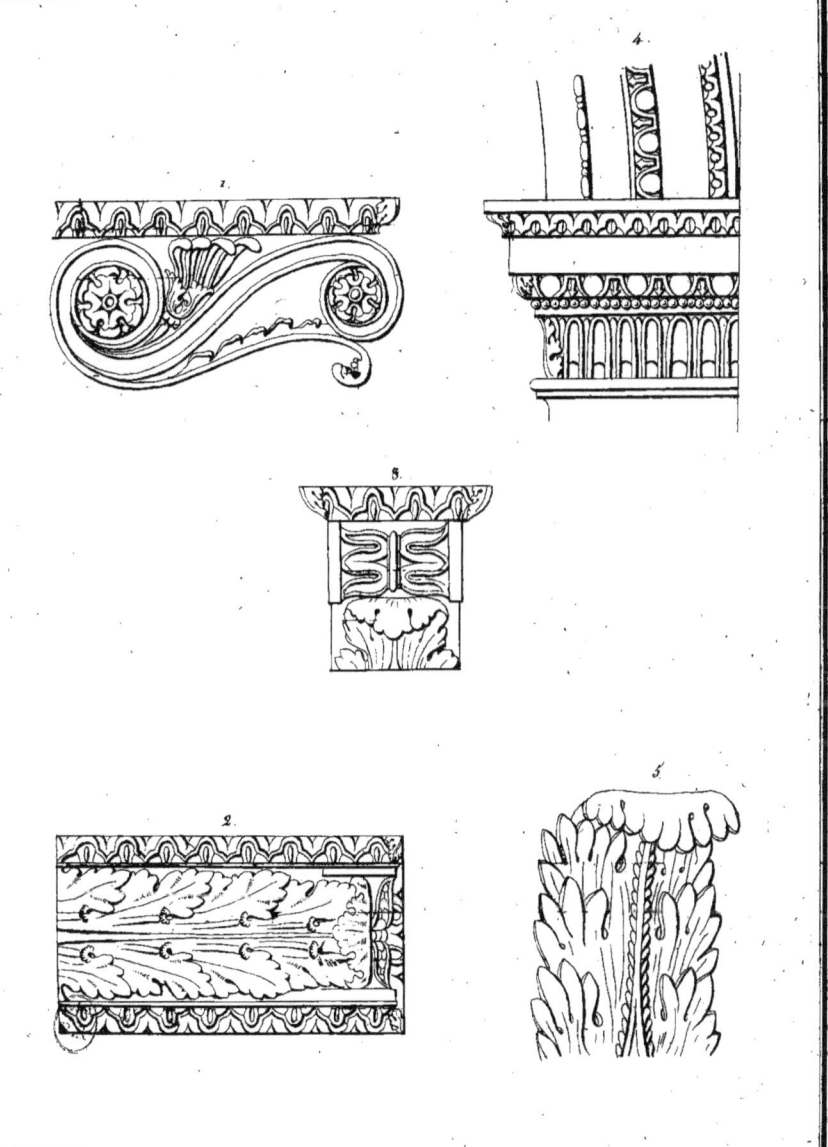

DESSIN LINÉAIRE
sans Instrumens.
Vingt unième Tableau.

(Classe 5.) (Section 2.)

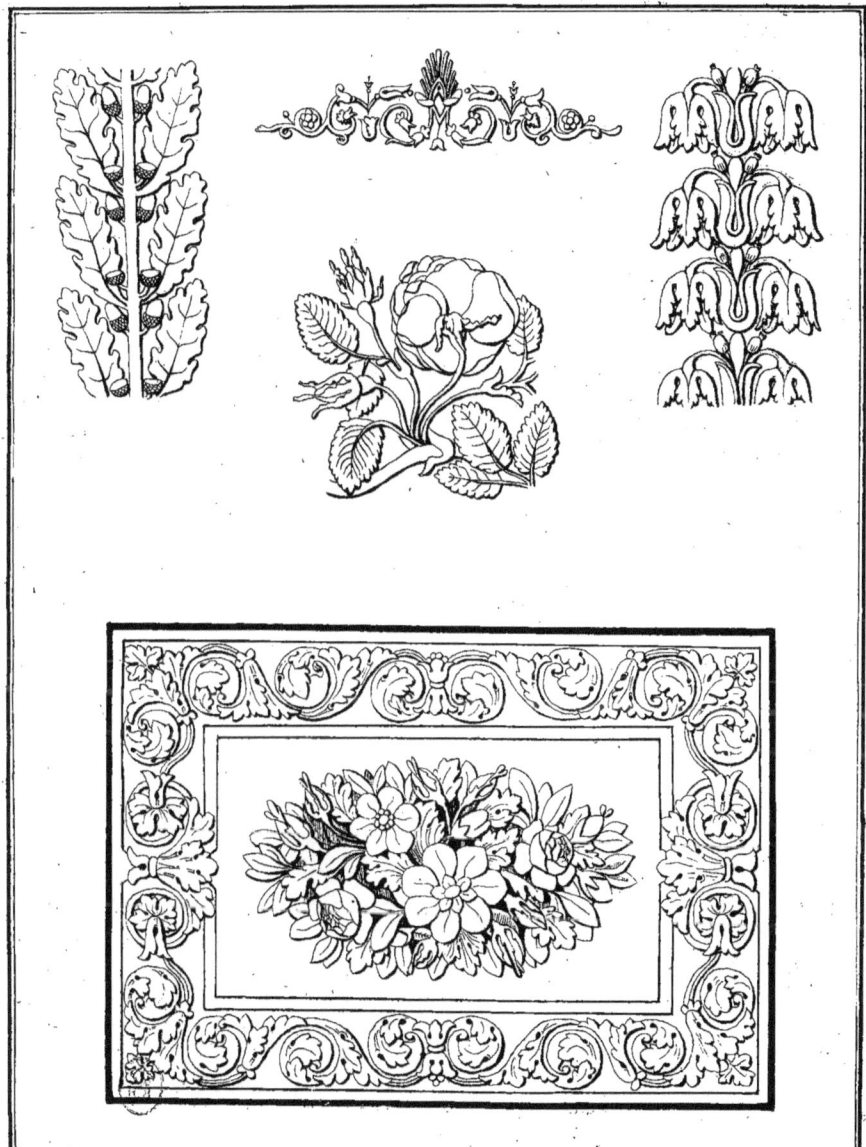

DESSIN LINÉAIRE
sans Instrumens.
Vingt-deuxième Tableau.

(Classe 5.)   (Section 2.)

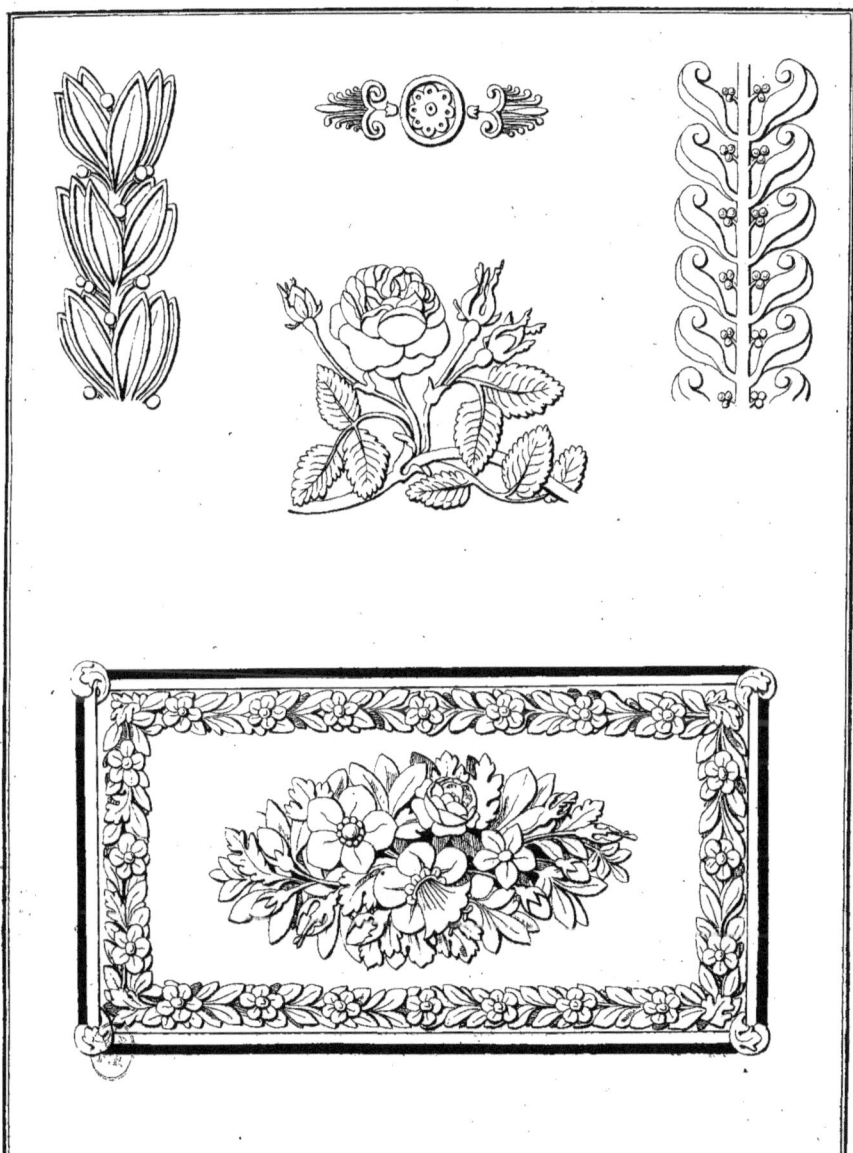

DESSIN LINEAIRE
sans Instrumens.

Vingt troisième Tableau.

(Classe 3.) (Section 2.)

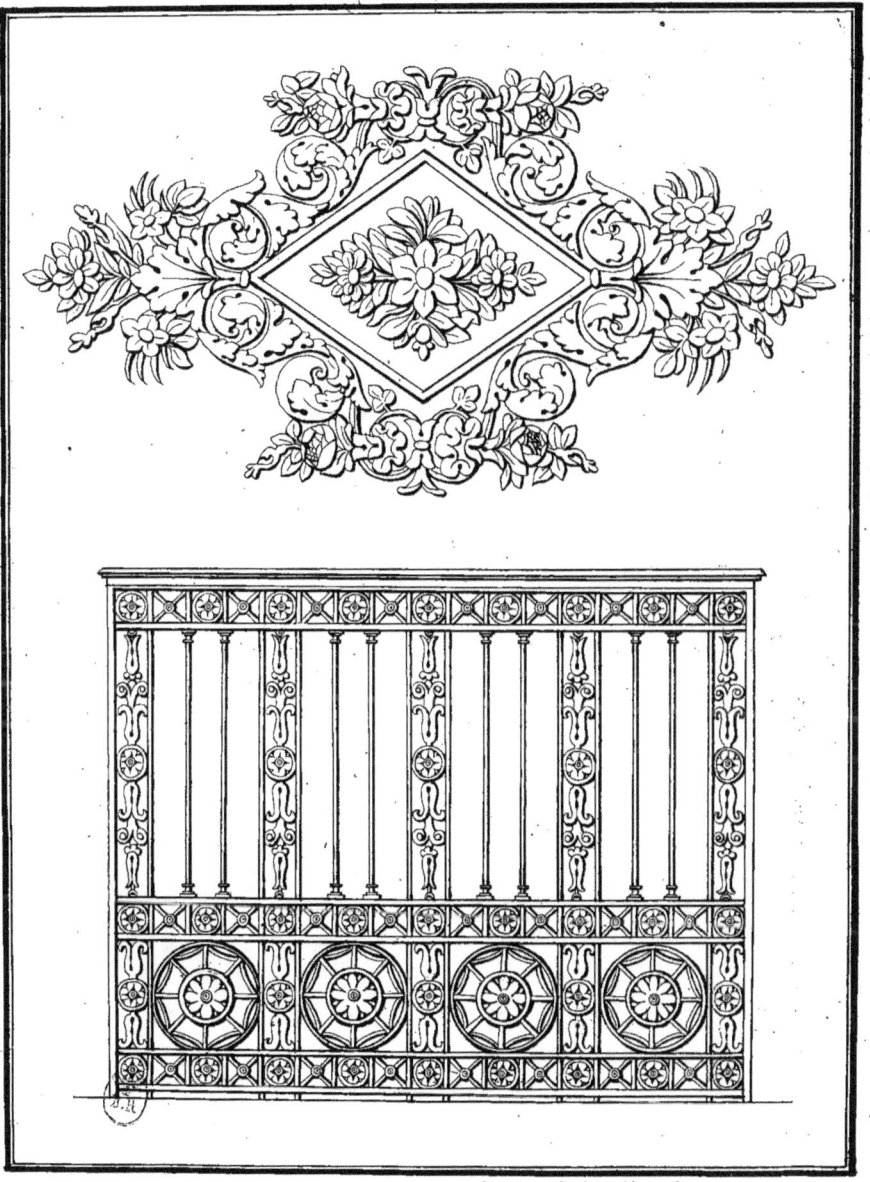

DESSIN LINEAIRE
sans Instrumens
Vingt-quatrième Tableau.

(Classe 3.) (Section 2.)

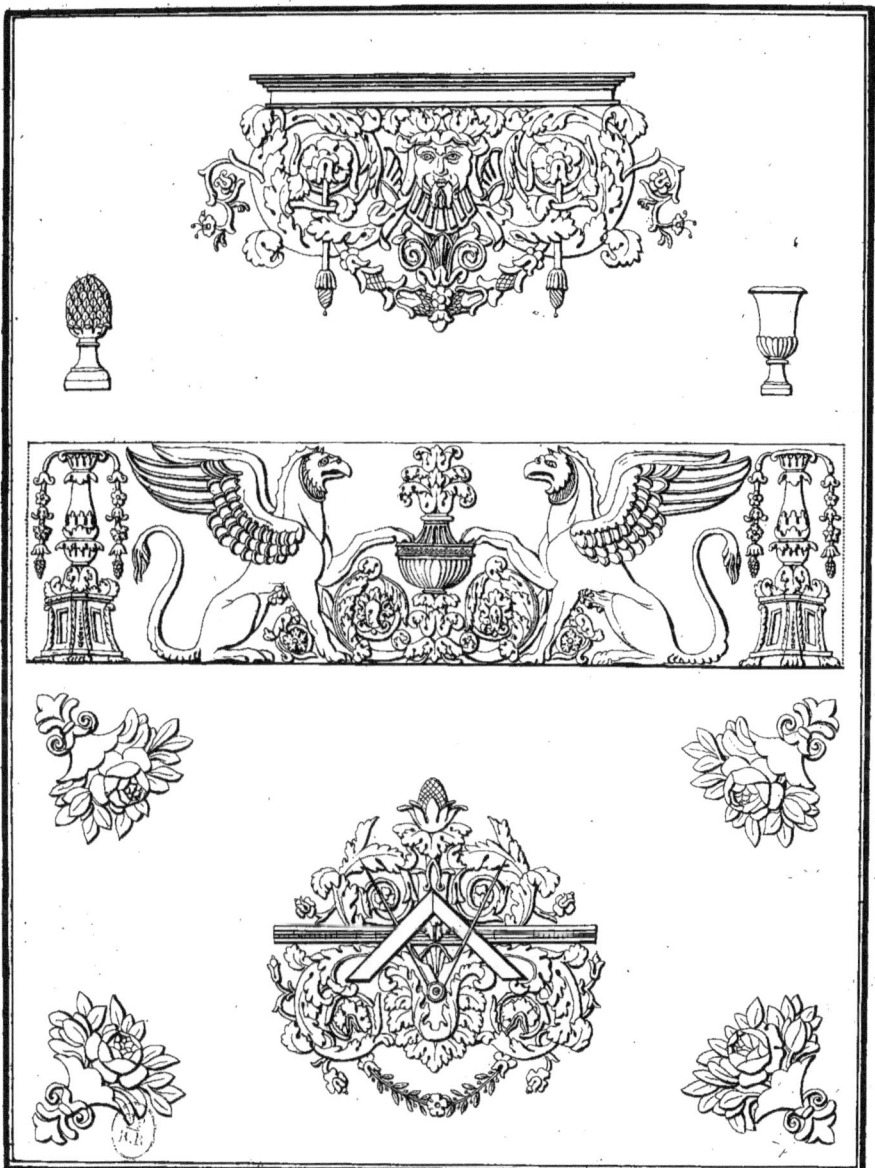

Imprimerie lithographique de C. Bouttereau, rue de Dieu, n° 16, à Beauvais.

DESSIN LINÉAIRE
sans Instruments.
Vingt-cinquième Tableau.

(Classe 4.) (Section 2.)

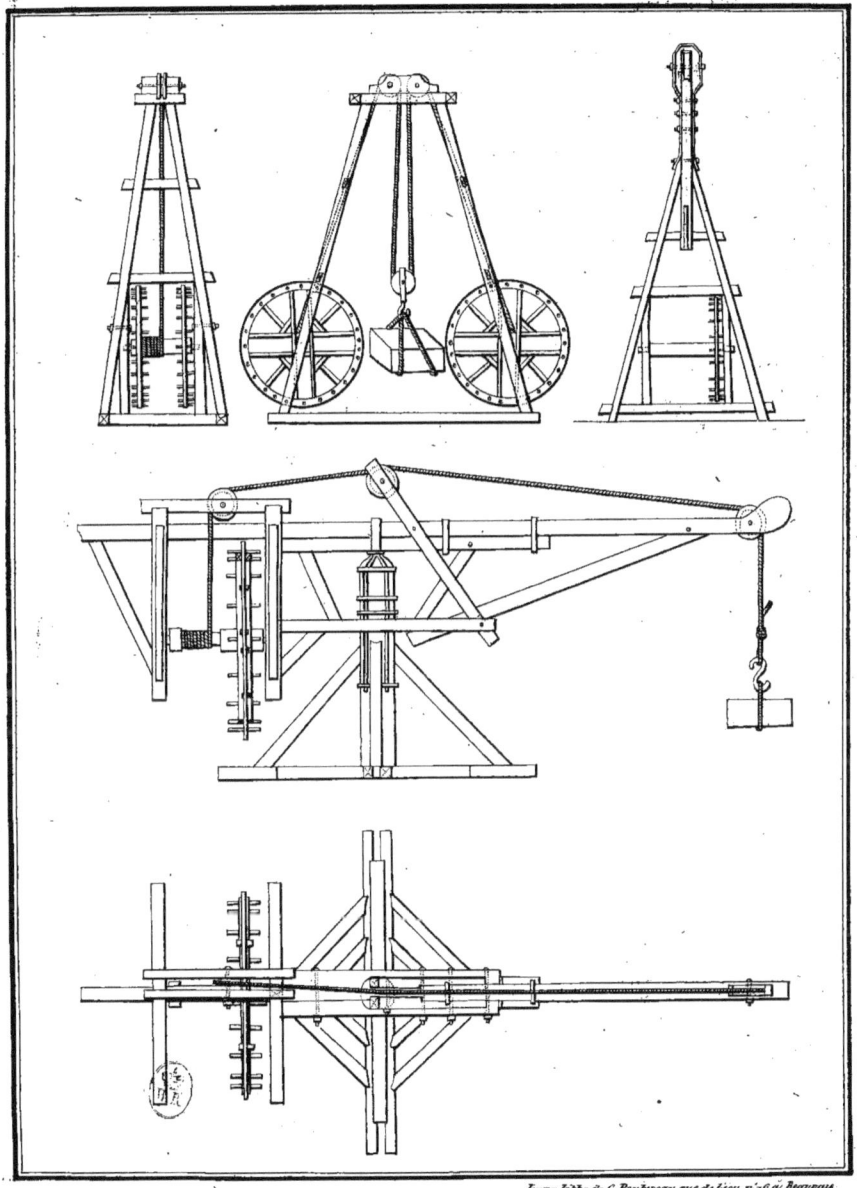

DESSIN LINÉAIRE

sans Instrumens.

Vingt-sixième Tableau.

(Classe 4.) (Section 1.)

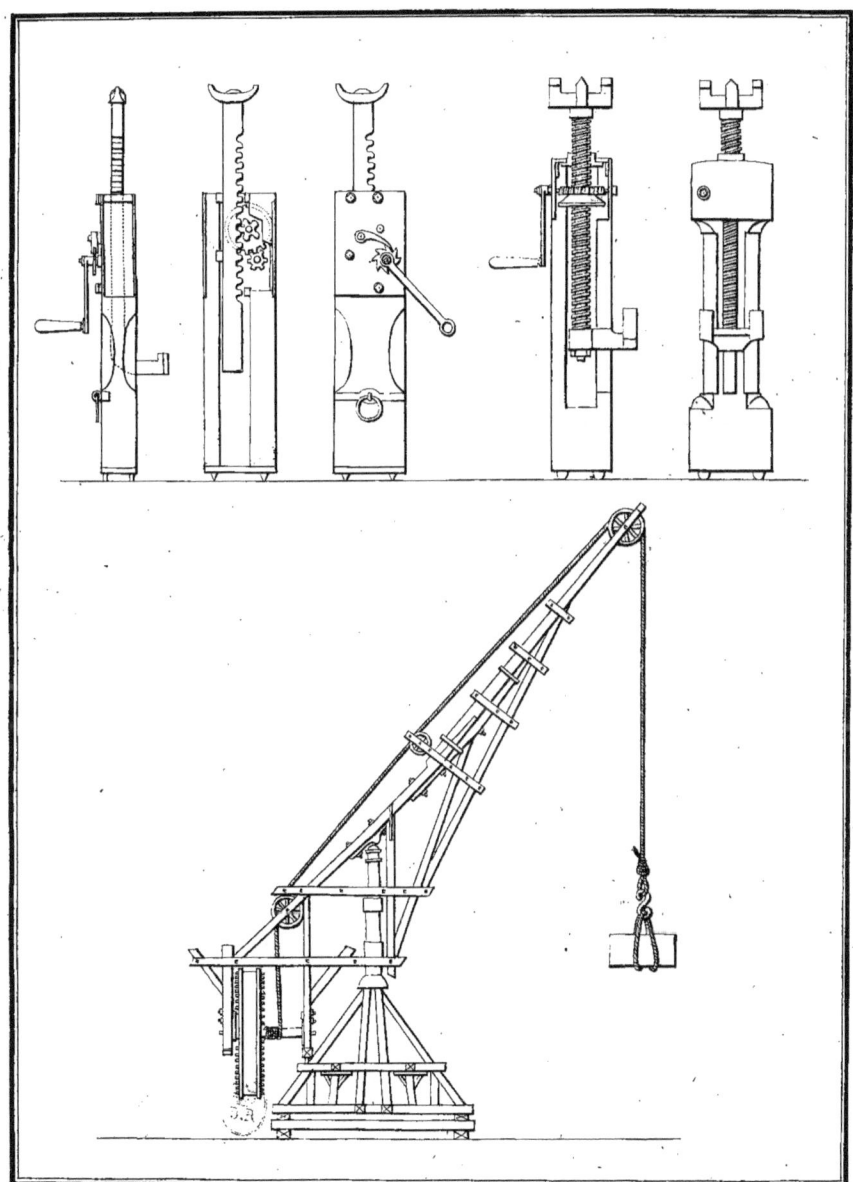

DESSIN LINÉAIRE
sans Instrumens
Vingt-septième Tableau.

(Classe 4.) (Section 2.)

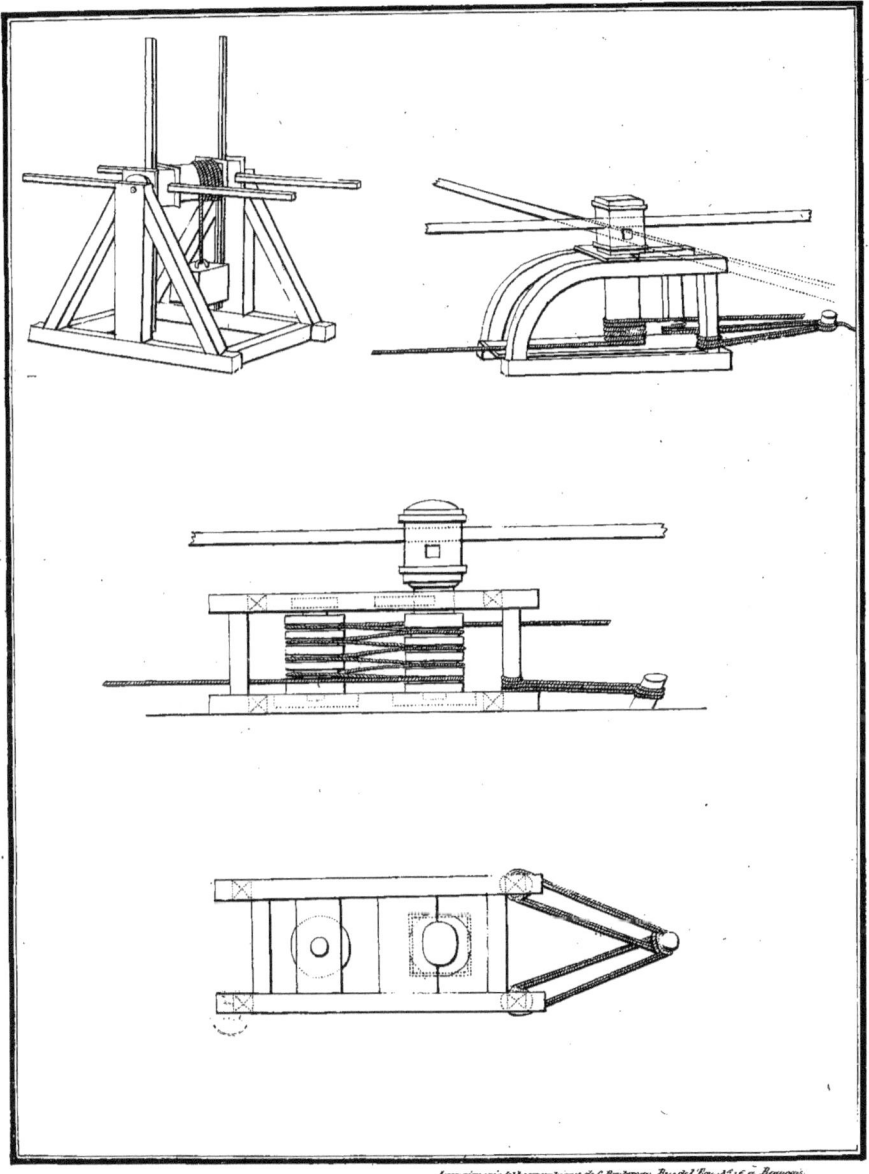

DESSIN LINÉAIRE
sans Instrumens.
Vingt Huitième Tableau.

(Classe 4.) (Section 2.)

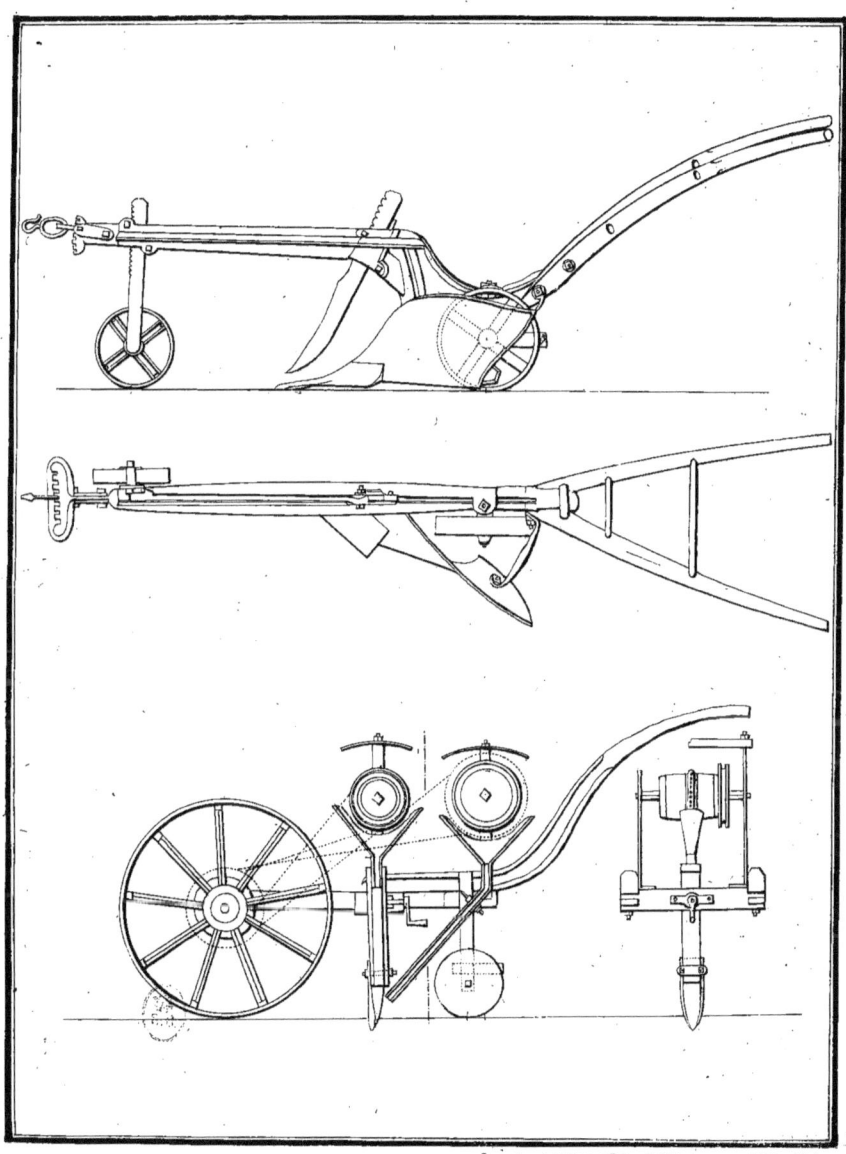

DESSIN LINÉAIRE
sans Instrumens
Vingt neuvième tableau.

(Classe 4.) (Section 2.)

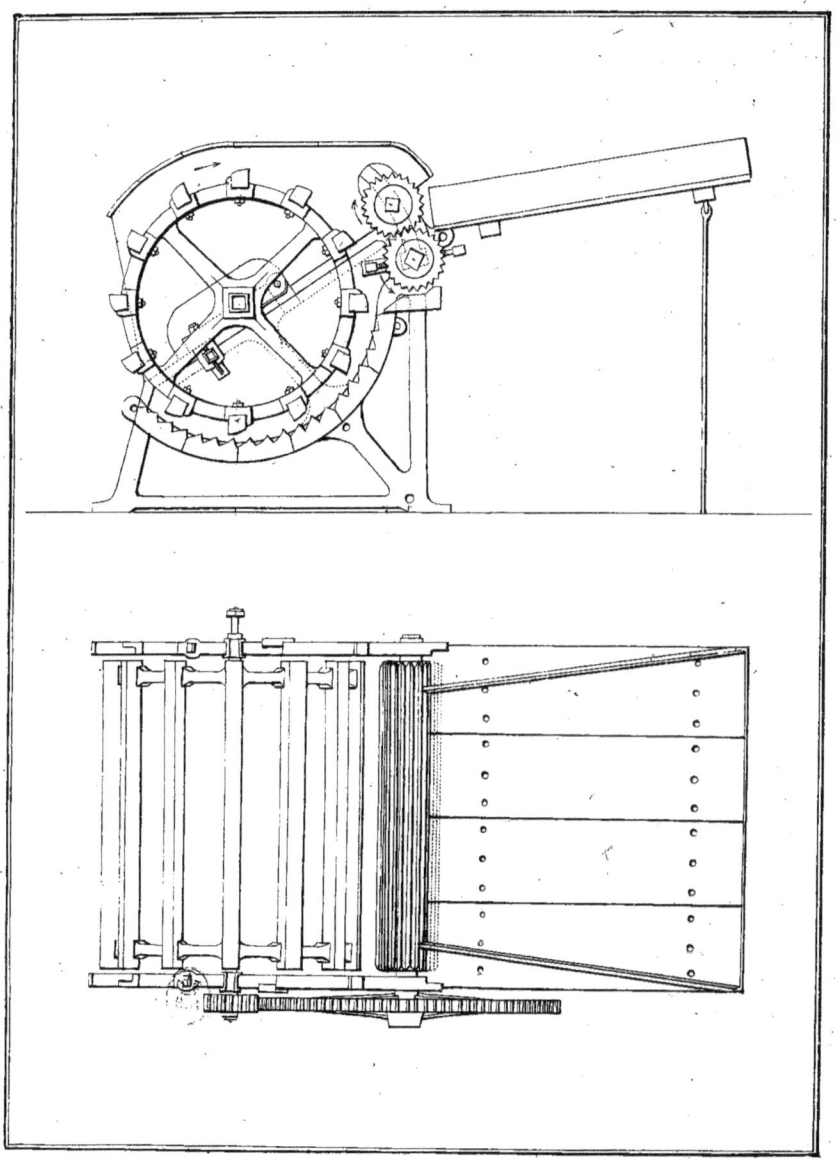

DESSIN LINÉAIRE
sans Instrumens
Trentième Tableau.

(Classe 4.)   (Section 2.)

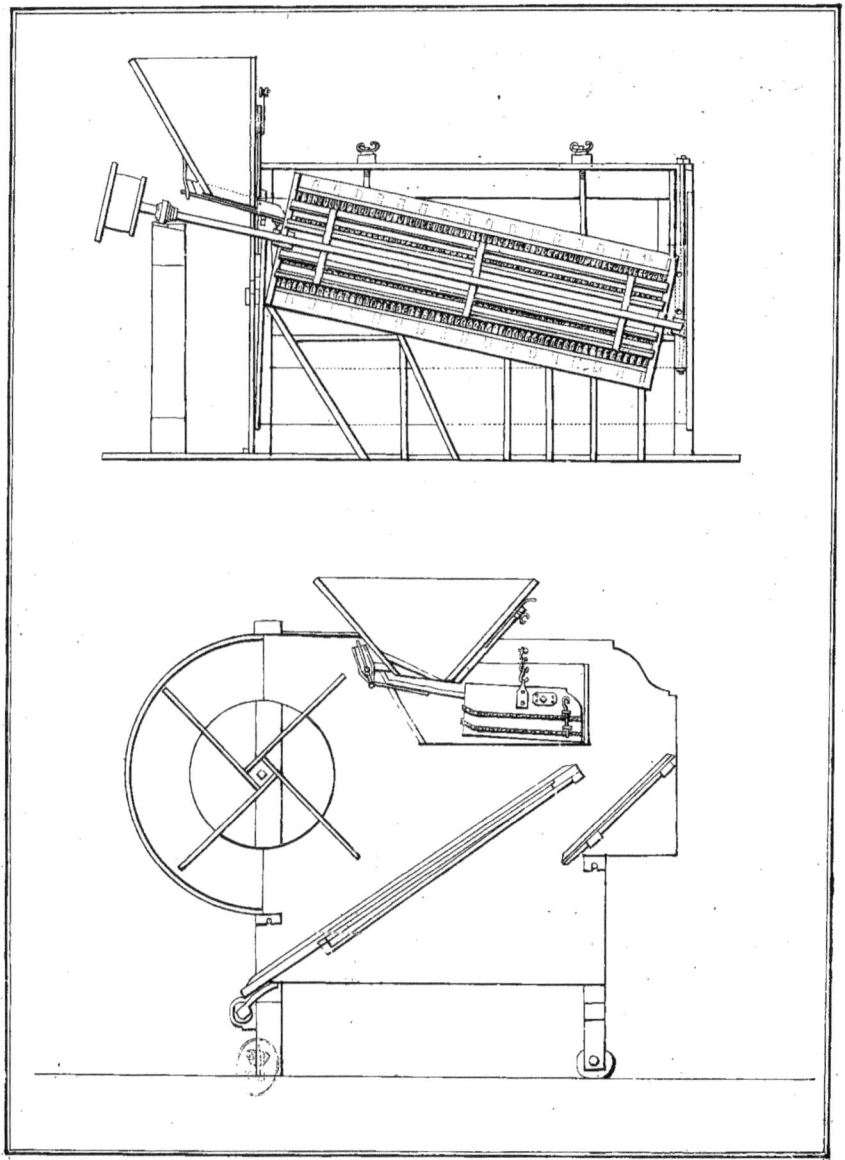

DESSIN LINÉAIRE
sans Instrumens.
trente unième Tableau.

(Classe 4)   (Section 2)

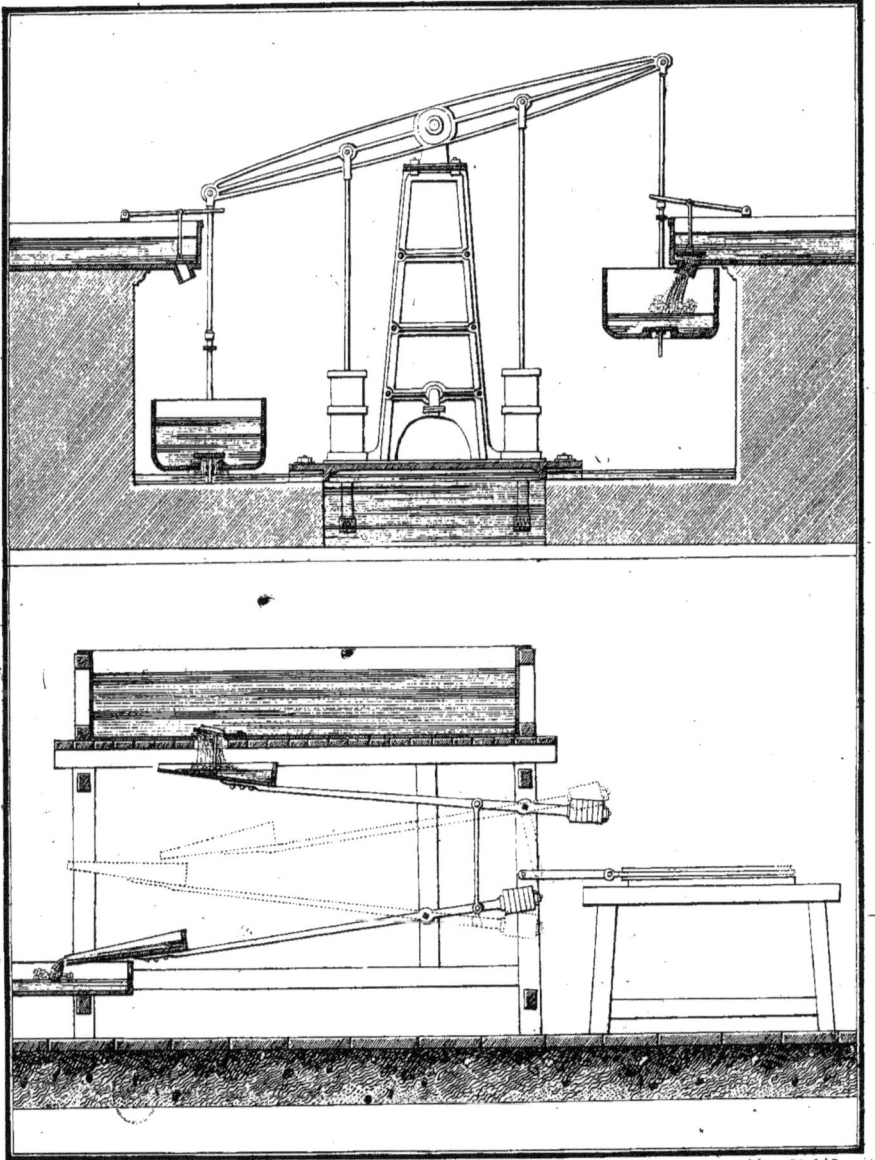

DESSIN LINÉAIRE
sans Instrumens.
trente deuxième Tableau.

(Classe 4) (Section 2)

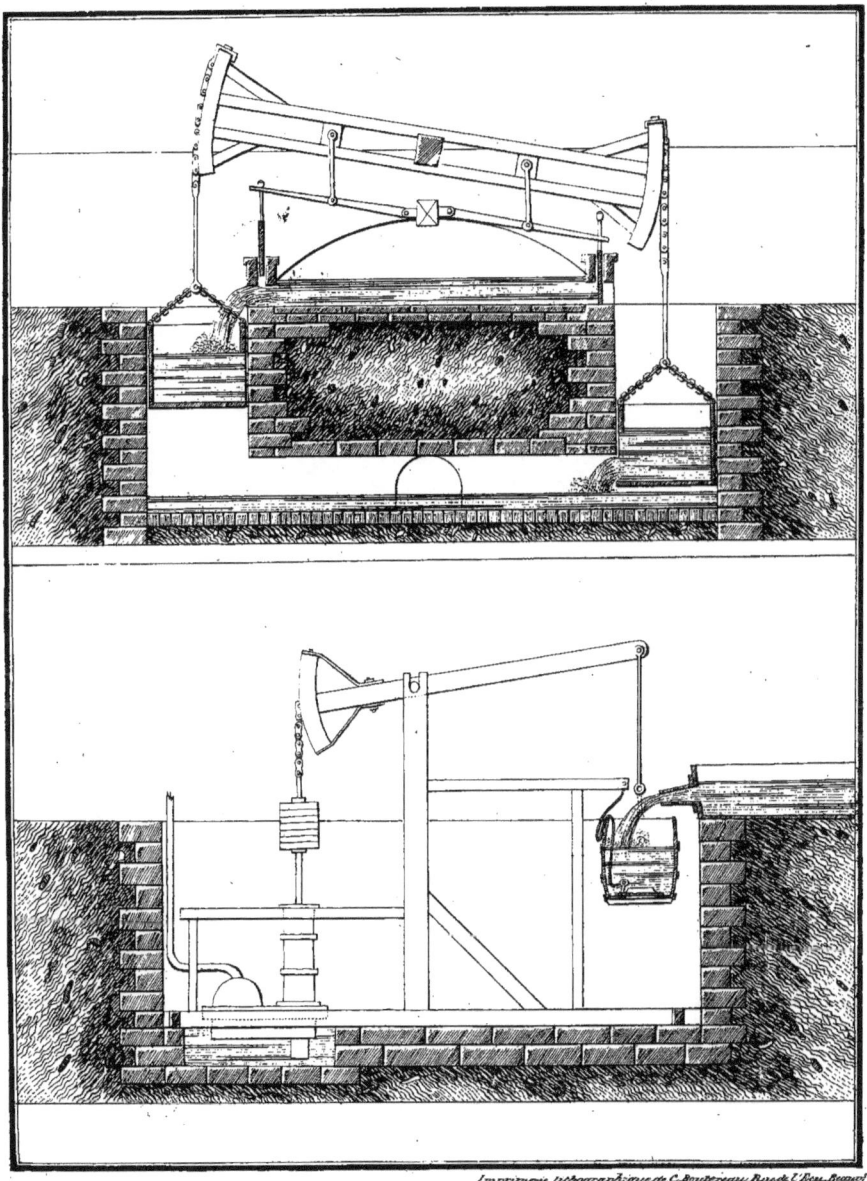

DESSIN LINÉAIRE
sans Instrumens.

1er Tableau de Moniteur.

(Classe 1.) (Section 1.)

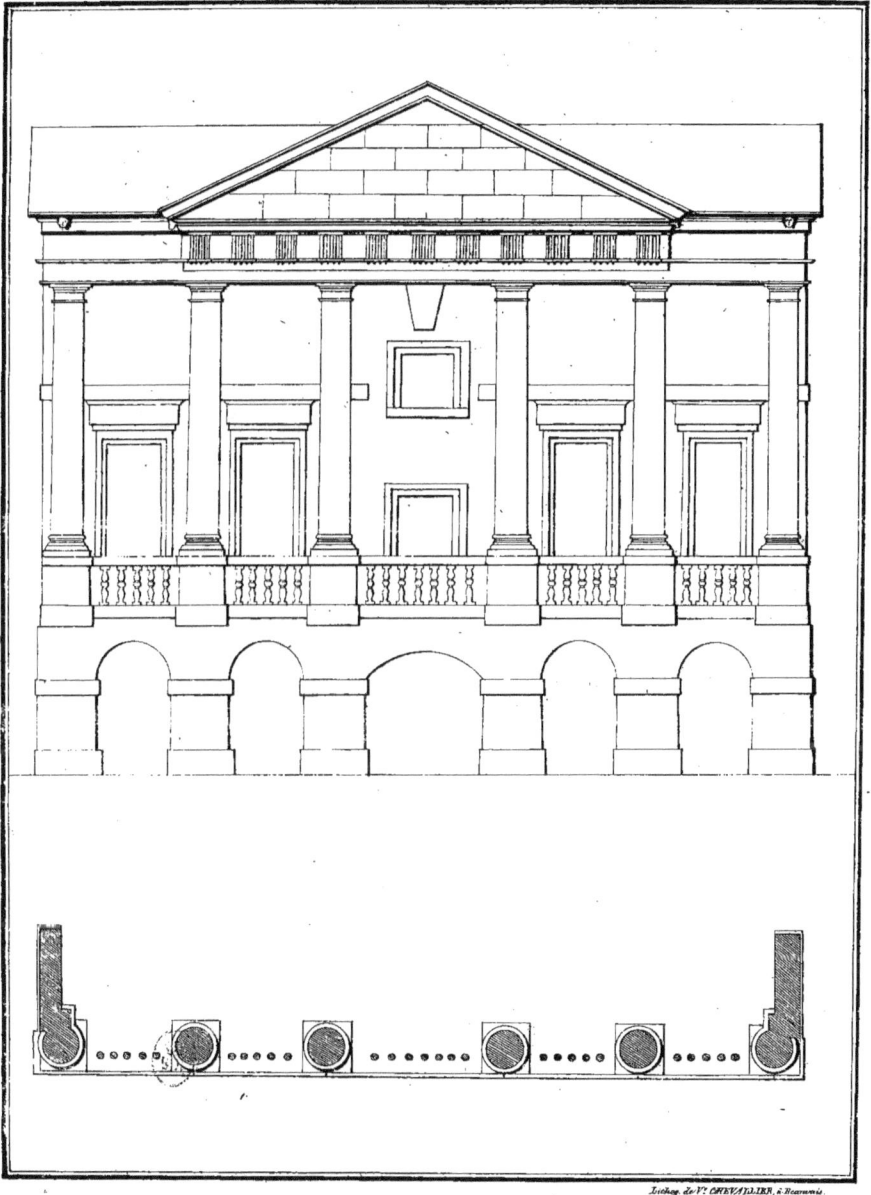

DESSIN LINÉAIRE
sans Instrumens.

(Classe 1.) 　　2ᵉ Tableau de Moniteur. 　　(Section 2.)

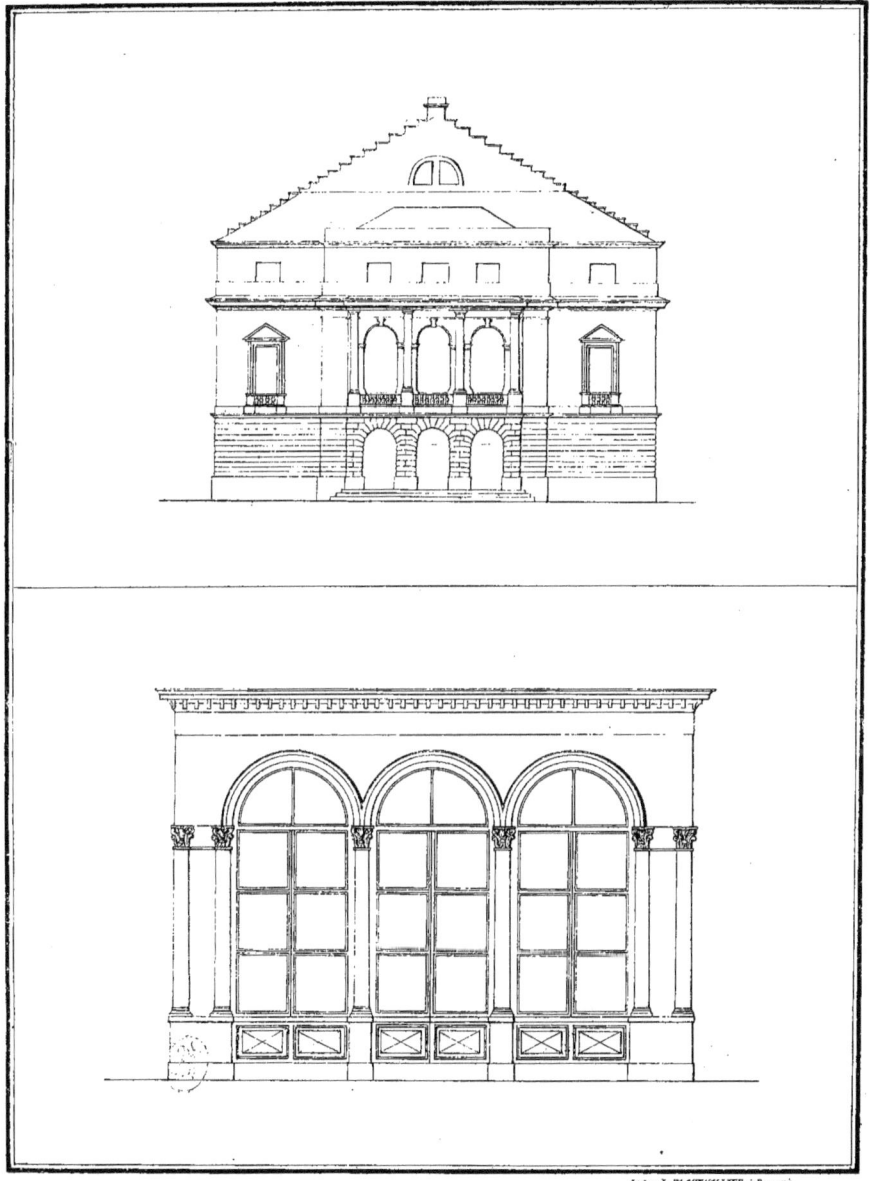

DESSIN LINÉAIRE
sans Instrumens

(Classe 2)   *Troisième tableau de Moniteur*.   *(Section 1)*

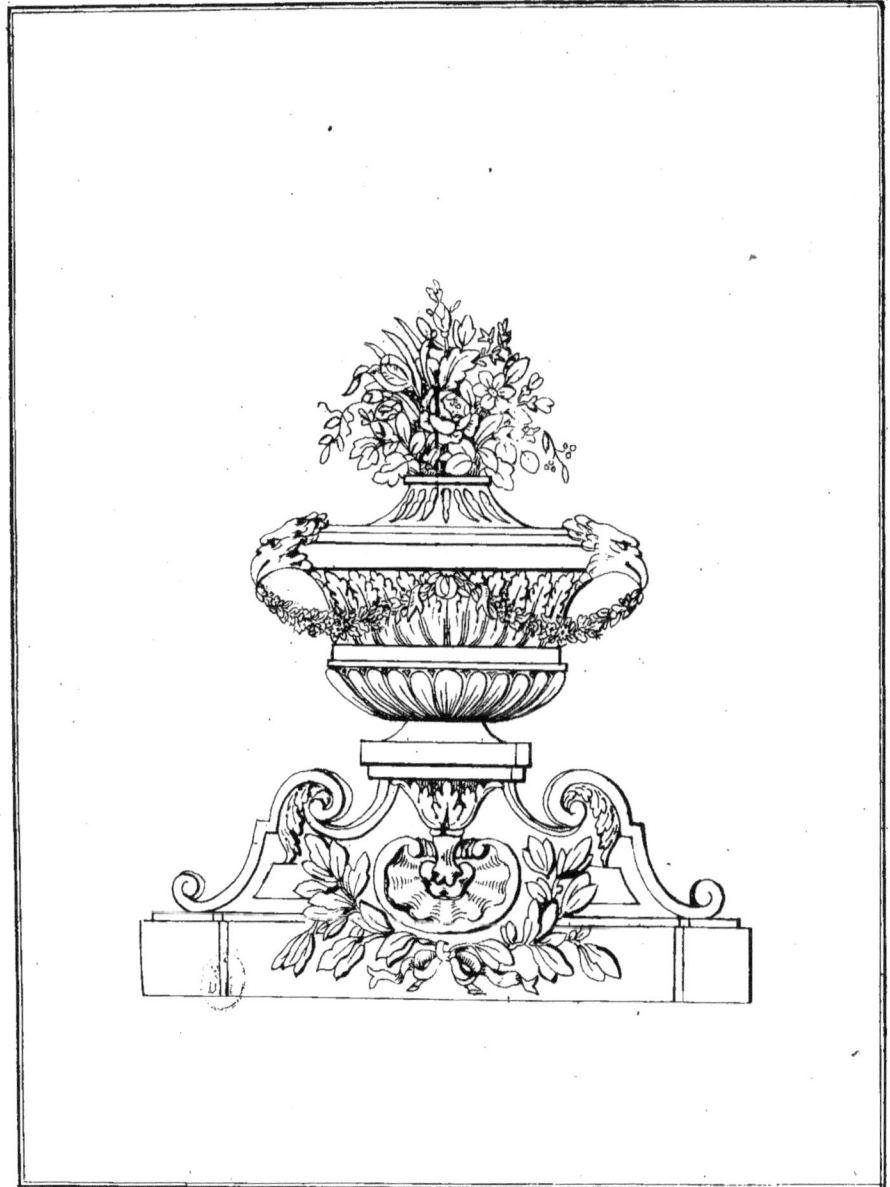

DESSIN LINÉAIRE

sans Instrumens

Quatrième tableau de Moniteur.

(Classe 2.) (Section 2)

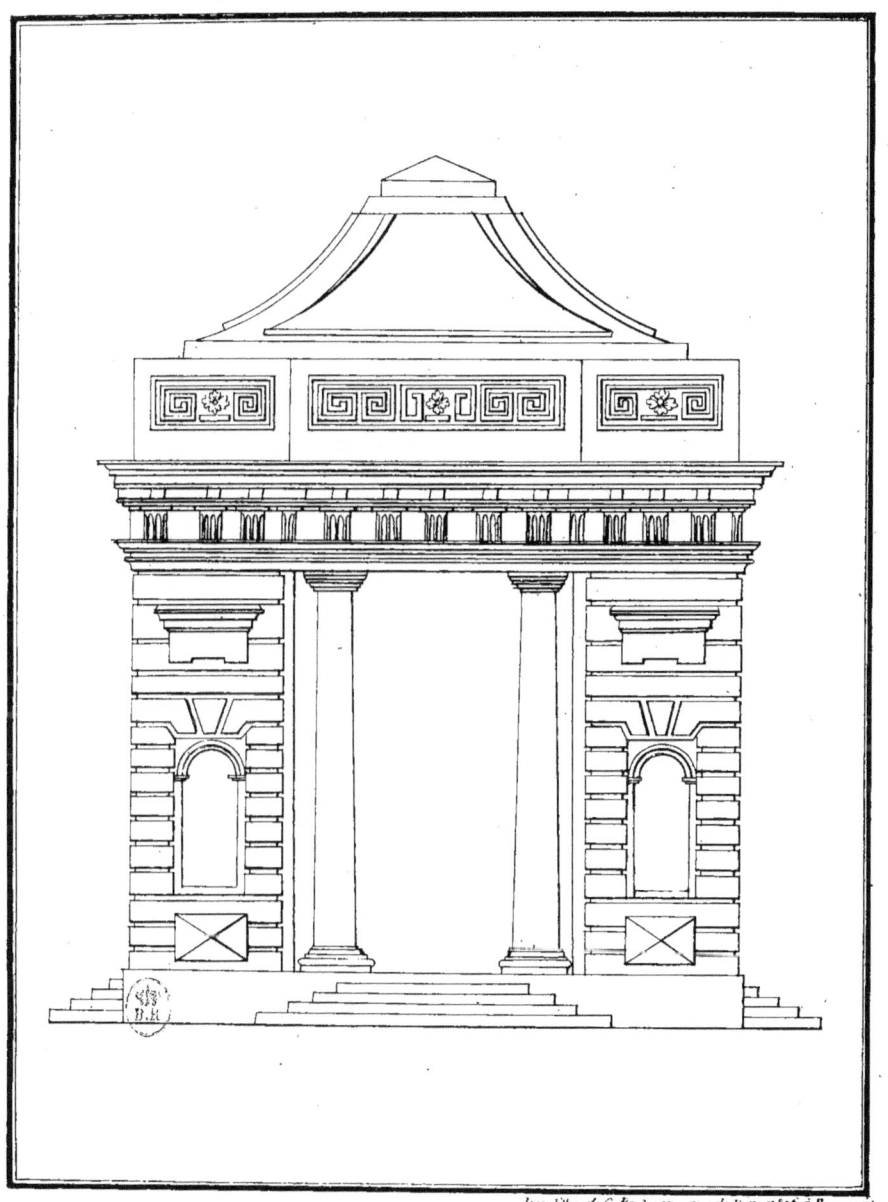

DESSIN LINÉAIRE
sans Instrumens.
Cinquième Tableau de Moniteur.

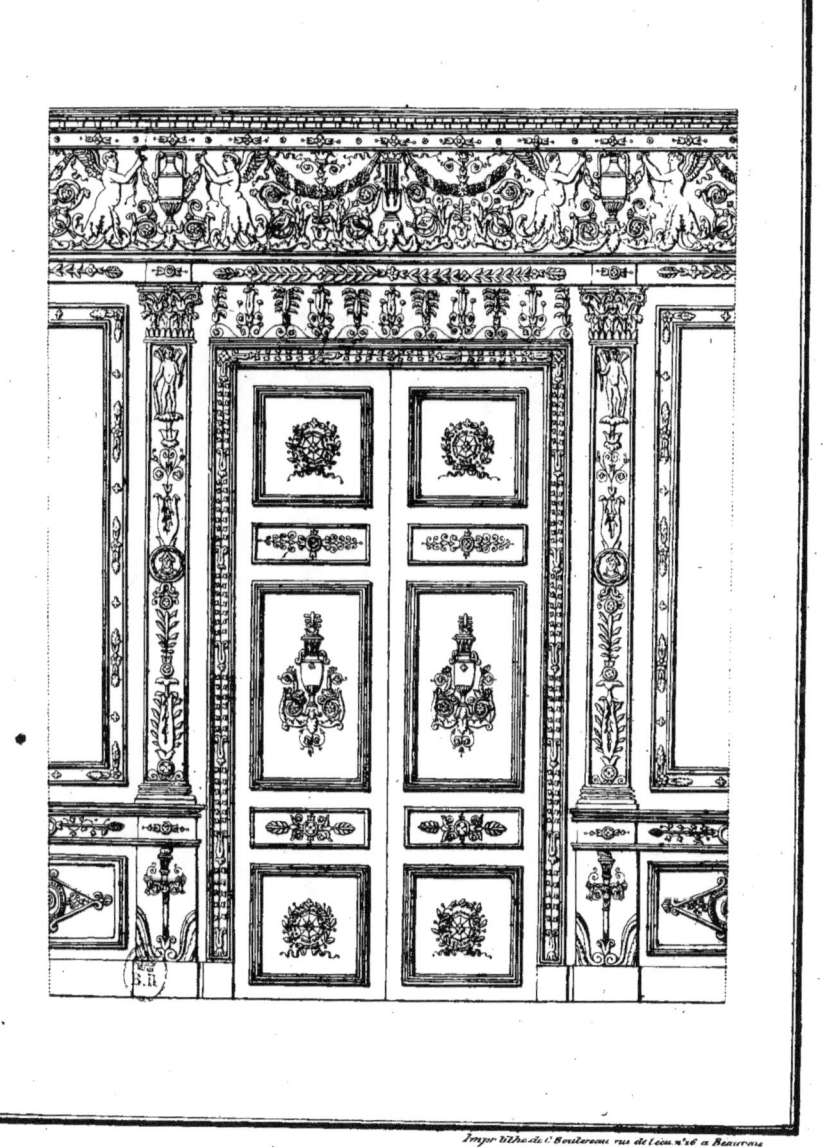

DESSIN LINÉAIRE
sans Instrumens
Dixième Tableau de Moniteur

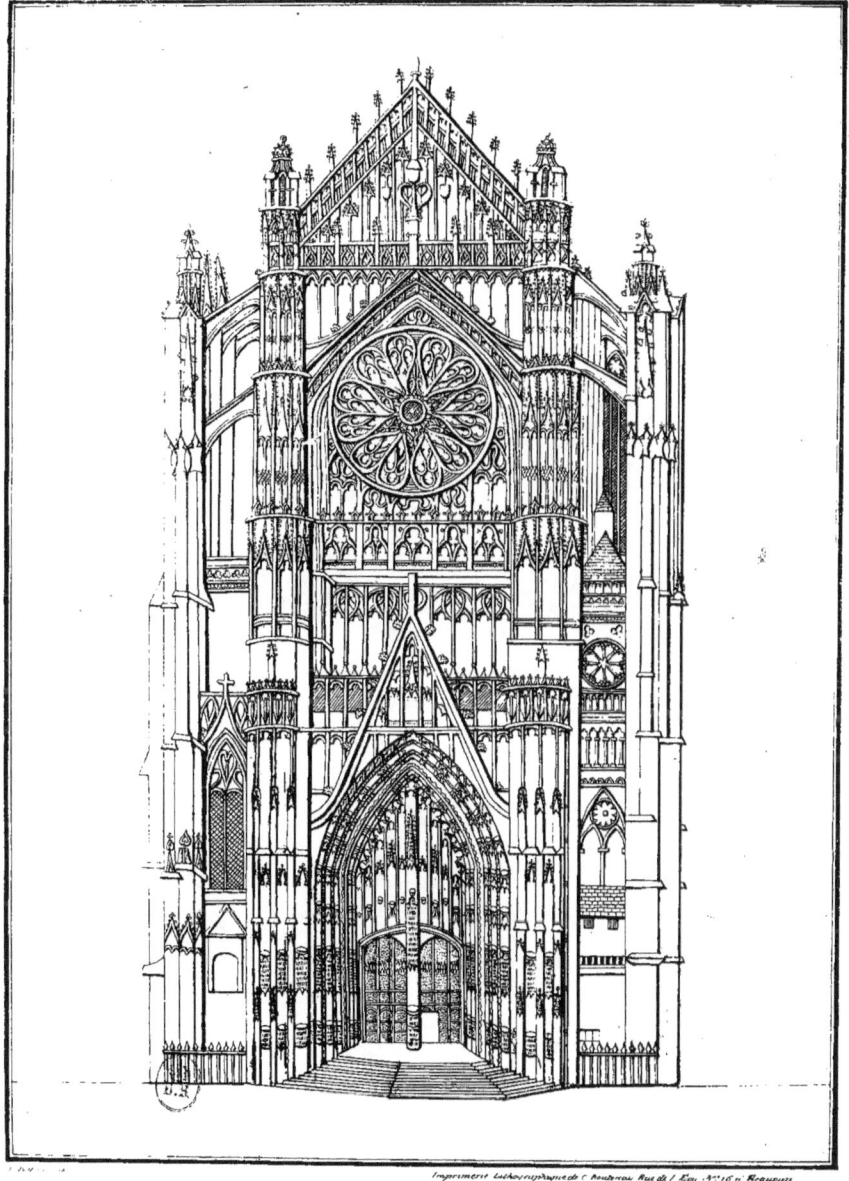

DESSIN LINÉAIRE
sans Instrumens.

(Classe 4.) Septième Tableau de Moniteur. (Section 1.)

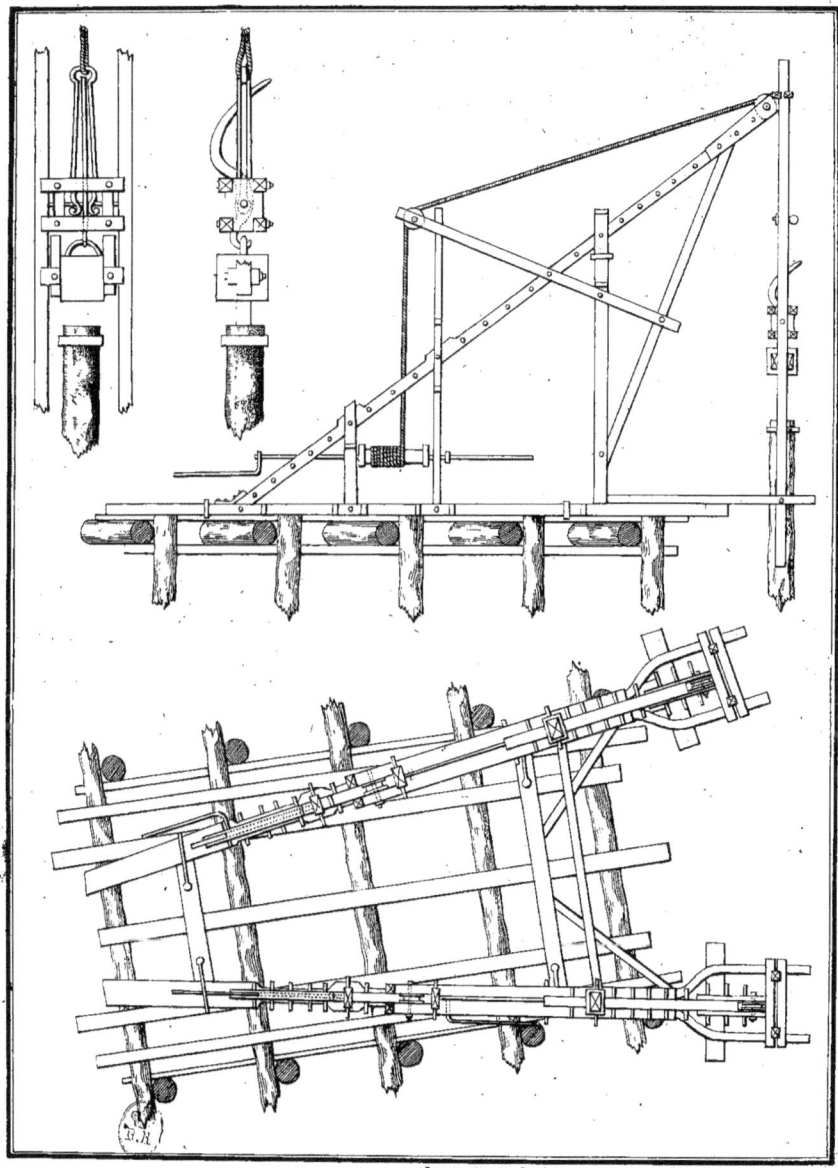

DESSIN LINÉAIRE
sans Instruments
Huitième Tableau de Moniteur.

(Classe 4.) (Sections.)

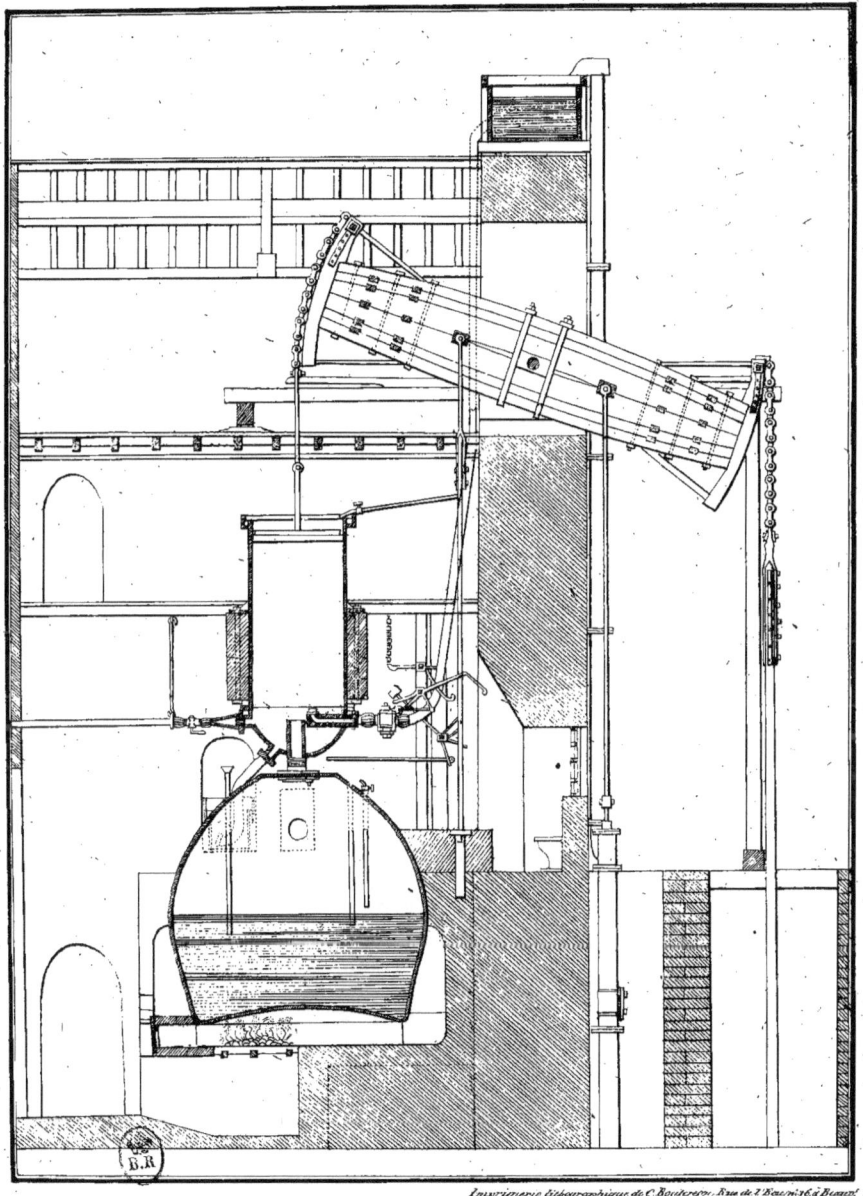

OBSERVATIONS

ET

FAUTES A CORRIGER SUR QUELQUES EXEMPLAIRES.

OBSERVATIONS.

Les personnes qui auront reçu une feuille composée des titres *Instruction élémentaire*, *Dessin linéaire sans instrumens*, et de deux Tableaux dont les paragraphes sont *numérotés*, doivent détruire ces deux Tableaux, qui sans cela se trouveraient deux fois.

VOIR SUR LA COUVERTURE LA DISPOSITION DES TABLEAUX.

FAUTES A CORRIGER.

9ᵉ EXP. (N° 8.)

Au lieu de : la Figure 4, *lisez* : la Figure 5.

12ᵉ EXP. (N° 10.)

Au lieu de : 56, *lisez* : 36.

13ᵉ EXP. (N° 5.)

Au lieu de : la moitié produite, *lisez* : la moitié du produit.

13ᵉ EXP. (N° 6.)

Au lieu de : 41 hectares 51 ares 7 centiares, *lisez* : 7 hectares 41 ares 51 centiares.

13ᵉ EXER. (N° 4.)

Au lieu de : fait-il de toises et de pouces carrés, *lisez* : fait-il de toises et de pieds carrés.

15ᵉ EXP. (N° 2, 4ᵉ ligne.)

Au lieu de : CO, *lisez* : CD.

SUR LA FIGURE 2.

Changez l'F *en* B.

16ᵉ EXP. (Fig. 5.)

Changez les X *en* Z.

16ᵉ EXER. (Fig. 5.)

Changez les X *en* Z.

TEXTE (N° 6.)

Au lieu de : Figure 7, *lisez* : Figure 5.

30ᵉ EXP. ET 30ᵉ EXER.

Sur les numéros des Figures : *changez* 5 *en* 3, 3 *en* 4, et 4 *en* 5.

32ᵉ EXP. ET 32ᵉ EXER. (Fig. 4.)

Prolongez la ligne ponctuée de C *en* D.

38ᵉ EXP. ET 38ᵉ EXER. (Fig. 5.)

Mettez la lettre L au point de contact.

Beauvais, de l'Imp. de Moisand.

OBSERVATIONS.

Ordre à suivre pour la disposition en forme d'Atlas des cinq livraisons composant la Géométrie usuelle, le Dessin géométrique et le Dessin linéaire sans instrumens.

1° Le titre général.
2° La dédicace.
3° L'introduction générale.
4° L'instruction relative à l'enseignement de la Géométrie usuelle et du Dessin géométrique.
5° Les 80 Tableaux de Géométrie usuelle, par ordre de numéros, et placés de façon que chaque numéro d'explication se trouve suivi du numéro correspondant d'exercice.
Dans les Écoles mutuelles, les Tableaux d'exercice doivent être collés sur le derrière des planches où se trouvent les numéros d'explication correspondans.
6° Le titre particulier du Dessin linéaire sans instrumens.
7° L'instruction relative à l'enseignement du Dessin linéaire.
8° Les commandemens pour l'exécution des modèles de ce genre de Dessin.
9° Les 32 Tableaux-modèles du Dessin pour les écoliers, d'après leurs numéros.
10° Les 8 Tableaux-modèles pour les moniteurs.

Les titres et la dédicace ont forcé l'auteur à renvoyer à une autre livraison le commencement de l'introduction générale, et celui de l'instruction sur la Géométrie usuelle.

La quatrième livraison paraîtra dans le mois de septembre.

Beauvais, de l'Imp. de MOISAND.

www.ingramcontent.com/pod-product-compliance
Lightning Source LLC
Chambersburg PA
CBHW050200230526
45470CB00001B/172